U0469679

eons
艺 文 志

拜德雅·人文丛书
学 术 委 员 会

○ ● ○

学术顾问

张一兵　南京大学

学术委员（按姓氏拼音顺序）

陈　越	陕西师范大学	姜宇辉	华东师范大学
蓝　江	南京大学	李科林	中国人民大学
李　洋	北京大学	刘悦笛	中国社会科学院
鲁明军	复旦大学	陆兴华	同济大学
王春辰	中央美术学院	王嘉军	华东师范大学
吴冠军	华东师范大学	吴　琼	中国人民大学
夏可君	中国人民大学	夏　莹	清华大学
杨北辰	北京电影学院	曾　军	上海大学
张　生	同济大学	朱国华	华东师范大学

我们自身的外人

[法]朱丽娅·克里斯蒂娃（Julia Kristeva）| 著

陆观宇 | 译

上海文艺出版社

虚伪的读者，我的同类，我的兄弟……

——波德莱尔

属于自己的与属于他人的，皆须研习。

——荷尔德林

身居故土，却如他乡。

——阿拉贡

目 录

总　序 | 重拾拜德雅之学　　/iii

译者序　　/xi

我们自身的外人　　/1

献给外人的托卡塔与赋格　　/3

希腊人：在蛮人、迁客与乞援者之间　　/62

天选之民：选择陌生　　/98

圣保罗与圣奥古斯丁：流亡的良药与朝圣　　/115

凭什么权利算您作外人？　　/143

这场"形形色色"的文艺复兴　　/156

启蒙与外人　　/192

普遍性难道不是……我们自己的陌生性吗？　　/260

实践上……　　/301

- 总　序 -

重拾拜德雅之学

1

中国古代，士之教育的主要内容是德与雅。《礼记》云："乐正崇四术，立四教，顺先王《诗》《书》《礼》《乐》以造士。春秋教以《礼》《乐》，冬夏教以《诗》《书》。"这些便是针对士之潜在人选所开展的文化、政治教育的内容，其目的在于使之在品质、学识、洞见、政论上均能符合士的标准，以成为真正有德的博雅之士。

实际上，不仅是中国，古希腊也存在着类似的德雅兼蓄之学，即 paideia（παιδεία）。paideia 是古希腊城邦用于教化和培育城邦公民的教学内容，亦即古希腊学园中所传授的治理城邦的学问。古希腊的学园多招收贵族子弟，他们所维护的也是城邦贵族统治的秩序。在古希腊学园中，一般教授修辞学、语法学、音乐、诗歌、哲学,当然也会讲授今天被视为自然科学的某些学问,如算术和医学。不过在古希腊,这些学科之间的区分没有那么明显,更不会存在今天的文理之分。相反,这些在学园里被讲授的学问被统一称为paideia。经过paideia之学的培育,这些贵族身份的公民会变得"καλὸς κἀγαθός"(雅而有德),这个古希腊语单词形容理想的人的行为,而古希腊历史学家希罗多德(Ἡρόδοτος)常在他的《历史》中用这个词来描绘古典时代的英雄形象。

在古希腊,对paideia之学呼声最高的,莫过于智者学派的演说家和教育家伊索克拉底(Ἰσοκράτης),他大力主张对全体城邦公民开展paideia的教育。在伊索克拉底看来,paideia已然不再是某个特权阶层让其后嗣垄断统治权力的教育,相反,真正的paideia教育在于给人们以心灵的启迪,开启人们的心智,与此同时,paideia教育也让雅典人真正具有了人的美德。在伊索克拉底那里,paideia赋予了雅典公民淳美的品德、高雅的性情,这正是雅典公民获得独一无二的人之美德的唯一途径。在这个意义上,paideia之学,经过伊索克拉底的改造,成为一种让人成长的学问,让人从paideia之中寻找到属于人的德性和智慧。或许,这就是中世纪基督教教育中，及文艺复兴时期，paideia 被等同于人文学的原因。

2

在《词与物》最后，福柯提出了一个"人文科学"的问题。福柯认为，人文科学是一门关于人的科学，而这门科学，绝不是像某些生物学家和进化论者所认为的那样，从简单的生物学范畴来思考人的存在。相反，福柯认为，人是"这样一个生物，即他从他所完全属于的并且他的整个存在据以被贯穿的生命内部构成了他赖以生活的种种表象，并且在这些表象的基础上，他拥有了能去恰好表象生命这个奇特力量"[1]。尽管福柯这段话十分绕口，但他的意思是很明确的，人在这个世界上的存在是一个相当复杂的现象，它所涉及的是我们在这个世界上的方方面面，包括哲学、语言、诗歌等。这样，人文科学绝不是从某个孤立的角度（如单独从哲学的角度，单独从文学的角度，单独

---

[1] 米歇尔·福柯，《词与物》，莫伟民译，上海：上海三联书店，2001 年，第 459–460 页。

从艺术的角度）去审视我们作为人在这个世界上的存在，相反，它有助于我们思考自己在面对这个世界的综合复杂性时的构成性存在。

其实早在福柯之前，德国古典学家魏尔纳·贾格尔（Werner Jaeger）就将 paideia 看成是一个超越所有学科之上的人文学总体之学。正如贾格尔所说，"paideia，不仅仅是一个符号名称，更是代表着这个词所展现出来的历史主题。事实上，和其他非常广泛的概念一样，这个主题非常难以界定，它拒绝被限定在一个抽象的表达之下。唯有当我们阅读其历史，并跟随其脚步孜孜不倦地观察它如何实现自身，我们才能理解这个词的完整内容和含义。……我们很难避免用诸如文明、文化、传统、文学或教育之类的词汇来表达它。但这些词没有一个可以覆盖 paideia 这个词在古希腊时期的意义。上述那些词都只涉及 paideia 的某个侧面；除非把那些表达综合在一起，我们才能看到这个古希腊概念的范阈"[1]。贾格尔强调的正是后来福柯所主张的"人文科学"所涉及的内涵，也就是说，paideia 代表着一种先于现代人文科学分科之前的总体性对人文科学的综

---

[1] Werner Jaeger, *Paideia: The Ideals of Greek Culture. Vol. 1*, Oxford: Blackwell, 1946, p. i.

合性探讨研究，它所涉及的，就是人之所以为人的诸多方面的总和，那些使人具有人之心智、人之德性、人之美感的全部领域的汇集。这也正是福柯所说的人文科学就是人的实证性（positivité）之所是，在这个意义上，福柯与贾格尔对 paideia 的界定是高度统一的，他们共同关心的是，究竟是什么，让我们在这个大地上具有了诸如此类的人的秉性，又是什么塑造了全体人类的秉性。paideia，一门综合性的人文科学，正如伊索克拉底所说的那样，一方面给予我们智慧的启迪；另一方面又赋予我们人之所以为人的生命形式。对这门科学的探索，必然同时涉及两个不同侧面：一方面是对经典的探索，寻求那些已经被确认为人的秉性的美德，在这个基础上，去探索人之所以为人的种种学问；另一方面，也更为重要的是，我们需要依循着福柯的足迹，在探索了我们在这个世界上的生命形式之后，最终还要对这种作为实质性的生命形式进行反思、批判和超越，即让我们的生命在其形式的极限处颤动。

这样，paideia 同时包括的两个侧面，也意味着人们对自己的生命和存在进行探索的两个方向：一方面它有着古典学的厚重，代表着人文科学悠久历史发展中形成的良好传统，孜孜不倦地寻找人生的真谛；另一方面，也代表着人文科学努力在生命的边缘处，寻找向着生命形式的外部空间拓展，以延伸我们内在生命的可能。

3

这就是我们出版这套丛书的初衷。不过，我们并没有将paideia一词直接翻译为常用译法"人文学"，因为这个"人文学"在中文语境中使用起来，会偏离这个词原本的特有含义，所以，我们将paideia音译为"拜德雅"。此译首先是在发音上十分近似于其古希腊词汇，更重要的是，这门学问诞生之初，便是德雅兼蓄之学。和我们中国古代德雅之学强调"六艺"一样，古希腊的拜德雅之学也有相对固定的分目，或称为"八艺"，即体操、语法、修辞、音乐、数学、地理、自然史与哲学。这八门学科，体现出拜德雅之学从来就不是孤立地在某一个门类下的专门之学，而是统摄了古代的科学、哲学、艺术、语言学甚至体育等门类的综合性之学，其中既强调了亚里士多德所谓勇敢、节制、正义、智慧这四种美德（ἀρετή），也追求诸如音乐之类的雅学。同时，在古希腊人看来，"雅而有德"是一个崇高的理想。我们的教育，我们的人文学，最终是要面向一个高雅而有德的品质，因而我们在音译中选用了"拜"这个字。这样，"拜德雅"既从音译上翻译了这个古希腊词汇，也很好地从意译上表达了它的含义，避免了单纯叫作"人文学"所可能引生的不必要的歧义。本丛书的logo，由黑白八点构成，以玄为德，以白为雅，黑白双色正好体现德雅兼蓄之意。同时，这八个点既对应于拜德雅之学的"八艺"，也对应于柏拉图在《蒂迈欧篇》中谈到的正六面体（五种柏拉图体之一）的八个顶点。它既是智慧美德的象征，也体现了审美的典雅。

不过，对于今天的我们来说，更重要的是，跟随福柯的脚步，向着一种新型的人文科学，即一种新的拜德雅前进。在我们的系列中，既包括那些作为人类思想精华的**经典作品**，也包括那些试图冲破人文学既有之藩篱，去探寻我们生命形式的可能性的**前沿著作**。

既然是新人文科学，既然是新拜德雅之学，那么现代人文科学分科的体系在我们的系列中或许就显得不那么重要了。这个拜德雅系列，已经将历史学、艺术学、文学或诗学、哲学、政治学、法学，乃至社会学、经济学等多门学科涵括在内，其中的作品，或许就是各个学科共同的精神财富。对这样一些作品的译介，正是要达到这样一个目的：在一个大的人文学的背景下，在一个大的拜德雅之下，来自不同学科的我们，可以在同样的文字中，去呼吸这些伟大著作为我们带来的新鲜空气。

- 译者序 -

谈起法国学者朱丽娅·克里斯蒂娃,中国读者或许熟悉这样一则逸事。1965 年,24 岁的她获得"戴高乐"奖学金,作为通晓法语的保加利亚学生赴法攻读博士学位。圣诞前夜,飞机降落在大雪纷飞的巴黎,她口袋里只有五美元,在机场没人接应,投奔使馆无门,所幸有贵人相助,才不致露宿街头。[1]1960 年代末、1970 年代初的峥嵘岁月,后被克里斯蒂娃记叙在自传体小说《武士》里。[2]

2018 年,当这段回忆在公众视野中被重新唤起时,克里斯蒂娃已经是蜚声国际的思想家、精神分析学家、哲学家、文学批评家,是互文性(intertextualité)理论与贱斥(abjection)理论的奠基人,是巴黎狄德罗大学的荣退教授。是年三月,保加利亚国家安全局(即该国秘密情报组织,有媒体将其比作 "克格勃")档案委员会公布了一份数百

---

[1] 朱丽娅·克里斯蒂娃、祝克懿,《与克里斯蒂娃的对话录——多声部的人》,黄蓓译,载于《中国社会科学报》2013 年 7 月 26 日,第 480 期。参见 http://www.kristeva.fr/polyphonic_person.html。

[2] 朱丽娅·克里斯蒂娃,《武士》(*Les Samouraïs*),巴黎,Fayard,1990 年。

页的档案,称克里斯蒂娃在1970—1973年,以"萨宾娜"之名,受聘为该组织的特工。据称,她在出国之前签下文件,称"如有必要,会为组织效力"[1]。瞬时,西方学界为之震动,国际舆论一片哗然。几日后,克里斯蒂娃严正辟谣称,自己从未以任何形式参与谍报活动,档案文件没有一份出自她的笔下,均属该部门在自己不知情的情况下捏造而成,诸多内容甚至有悖于她当时的公开立场。[2] 七月,克里斯蒂娃于《名利场》杂志撰写长文,自述出国的经历以及此次被诬陷的始末。她写到,自己离开前和当局签下的唯一一份文件,是为了承诺自己不会在巴黎结婚,而她对这份文件也不甚在意。来法第三年,她便与文学家菲利普·索莱尔斯(Philippe Sollers,1936年生)结婚。读了档案之后,她才意识到,许多过去的同事和来访的旧友,都是被派来监视自己的棋子,回头便向当局呈交"罪证";而几年间,自己和先生写给父母的家书,在寄到之前,无一例外地被

---

[1] 参见《新观察者报》(*Le Nouvel Obs*)两篇报道:《朱丽娅·克里斯蒂娃曾被保加利亚共产党秘密情报组织聘用》(Julia Kristeva avait été recrutée par les services secrets communistes bulgares,2018年3月28日)与《朱丽娅·克里斯蒂娃,"保加利亚克格勃"特工:档案内容概要》(Julia Kristeva agent du « KGB bulgare » : ce que contiennent les archives,2018年3月30日)。

[2] 克里斯蒂娃对《新观察者报》的声明,参见 http://www.kristeva.fr/droit-de-reponse.html。

警方拆阅。她感叹道："我早就知道自己在法国永远是外国人。这种陌生性，此后倒也成了我的家乡、我的命运。"[1]

外国人的身份，便如此伴随着，甚至是搅动着克里斯蒂娃的人生。早在1970年，阐述互文性理论的《符号学》（*Séméiotiké*）出版后，导师罗兰·巴特（Roland Barthes）便撰文赞赏克里斯蒂娃的理论贡献，标题拟为《外国女子》（*L'Étrangère*）。[2] 日后追忆恩师时，克里斯蒂娃表示，出于法国人对传统的敬仰，许多初来乍到的外国人不免有被排斥之感；可法国也有像罗兰·巴特这样的人，欣赏学生的研究成果，希望学生有独立见解，即使这些见解与学界传统大相径庭。因此，她说："在法国做外国人，比其他任何地方更甚。[可是]在法国做外国人，却比其他任何地方更好。"[3] 这两句话即出自克里斯蒂娃的《我们自身的外人》（*Étrangers à nous-mêmes*；下文简称《外人》）一书。该书写于1988年，以时而锐利、时而凄楚的文字描摹外国

---

[1] 朱丽娅·克里斯蒂娃，《我所没有的人生》(Une autre vie que la mienne)，载于《名利场》(*Vanity Fair*) 2018年8月刊。参见 http://www.kristeva.fr/2018/JK_Vanity_Fair_07_2018.pdf。

[2] 罗兰·巴特，《外国女子》，载于《文学半月刊》(*La Quinzaine littéraire*) 1970年第94期。参见 http://www.kristeva.fr/barthes-l-etrangere.html。

[3] 朱丽娅·克里斯蒂娃、祝克懿，《与克里斯蒂娃的对话录——多声部的人》，黄蓓译，载于《中国社会科学报》2013年7月26日，第480期。

人的境遇，以时而宏大、时而精细的角度梳理外国人的历史，很难说不沾染些许自传色彩。

关于《外人》的出发点，克里斯蒂娃称之为"外国人问题"：在当下的社会中，我们应该如何与外国人共存？如何直面他们的存在，既不对他们加以排斥，又不要求他们同化融合？如何处理我们内心油然而生的爱与恨？作者给出的答案触及我们的心理：我们要承认自己内在的奇异性、陌生性；只有在我们将自己视作与自己陌生的人、视作自身的外人之后，才能更好地尊重、接纳外国人，与他们共同生活。

乍看之下，这一论点的效力，甚至是这一论点的核心概念之效力，都受制于法语本身。"外国人""陌生人"，或是形容词"外国的""陌生的"，在法语中均作"étranger, -ère"；而"奇特""怪异"，作"étrange"。大概两者同源于拉丁文 extraneus，演化至今，仅有一字之差。[1] 于是，描述性质的名词"étrangeté"既可作"陌生性"，又可作"奇异性"，乃至弗洛伊德处的"怪怖"（unheimlich，法文意

---

[1] 在一定程度上，英文亦保有这两个概念的亲缘。因"陌生人"作 stranger，而"奇异"作 strange，两者亦源自拉丁文 extraneus。英译本因而作 *Strangers to Ourselves*，参见莱昂·鲁迭兹（Leon Roudiez）译本，纽约，Columbia University Press，1991年。

译为"令人不安的奇异")。这些彼此相近的法语词，或许无法用同一种中文译法加以概括；若是新造词语来取代这如此常见的义项，则更为不妥。考虑再三，还是以保留这些词语各自的通俗译法为上。除了难以统一的"étranger"与"étrange"之外，"étranger"一词广泛的意涵本身也为中文翻译出了一道难题。在法文中，"外在于某边界""让人感觉陌生"的人或物，大都可以用该词形容，如加缪的名作《局外人》（*L'Étranger*, 1942）——主角默尔索是身处北非的异乡人，是现代社会的陌生人，是自身存在的局外人。[1] 在本书的不同章节中，étrangers 往往依赖于不同的政治或文化"边界"，因而中文译法亦根据语境决定：在现代民族国家形成后的，作"外国人"；在此之前的，如果边界处于地区之间，便作"外地人"；如果边界属于城邦之类的政治实体，便作"外邦人"。在某些段落中，克里斯蒂娃将 étrangers 视作某种普遍的范畴加以论述，中文译法定为"外人"，算是"外国人""外地人""外来者"等义项兼具的折中策略。总之，若是在行文中，"外人""陌

---

[1] 默尔索应该与加缪一样，虽生长于法属阿尔及利亚，却是法国本土定居者的后代，即当时所谓的"黑脚"（pied-noir），就此意义而言或许也可被称作"异乡人"。《局外人》成书的 1940 年代，"黑脚"与本地的阿拉伯人已经偶有冲突，其对立也日益激化，直到 1954 年阿尔及利亚战争爆发。

生""奇异"略显跳脱，往往是因为原文的用词有着直观的亲缘；若是不同章节中 étrangers 的译法前后抵牾，往往是因为语境发生了转变。这些中文译法的权衡之举，还望读者担待。

不过，即使法语的语言特征无法在译文中复刻，奇异与陌生、陌生与外人之间的联系却始终存在着。令我们慨叹奇异的事物，定不是我们司空见惯的；而外人的范畴，也正是建立在我们与他人、熟悉与陌生的分别之上。只要外人的范畴存在，他们身上的陌生性便无法消解，他们在社会中的处境便体现了这个社会对他者、对陌生、对奇异的态度——尤其是外国人，为当代社会中外人的典型。因此，若是读者越过这段语言的藩篱，便一定能体悟作者对外人境况入木三分的剖析。

全书即从这种剖析开始。在首章《献给外人的托卡塔与赋格》中，作者用短小精悍的段落描摹现代社会中外国人的种种处境与心理。他们是永远在陌生性中挣扎的斗士，是普世主义与民族主义之间的棋子，在永恒的逃亡中偷来稍纵即逝的安宁，在自信与自怨之间摇摆不定。明明已经逃离了家乡，他们却始终深陷对过去的留恋，任由故人的梦魇纠缠；明明已经在别处定居，他们却始终需要面对他人的怜悯与憎恶，在他人对身世的诘问中面露惭色。于是，他们用冷漠武装自己内心的忧郁与脆弱，用劳作掩饰自己的麻木与缄默，压抑着呼之欲出的仇恨，甚至在性爱与疾病中沉沦。在点点滴滴普遍而理论化的描述中，最动人心魄的或许是"多语者的沉默""孤儿""爆发：性与病"等小节。这些情感洋溢的段落勾勒出外国人在语言上的窘局，在象征界中找寻陌生性的位置。儿时的语言成了死去的母亲，外国人们鹦鹉学舌般地讲着异乡的话语。这门人为习得的语言，让他们越过母语中的禁忌，却同时在他们的言说与情感之间筑下一道高墙，让他们对痛苦麻木，诉说着华丽却空虚的辞藻。他们羡慕母语者，发奋在新的语言中登峰造极，可是偶尔的失误便让他们原形毕露，向他们狠狠的心口捶下一句"你永远也不可能成为我们"……总之，现代社会中的外人，尤其是《外人》成书时身居法国的移民，或许面临两种选择：

> 要么，他不惜一切地尝试混入这个同质的、不认识他者的社会结构，尝试认同于此、迷失于此、同化于此；他的姿态是谄媚的，因为流浪者景仰这个容他避难的文明所带来的福祉，如法国人一般——甚至比法国人更甚。要么，他将自己封闭在孤寂之中，蒙羞

> 受辱，深知自己身上可怕的缺陷，也就是说，自己永远也成不了……法国人。[1]

在现代社会中，外人身上固有的差异带来了这种彻底的困境——外人要么取消自己的陌生性，要么局限于自己的陌生性。于是，作者问到，这种境况是如何产生的，又应该如何解决？换言之，"我们怎样才会成为外国人"，而我们又"是否能够亲密地、主体式地与他者共同生活、作为他者生活，既不驱逐又不同化任何人"？[2]

作者的策略是回溯历史，在思想史中探寻外人概念的演变，在司法史中辨明对外人的态度与政策。《外人》的余下章节便按照这条脉络展开，从古希腊的蛮人与外邦人写起（《希腊人：在蛮人、迁客与乞援者之间》），再到犹太教与基督教早期经典（《天选之民：选择陌生》），再到古罗马与中世纪的思想与法令（《圣保罗与圣奥古斯丁：流亡的良药与朝圣》）。《凭什么权利算您作外人？》从之前的论述中总结出外人的普遍法律地位，并将其与今日的外国人相比，犹如历史洪流中的一片洲渚，容读者暂作歇息。之后，作者再将读者投入文艺复兴与航海时代的

---

[1] 参见本书第 59–60 页。

[2] 参见本书第 4、62 页。

云烟（《这场"形形色色"的文艺复兴》），邀读者体会启蒙时期与大革命的血气（《启蒙与外人》），而本书的历史部分以德国近现代哲学收尾（《普遍性难道不是……我们自己的陌生性吗？》）。收尾，或许也是高潮，因为前几章埋下的种种线索，大都在这一章的论述中凝聚起来。如果说作者始终认为，主张消弭差异的普世论和无视普遍人性的地方主义均会走向专制——古希腊斯多亚学派对有理性之人一视同仁，可是蛮人与奴隶则"被贬入失常者之流"，被剥夺获得德性的资格；相反，用对地区、国家或意识形态的归属取代抽象之"人"的象征意义，而"压迫那些没有这种归属的人们"，是纳粹暴行的源头[1]——那么正是在康德的《永久和平论》中，作者找到一种在分离与统一、差异与普遍性共存的情况下，保障社会公平稳定的方法。如果说作者反复强调外人对"我们"的启示——皈依的外邦人让信徒在"低贱"之中辨识自己，外国人是让哲人意识到自身局限的"第二自我"[2]——那么正是在弗洛伊德的精神分析理论中，作者才找到一种最恰当的语言，来表述我们与外人的关系。

---

[1] 参见本书第 90、235 页。

[2] 参见本书第 114、201 页。

因此，在分析弗洛伊德名篇《怪怖论》（*Das Unheimliche*，1919）时，作者提出了本书的核心命题：我们对外人的着迷，其根本原因不在外部；它直接源于我们对自身内部陌生性的压抑。在被内心压抑的陌生性骤然回归、暴露在我们的存在中后，一种骇人之感（或言"怪怖"）便油然而生，而这便是外人陌生性的源头。借着弗洛伊德之口，作者写道，"我们已经四分五裂，因而不能要求外人融合于此，更不能追缠他们，而是将他们迎入怪怖之中，因为这种怪怖既属于他们，又属于我们。[……] 怪异就在自我身上，因此我们都是外人。如果我是外人，那么也就不存在外人。"[1] 于是，在末章《实践上……》中，作者写道，"我们亟须一场思维方式上的进化，从而在这种多价值并存的局面中，促进最好的和谐。"[2] 这种进化便在于让我们意识到自己身上"彻底的陌生性"，意识到自己是外人，并且将这种意识拓展至"外人"或是"外国人"的概念之中。当下的社会注定是异质的；只有我们在"既作同一，又是他者"的条件下，才能达成包容差异、尊重外人的和谐，才能与外国人更好地共存。[3]

1　参见本书第 298、299 页。

2　参见本书第 303 页。

3　参见本书第 302 页。

读者自可指摘作者对外国人境况的描摹片面而悲观，笼罩在自己身世的阴影下，毕竟很难说所有外国人都是伪装者、流亡者，都有一片回不去的故土、一个说不出口的来由，都用他乡的语言麻痹自己的情感，都被他人热爱或憎恨。读者也可批评作者的历史梳理过于零散、不成体系，选择不免武断，分析浅尝辄止。的确，虽然《外人》时常闪烁着作者对语言与象征，对理性与人权，对普世主义、民族主义与极权主义等的种种洞见，这些评论与观察却没有收拢在末章的总结中，而是要读者随时采撷消化；而首章勾勒出的种种问题（例如外国人在语言中的困境），有许多也都在之后的章节断了线索。不过，这些弊病也促成了《外人》变化多端、难以定型的文风，而且大抵是作者有意而为之的。在首章开篇，作者坦言，这部作品"不是要确定、物化外人的陌生性"或"赋予其决定性的结构"，而"仅仅是通过在我们眼下展开的某些彼此相异的面孔，通过散落在历史中却反复无常的某些年代久远的人物，勾勒出陌生性的永恒运动"——如音乐中的托卡塔与赋格，"方才触及，业已远去"[1]。而当作者用一条武断，乃至牵强的线索连接起不同时代的种种"外人"时，或许并不是

---

[1] 参见本书第 5-6 页。

为了做出多么完备的论证，而是为了强调这一脉络本身能带来的启发："眼下的这几页书，或许算不上论证或教导，只能算是零碎地写下展望，不免'主观臆断'，这都是有意为之。"[1]这种论述策略与作者对外人的见解一脉相承。不用某些普遍的命题、确定的描述概括外人的境遇与心理，不赋予外人"决定性的结构"，这正是因为外人——与我们一样——是无法决定、无法物化的主体，都在遭遇自身陌生性的过程中惊觉自我的脆弱。因此，在阅读《外人》的过程中最有价值的瞬间，或许就是在把捉不定的文字中，恍然体悟到自己身上的陌生性。

与此相比，作者对弗洛伊德《怪怖论》的解读，以及她对精神分析实用性的立场，或许问题更大。《怪怖论》主要探讨的是美学中的心理问题（例如小说中描绘的恐怖现象），而弗洛伊德亦认为现实生活中的怪怖不及文学作品中的怪怖丰富；或许因为这一点，弗洛伊德之后在讨论社会与宗教的《幻象之未来》（*Die Zukunft einer Illusion*, 1927）与《文明及其不满》（*Das Unbehagen in der Kultur*, 1930）中只是零星地使用 unheimlich 一词（专门的"怪怖"概念，或是通常意义上的恐怖或怪诞）。然而，克里斯蒂

---

[1] 参见本书第 261 页。

娃则有意地将这一概念扩展至文化或社会的领域中，乃至认为怪怖是社会人存在的普遍心理定律——在归属于一种文化的象征体系时，我们必然会压抑自身的陌生性，于是，在我们遭遇外人的时刻，这种陌生性便会突然回归，在民族主义的意识形态中表现为种族歧视或者排外情绪。换言之，外人在社会中的处境，其意义是双重的：它既是个人心理的反映，又是文化的普遍征状。正是因为这种双重性，作者便强调精神分析的现实作用，认为它是比法规政策更加根本的手段。正是因为"扼制[政治]策略的根本问题属于心理的界域，乃至形而上的界域"[1]，她在末章对政策法规提出的几条建议（如"双国籍"身份与互惠条款，好让外国人在侨居国行使与原住国相应的权利）也都是点到为止，甚至有隔靴搔痒之嫌。

这种立场的说服力如何，还需读者自行定夺。然而，对精神分析现实意义的确信，却与作者先前的态度一脉相承。在1982年的一篇名为《精神分析与城邦》的文章中，克里斯蒂娃便认为，政治的解释（不管是马克思主义的解释，还是解构式的解释）囿于某一种恒定的、无法批判的意义，而精神分析的解释则揭示出语言的异质、意义的缺失，因

---

[1] 参见本书第304页。

此精神分析的现实作用比政治解释更加彻底,能够"冲破政治的幻象、幻想与信念",为人们生活的"城邦"带来某种清醒的伦理。[1] 就此而言,《外人》的最大特点便在于它延续了克里斯蒂娃此前的思想侧重,并将她的理论架构直接应用到实际的社会现象上。学者舒尔茨由此评论道:

> 认为外国人被"贱斥"(《恐怖的权力》[*Pouvoirs de l'horreur*], 1980),是在批判性地回应当时铺天盖地的新闻文章,因为它们警醒到,大批涌入的外国人正在淹没法国文化;外国人绝望而善变的"自恋"(《爱情传奇》[*Histoires d'amour*], 1983)所回应的,是他们与当局时常暴力的冲突;流亡者的"忧郁"(《黑日》[*Soleil noir*], 1988),则回应强加在外国人之上的言语限制。最后,"我们自身/外部的外人",难道不正是让我们从"过程中的主体"(《诗性语言的革命》[*La Révolution du language poétique*], 1974)这一脆弱的立场出发,协调我们的同一与差异吗?正如克里斯蒂娃所强调的,这种立场或许能让我们"与他

---

[1] 朱丽娅·克里斯蒂娃,《精神分析与城邦》(Psychoanalysis and the Polis),玛格丽特·沃乐(Margaret Waller)译,载于《批评探究》(*Critical Inquiry*)第9卷第1号,1982年,第77-92页。文章首发时便已译为英文。

者共同生活、作为他者生活"。[1]

或许正是因为这一点,即使《外人》以历史论述为主,相较作者其他作品更为平易近人,却也暗藏诸多需要反复咀嚼的理论洞见。再加之克里斯蒂娃以难懂著称的文风,诗意盎然的散文笔法中,时有晦涩而专精的用词、富丽而复杂的句法,典故、引文不注明出处,人物、概念亦匆匆带过,如此几段下来,难免让读者一头雾水。

对译者而言,这是异常棘手的。总的来说,翻译本书的原则,是在不牺牲对法语原意的表达、不妨害对中文文法的遵照之条件下,尽可能贴近作者的遣词造句,保留原文的强弱次序,从而摹刻作者的文风,复诵作者的声调。只是环环相扣的从句,作者尤其喜爱,如果直接译成中文长句,则往往佶屈聱牙、臃肿不堪,我便处理为更易理解的流水句。至于作者征引的典故,我都尽我所能查证出处,在脚注中涂上星星点点的"译者注/译按",说明人物身份,勾勒事件原委,供读者参阅。而作者援用的名著,从柏拉图之《法律篇》到但丁之《神曲》,再到加缪之《局外人》,除了唾手可得的《圣经》和合本外,因我身边找

---

[1] 卡拉·舒尔茨(Karla Schultz)所写克里斯蒂娃《我们自身的外人》书评,载于《比较文学》(Comparative Literature)第46卷第3号,1994年,第319页。

不到合适的中文译本，便斗胆擅自译出。好在英、意、拉丁、希腊诸语我亦懂一些，在处理这些语言的经典时，也好核对原文与作者所引译文，进而做出决断。只是我德语的功力尚不深厚；不过，比起德文经典本身，作者的分析似乎更受法语译本影响——作者讨论黑格尔《精神现象学》时，沿用的是让·伊波利特（Jean Hyppolite）翻译的概念，即使许多译法现已稍显过时（如"异化"[Entfremdung]，作者用的译法是与 étranger 同源的 extranéation，现常作 alinénation）；而在阐释《怪怖论》时，比起德文 unheimlich，作者似乎偏爱更加贴近此书核心概念的法语译法 inquiétante étrangeté（"令人不安的奇异"）。所以，在这些情况下，我按法语译文译出，也算情有可原吧。

最大的挑战或许是专业词汇的处理。因我对精神分析知之甚少，也远非研究克里斯蒂娃的专家，偶尔遭遇理论术语，便请教 CNTRL（法国国立文本与词汇资源中心）词典中的解释，或是参考让·拉普朗什（Jean Laplanche）和让－贝特朗·彭塔利斯（Jean-Bertrand Pontalis）两位权威编撰的《精神分析词汇》（*Vocabulaire de la psychanalyse*），标明原文后悉数记录在脚注中。所幸作者有意弱化本书的理论性，对术语的使用亦较为零散，若读者意欲深究某概念之意涵，还望参考作者其余的理论著作。总之，译者深知自己才疏学浅，不论翻译时如何尽心尽力，也不免有谬误纰漏，恳请读者海涵，并望不吝赐教！

虽然就翻译与阅读而论，《外人》并不是容易的文本——说到底，克里斯蒂娃也绝非"容易"的作者，可这也增添了她的魅力——但是在今天翻译或阅读这样一本著作，有着非同寻常的意义。对研究克里斯蒂娃的学者或是对克里斯蒂娃感兴趣的读者来说，此书是了解她对"他者"或"外国人"的哲学与政治思想的必备读物，乃至揭示她对个人生平的思考。上文已经提到，《外人》具有一定自传色彩，而或许正因为克里斯蒂娃是一名"外国人"，"他者"与"外人"也成了她一生的写作重点。早在1977年的《如是》杂志（*Tel Quel*）的社论中，[1]她已经写道："你将会明白，我正说着流亡者的语言。流亡者的语言是一声含混的低喊，不曾嘶吼过。无疑是因为这一点，在我（不管

---

1 《如是》（或译《原样》）为1960年索莱尔斯创办的文学期刊，刊登多篇重要的后结构主义与解构理论论文，罗兰·巴特、朱丽娅·克里斯蒂娃、米歇尔·福柯、莫里斯·布朗肖、雅克·德里达、伯纳德–亨利·列维与茨维坦·托多洛夫等一众理论家，甚至是翁伯托·埃科与热拉尔·热奈特，都曾在该杂志上发表作品。1974年，杂志编辑组访问中国，其中便有克里斯蒂娃。1982年杂志停刊。

是作为能指还是所指的我）写作的时候，它当然产生我个人的征状，可这些征状也不可避免地成为法语的征状。当今的时代是流亡的时代。如果不成为自己国家、语言、性别与身份的外人，又怎能避免陷入常识的泥潭？如果没有某种流亡，写作是不可能的。"[1]时至今日，"外人"已经成为克里斯蒂娃的身份，乃至她的思想不可磨灭的特点。2021年11月，法国总统伊曼纽艾尔·马克龙（Emmanuel Macron）在授予克里斯蒂娃法国荣誉军团勋章大军官勋位（Grand officier de la Légion d'Honneur）时，便在颁奖词开篇如此介绍她：

> 您是保加利亚人，因为您的家人，因为您的出身，因为您的青春。您也是法国人，因为您的作品，因为您的爱情，因为您的决定。可您同时属于这个文人的共和国，以书当护照，以路作边境。"In via, in patria"——"我的祖国在路上"——您借圣奥古斯丁之口如是说：不停重新质疑，永远探求知识，超越既定成见。如果与您亦师亦友的罗兰·巴特将您称作"外

---

[1] 朱丽娅·克里斯蒂娃，《一类新的知识分子：异见者》(Un nouveau type d'intellectuel : le dissident)，载于《如是》第74号，第3-8页；因手头暂无法摘本，便将引文摘自西恩·韩德（Séan Hand）英译本，载于托里尔·莫伊（Toril Moi），《克里斯蒂娃读本》(The Kristeva Reader)，第298页。

人"，这不只是因为您来自别处，更是因为从一开始，您便有条不紊地改变我们习以为常的目光，将我们的思想置于他乡。[1]

如果说克里斯蒂娃的身份是外人，那么《外人》便是克里斯蒂娃论述此身份的唯一专著。[2]

对当今的一般读者而言，《外人》也同时具备极强的现实意义，因为作者回应的社会问题在我们的时代日益尖锐。《外人》成书的 1980 年代，种族歧视与排外现象甚嚣尘上。在"二战"之后，尤其是法越战争（1954 年）与阿尔及利亚战争（1962 年）结束后，已有大量难民迁入法国本土。1970 年代，法国经济低迷，开放移民家属定居法国的政策，并允许他们申请法国国籍，因而又有一批外国人移居法国，数以万计，主要来自穆斯林世界。伴随着几波移民潮，法国社会对移民的仇视也逐渐酝酿，在 1983 年针对北非移民的多起暴力事件中暴发。在巴黎北郊的拉库尔讷沃（La Courneuve），10 岁的北非裔少年图菲克·吴瓦内斯（Toufik Ouanes）因"吵闹"被邻居击毙；在波尔多，

---

[1] 马克龙颁奖词全文参见 http://www.kristeva.fr/ceremonie-julia-kristeva-grand-officier.html。

[2] 克里斯蒂娃于 2014 年对本书的总结，参见 http://www.kristeva.fr/reflexions-sur-l-etranger.html。

阿尔及利亚游客哈比卜·葛林齐（Habib Grimzi）在火车上受到三名待役军人挑衅，与他们发生口角，后被他们拖出行驶的火车窗外致死；在里昂东南的韦尼雪（Vénissieux），警方突击搜查北非移民聚集的城区，与当地年轻人发生流血冲突，造成青年社会活动家翟义家（Toumi Djaïdja）重伤。10月，为了提倡平等、反对种族歧视，17人决定从马赛出发，以游行的方式和平示威，其中9人便来自韦尼雪。行至格勒诺布尔，行列不过30余人；到了里昂，已有上千人；12月，踏入巴黎的已是一支10万余人的队伍，浩浩荡荡，《解放报》（*Libération*）称其为"伯儿的游行"（marche des Beurs；"伯儿"为对北非阿拉伯裔的俚语）。翌年，反种族歧视组织SOS Racisme成立，法国《国籍法》（Code de la nationalité）增补案通过，这样的背景便促使克里斯蒂娃思考"外人"的境况。《外人》出版后的两年，克里斯蒂娃发表《致哈林·邰希的公开信》（*Lettre ouverte à Harlem Désir*, 1990），收信人邰希正是SOS Racisme的时任主席。[1]

---

[1] 朱丽娅·克里斯蒂娃,《致哈林·邰希的公开信》，巴黎，Rivages，1990年。英译本参见《没有民族主义的国家》(*Nations Without Nationalism*)，莱昂·鲁迭兹译，纽约，Columbia University Press，1993年。有兴趣的读者尤其可参阅"明日的国家又如何？"（What of Tomorrow's Nation）一章（第1-48页），这是作者为美国读者所写的导言。

可"外人"难道不也充斥着今日的世界吗？全球化的潮水逐渐退去，浮现出民族主义的暗礁；"黑人也是命"的声浪，揭露出西方国家族群间结构性的裂痕。即使移民政策并非中国人口问题的方针，中国多样的地域民族文化、渐长的国际地位，也都催生出一群群外人——谋职他乡的民工、南下北上的青年、远渡重洋的学子、奔走四方的游客。当"后疫情时代"再度打开城与城、国与国之间的大门，当困滞已久的人们重新将他乡纳入自己的生活，只会有越来越多的人体会身为外人的滋味，哪怕只是片刻。我们该如何审视成为外人的自己？该如何接纳作为外人的他人？回响 30 余年的《外人》，对今日亦可带来弥足珍贵的定见与启发。

那么，请允许我自作主张地以一则逸事结束这篇稚拙的序文。校对译稿的夏天，我有段时间在意大利。一日，我从翡冷翠北郊的城市普拉托搭火车南下，在售票处遇见一个女人，亚洲面孔，50 来岁的样子，戴着一只"意大利制造"的橘红色口罩，正朝满脸疑惑的售票员比画着。她见了我，问我是不是中国人，能不能帮她买一张去翡冷翠的单程票。我替她买好票，趁在月台等车的间隙，想教她买票的意大利文。她指指自己的头，说自己笨，学不来。

她在意大利生活了12年，意大利语却只会"谢谢"与"白兰渡"（我后来得知这是"普拉托"的温州话叫法）。每次出行坐火车、坐公交，如果身边有中国人，就请他们帮忙买票；如果没有，就自己应付，也就这么应付过来了。她又说，自己普通话也说不流利，更不识字，平日与朋友用温州话交流。我还想跟她套套近乎，说自己是上海人，温州话或许能听懂一些。她却摇摇头，说自己20年前曾经在虹口区做过两年工，那时还能讲两三句上海话，现在已经完全记不得了。

然后是几秒的沉默。太阳很大，我看着铁轨上冒起的烟。她向我抱怨，过去的一整年，因为疫情的缘故，自己找不到工作；如果不是因为回国机票太贵，到达之后还要隔离，她还想回家看看。她说她这次去翡冷翠找她姐姐，休息几天。她已经摸清了到翡冷翠火车站之后的路线，在外面的电车站坐开往市郊的电车，直到看见大超市"艾赛隆加"，就可以下车了。"要不到了以后，我再去帮你买电车票吧"，我说。她连声道谢。到了翡冷翠后，我们走出车站，门口的电车售票机非常方便。她见我准备拿卡替她付钱，赶忙把我推开，把攥在手中的几枚硬币统统塞进投币口。电车刚好到站，我们也没空攀谈，她拿好车票，赶忙走上车，一边向我挥手作别。

我想我有好些问题没来得及问她。我想问她温州的事，问她上海的事，问她在这里有多少亲友，问她这 12 年是怎么过来的。转念一想，我又有什么资格用这些问题让她难堪呢，竟要用几句外语、用几枚铜钿来换取一些好善乐施的窃喜——我自己在英国不也是做了三年的外人吗？三年，圆滑的英语侵入我的念想，占据我的口舌，忙碌的日子竟容不下一句中文。我的母语日益枯萎，直到接手这本书，我才能与它再续前缘，动用大段中文整理自己的思想、揣度作者的本意，做归途中的鲁宾孙……我伫立在火车站出口，看电车呜咽着离去，克里斯蒂娃的文字忽然奔涌在脑海，化作一声叹息，散逸在托斯卡纳的烈阳里。与那位女人的邂逅，让我更加明白翻译此书的意义。所以，如果译者对代作的序文多少还有些决定权，那么我想将这篇文章献给她——献给这位在他乡与我有过一面之缘的外人。

谨以此序一并感谢复旦大学哲学学院王春明博士对我的信任，以及拜德雅图书工作室的编辑邹荣先生的耐心、理解与帮助。

陆观宇
伦敦瓦尔堡研究院
2022 年春

另：就克里斯蒂娃已出版的著作，可参阅学者伊莲·沃拉（Hélène Volat）编撰的目录：http://www.hvolat.com/Kristeva/kristeva.htm；就研究克里斯蒂娃的重要二手文献，可参阅《牛津书录》（*Oxford Bibliographies*）的相关条目：https://www.oxfordbibliographies.com/view/document/obo-9780190221911/obo-9780190221911-0063.xml；就其他信息，可参阅克里斯蒂娃的个人网站：http://www.kristeva.fr/。

我们自身的外人

Étrangers à nous-mêmes

献给外人的托卡塔与赋格

外人：扼在我喉咙深处的怒火，将澄澈搅浑的黑翼天使，行迹晦暗，深不可测。仇恨的化身、他者的象征，外人既不是我们慵惰的家庭假想的受害者，也不是带来城邦一切罪恶的闯入者。不是正在进行的天启，不是为了安抚集体而亟须消灭的近敌。以一种奇怪的方式，外人栖居在我们身上：他是我们身份被遮盖的一面，是毁坏我们处所的空间，是融洽与同情分崩离析的时间。在我们身上认出他，我们就不必在他的身上憎恨他。这个被称作"外人"的征状，恰恰让"我们"一词显得破绽百出，甚至毫无可能。他开始于我对自身差异的意识出现之时，结束于我们相互视作亦敌亦友、同属集体的外人之刻。

"外人"，原始社会的"敌人"，难道在现代社会就无处可寻了？在下文所论及的西方历史的若干时刻，人们或是思考、接纳、排斥外人，或是在某种宗教或某种道德的视角下，得以想象一个没有外人的社会。当下，面对全球范围内的政治经济融合趋势，我们不由得再次提出这个还带着些乌托邦色彩的问题——或许这一问题永远带着乌托邦色彩：我们是否能够亲密地、主体式地与他者共同生活、作为他者生活，既不驱逐又不同化任何人？当前针对更改外国人地位的需求不禁使人思考，我们是否有能力接受他者性的新模式？若这个问题不在每个人心中，不为了每个人而酝酿成熟，那么也就没有能够施行的"国籍法"。

在最蛮荒的人类群体中，外人被视作待杀的仇敌；随着人们在世界上构建宗教与道德，作为异类的外人只要对此加以拥护，也可以被同化到"贤者""义士""自然人"的盟约之中。在斯多亚主义、犹太教、基督教之中，直到启蒙时期的人文主义，涌现出种种赞成此类思想的人物，这类思想虽有其局限与弊端，却始终是抵抗排外情绪的堡垒。今日的外国人所提出的问题，大概因为宗教与道德建构的危机而变得非常切要。造成这种情形的主要原因在于，现代个体难以接受我们的社会同化陌生性的提议，因为他不仅依恋于自己民族与伦理的差异，更是唯恐失去本质上属于主体的、不可化约的独特性。诞生于资产阶级革命的民族主义，在19世纪与20世纪首先成为浪漫主义的征状，而后成为极权政体的征状。然而，如果它反对的是普世论的趋势（不管是宗教的还是理性主义的），并且倾向于辨认，甚至追捕外国人，那么这种民族主义最终只会沦为现代人排他的、不让步的个体主义。然而，或许是在现代个体主义的覆灭之后，在市民 - 个体不再自认整全而光荣，反倒发现自身的鸿沟与裂口之后，也就是发现自身的"陌生性"之后，我们才能重新提出这一问题：问题的要点不再是如何将外人纳入一个取消他的系统之中，而是如何和外人共同生活——我们所有人都在这些外人中发现自身。

不是要确定、物化外人（étranger）的陌生性（étrangeté）。只是小心触碰、轻拭而过，而不赋予其决定性的结构。仅仅是通过在我们眼下展开的某些彼此相异的面孔，通过散落在历史中却反复无常的某些年代久远的人物，勾勒出陌生性的永恒运动。还要通过不断地回归这种陌生性，进而对此加以缓和——回归的速度却越来越快。摆脱陌生性的愠怒与重负，所用的并不是同化与遗忘，而是对差异的和谐反复。正是这些差异带来了陌生性，却又因陌生性而蔓延。《托卡塔与赋格》：巴赫的乐章在我的耳畔回响，让我想起陌生性在现代的意义——受人推崇又扣人心弦，正是因为它轻巧、缓和、散逸，镌刻在一个正在形成的演奏技法中，毫无目的、毫无制约、毫无终局。[1] 陌生性——方

---

[1] 约翰·塞巴斯蒂安·巴赫（Johann Sebastian Bach），巴洛克音乐集大成者，《D小调托卡塔与赋格》为其知名作品。托卡塔（toccata）与赋格（fugue）均为音乐形式。托卡塔，有"轻触"之意，速度轻快、节奏均匀；赋格，源于拉丁文 fuga，意为"逃逸"，各声部按对位法写就，彼此模仿，相继演奏。——译者注

才触及,业已远去。

被烧灼的幸福

是否存在幸福的外人?

外人的面容烧灼了幸福。

首先,引人注目的是他的特点:这对眼睛、这双嘴唇、这块面颊、这片肌肤都与他人不同;它们让人把他辨别出来,让人明白他是某个人。这张独特的脸庞尤其彰显出的,是所有脸庞在仔细的注视下都应展现的道理:在人们身上不存在平庸。然而,确切而言,让我们的日常习惯相一致的也正是平庸。我们对外人容貌特征的吸引同时包含着亲近与拒斥:"至少我也和他一样独特,所以我爱他",观察者喃喃道,"可是我更爱我自己的特点,所以我要杀了他",他亦可下如此结论。从骤升的热情到骤降的拳头,外人的面容暴露出我们秘而不宣的生活方法——我们借此设想世界、打量一切,直到最亲近的、属于家庭的群体中。

此外,这张如此不同的脸庞所体现出的,是一道被超越的阈限,而这道阈限无法挽回地引起某种宽慰之感,或是某种担忧之心。不管外人的神色是喜悦还是不安,它都表示了外人是群体之"外"的人。我们所见的所有人都会遇到我们内心的这道边界，而它通过某种燃烧的滋味，唤起了我们最古远的感觉。不管被烧灼的是忧虑还是陶醉，它们都被安置在这些不同的面目特征中，不加卖弄、不受遗忘，仿佛永远地邀请我们踏上某场无法抵达的、让人恼怒的征途；外人不谙这场征途的规则，却保留着对这场征途的记忆——静默的、有形的、可见的记忆。这并不是说外人看上去必然是分心的、轻率的、惊慌的。可是对双重性的要求——或好或坏，或带来喜悦或带来毁灭——搅乱了他多变的面容，印上一道暧昧的疤痕——他的安逸属于他自己。

因为，奇怪的是，这种双重性让观察者在外人身上感受到一种特别的、些许傲慢的幸福。不管怎样幸福似乎都占据了这种感受，因为外人已经永久地与某些东西作别：这是分别的幸福、流离的幸福，在这个空间中蕴含着无尽的承诺。然而，这确实是一种蜷曲的幸福，即使尖锐而突然，却也带着害怕与顾虑，因为外人始终感觉自己被故土所威胁，心头萦绕着昔日的幸福或灾祸——这种感觉永远是过度的。

我们能否既成为外人，又感觉幸福？外人让我们赋予幸福新的概念。在本原与奔逃之间：一道脆弱的界线，一种暂时的平衡。稳重、尚存，有时显得确凿，这种幸福却是倏忽即逝的，如火一般，只因燃烧而闪烁。外人奇特的幸福，便在于保持这种永恒的短暂、这种短暂的永恒。

失去与挑战

一道隐秘的伤口让外人逃奔出亡，这道伤往往是他自己未曾经历过的。然而，这个受冷落的人却不承认自己有伤：挑战之苦让他怨而不言。让外人坦承屈辱、有所恳求的人毕竟在少数：某些希腊人（如埃斯库罗斯的《乞援女》）、某些犹太人（哭墙前的信众）或是精神分析师。"您对我没有什么过错可言，"这位怕生的顽固之人否认道，"毕竟是我选择要离开的"；外人永远心不在焉，对一切无动于衷。他的记忆在最深处受过美妙的创伤：流民慈爱的母亲或是漫不经心，或是谨言慎行，或是忧心忡忡，毫不理解孩子的选择；他是自己母亲的陌生人。他从不叫唤她，也对她无所求，反倒是傲慢地依附于他所失去的、他所缺乏的，依附于某些象征。外人的父亲固然存在过，现在却无处可寻。一面拒斥断绝，另一面又无法接近：要是有不愿屈服的毅力，就必须另寻一条道路。向着这个确定却无法到达的彼处，外人做好了逃亡的准备。没有障碍能够阻挡他，而一切苦楚、一切羞辱、一切排挤都让他不屑，他寻找的是一方缥缈的乐土，是一个不存在的国度，以"彼岸"之名，让他魂牵梦萦。

于是，外人失去了他的母亲。加缪[1]深知此中道理：他的《局外人》便显现于母亲死后。人们很少留意，这个冷漠的、对犯罪无动于衷的孤儿，同样迷恋着缺失。他信奉孤独——即使身在人群中也是如此——因为他忠诚于一道影子：迷人的秘密、父亲的理念、难以触及的抱负。默尔索视自己如行尸走肉，却因一种自以为激情的麻醉而振奋：他的父亲亦如此，在行刑现场呕吐过后，意识到死刑是人之一生唯一有兴趣的事情。

苦难、激奋、伪装

外人必然遭遇的挫折猛烈地伤害着他——他是多余的口舌，是无人理解的言语，是不合规范的举止——可这却是刹那间的事情。不知不觉中，它们让他漂得苍白，变得像石头一般坚固而圆滑，时刻准备着继续自己无尽的行程，向着远处，向着别处。在这场不受拘束的逃亡中，已经有

---

[1] 阿尔贝·加缪（Albert Camus），20世纪法国文学家，著有《局外人》《鼠疫》等。——译者注

一些人以背弃陌生性为目的（职业的、学识的、情感的目的），因为在给自己选择一个日程的同时，外人也给自己提供了一刻空闲、一处居所。然而，根据流亡的极端逻辑，在流民疯狂的远征中，所有目的都会毁灭消亡，因为流民的彼处永远是不断消退的、不可满足的、无法触及的。在这场荒谬的涡流中，苦难的快感是必然的命运；沿途的东主（proxènes）也在无意识中深知这一点，他们自愿款待外邦宾客，为的是用自己的鄙视与倨傲折磨他们——或是更为阴险地将自己繁重的慈善强加在他们身上。

不管是"活动家"还是不知疲倦的"移民工人"，不过是外国人胴体上的厚甲。他呕心沥血地劳作着，受辱于这样一种境况——即使在生活最安稳的夫妻中，他／她依旧占据着全能佣仆的位置；若是他／她患病在床，便会带来不便；他／她代表着敌人、叛徒、受害者。受虐的快感不能完全解释他的屈从。实际上，这种屈从更加使外人禁锢在他的伪装之下：不动声色的第二人格，为了遮掩自己而穿戴的麻木的肌肤，他在遮掩下享受着藐视自己的暴君歇斯底里的弱点。算是主奴辩证法吗？

外人所引起的憎恶——或者至少是不快（"您在这里做什么，我的老兄，您怎么不在自己的位子上！"）——

并不让他感到多少惊讶。他自愿向接待自己的人们显露出敬意，因为他往往认为他们的生活优越于自己，不管是就经济、政治，还是社会而言。与此同时，他也不免认为他们有些固执、有些盲目。因为这些倨傲的东主缺少他所有的距离，看不清自己，也看不清他。凭着这道将外人扯离其他人的间隔，外人武装起自己；而它同时也将外人从自己之中撕扯开来。这道间隔也赋予他一种傲慢的感受，不是因为他持有真理，而是因为在其他人深陷单一价值的牢笼之时，他却能从中脱身，相对化自己、相对化他人。诚然，东主或许有些金银细软，外人却倾向于认为，拥有传记的只有他自己。传记，即历经考验的生活——并不是一定要有惊险和奇遇（即使两者可能都会出现），而仅仅是说生命中的行为都能算作事件，因为它们必然包含选择、意外、断裂、适应或计谋，而不是日常或休憩。在外人眼中，若不是外人，便没有生活：他们勉强存在着，或出众或平庸；可是他们始终在行程之外，因而几乎已经如死尸一般。

间　隔

冷漠是外人的保护壳：看似铁石心肠、傲慢疏远，可在他内心深处，在抨击与排斥达不到的地方，他却如水母一般脆弱。这是因为人们对他持有的间隔，呼应着他自己栖居的间隔，在所谓"灵魂"无痛的内核中，深藏着这种堪称粗暴的谦逊。在那里，他摆脱了神经质（sensiblerie），也卸下了敏感性（sensibilitié），骄傲地占据着一条或许只能算作确信的真理——他得以解释，在诱惑隐匿、礼貌褪去，而对峙成为定论之时，人际关系最粗蛮的部分是什么样子：肉体的冲突与性情的碰撞。因为当其他人谨慎地待在"一起"（entre eux）的时候，只有外人选择了这种自主；于是，外人站在这一片高地上，自相矛盾地迫使所有人面对一种拒绝开化的对象征的迟钝（a-symbolie）[1]，一种赤裸的暴力。蛮人面对蛮人。

不属于任何地点、任何时间、任何爱情。丢了来处，无法扎根，记忆俯视着，当下悬置着。外人的空间是轨道上的火车、高空中的飞机，容不得停顿的过渡本身。方位标记，完全没有。他的时间？是一场复活，能够回忆起死亡与前世，却丝毫没有来生的荣光：只有延缓，只有虎口脱险的印象。

---

[1] 在心理学中，asymbolie（或译为"说示不能"）指理解符号与象征(symbole)的能力的丧失或迟钝(前缀"a-"）。此处或指外人用冷漠来拒绝"我们"既定的象征体系，如语言、文化与行为模式等，而甘愿承受暴力；而因为外人在拒绝的同时，已经如反作用力一般受到这种象征体系的影响，因此这种迟钝是"自相矛盾"的。——译者注

确　信

然而，仍有对存在的确信：确信自己能够以一种温柔却晦暗的镇定，在自我中安顿——这种镇定一如潮水中的生蚝，或是享受热石按摩时无法言说的喜悦。外人存在于勇气与屈辱这两个情感的极端之间，即使他因为他人的伤害而左右颠簸。他却因为自己秘密的安顿、中立的睿智、被无法控制的孤独所麻痹的喜悦而泰然自若。

算是自恋的积习吗？还是伴随着存在之矛盾的白色精神病[1]？在穿越一道（或两道）边境时，外人将自己的不适转化为反抗的柱石、生活的堡垒。此外，要是留在本国，他或许会被算作一个边缘人、一个病人、一个逃犯……没有了家，他现在却传达着演员的悖论：他不停地创造着伪装的面具和"假我"[2]，永远不完全真实，也永远不完全虚假。在磐石般的心脏表面，有着伸缩自如的触角；外人深谙适应爱恨的道理。他的意志是失常的，却也是不自知的、无意识的、惊慌的。一群知道如何软弱的强硬之徒。

1　白色精神病（psychose blanche）指并无临床表现的精神疾患。——译者注
2　在英国精神分析家唐纳德·温尼考特（Donald Winnicott）的理论中，假我（faux-self, false self）为人们或许是无意识地在早年创设的人格，作为保护自己"真我"（true self）的防御机制。——译者注

也就是说，在自我中安顿的外人并没有自我。他所有的不过是空虚而无价值的确信，这种确信，让外人永远成为他者的可能性取决于他人的意愿，受到境遇的宰制。人们要什么，我就做什么，然而这并不是"我"——"我"在别处，"我"不属于任何人，"我"不属于"我"……"我"还存在吗？

分　割

然而，这种失重状态中的强硬，是一种无法持续的绝对。叛徒背叛了自己。不管是紧握住扫把的马格里布扫地工，还是用一门别国语言写下自传的亚洲公主，一旦外人有所行动、有所爱恋，他们便生了根。扎根或许是暂时的，却是猛烈的。因为外人的淡漠仅仅是一种抵抗，他借以击溃自己的弑母焦虑。他的强硬像是孩童时期分割[1]的变体，或是有可能将他的思想与话语化为混沌的潜能。因而他依恋这种淡漠，依恋自己的强硬——暂且不谈。

背叛他潜在狂热的火苗，仅仅在他有所依附的时候燃起：依附于某种事业、某种职业、某个人。他在此找回的

---

[1] 此处"分割"与"分割焦虑"（angoisse de morcellement）有关,而非更为人所知的"分离焦虑"（anxiété de séparation）的"分离"。拉康认为，镜像阶段（stade du miroir）中的孩童认为镜中自己的映像是完整的，而自己的身体行动不协调，是割裂的。如此对分割身体的焦虑促使孩童认同镜中的映像，其自我亦由此而生。——译者注

不仅仅是一方国土：是一种融合，融合到一起的不是两种存在，而只有一个，日趋衰减，直至完全破灭。

显然，社会的阶层或是个人的资质对此使命有着可感的影响。然而，不管他们的差异如何，或是如何热衷于冷漠，所有做过选择的外人都热衷于一种顽固到底的态度，而这种态度便揭露出他们流亡的起因。正是因为在故土没有任何人能够平息这场怒火、这团爱恨交织的烈焰，正是因为他们渴望寻找不屈服于此的毅力，他们才满世界流浪——保持中立，却宽慰着在内心中拾掇出一种距离，以抵抗之前灼烧过自己的冰与火。

一种忧郁

强硬的淡漠或许只是乡愁公开的一面。我们知道有外人活着重返他噙着热泪离开的国土。他忧郁地爱着一个失去的空间，并不因为自己抛弃了一段时间而感到宽慰。失乐园是永远无法找回的海市蜃楼。让他体悟到这一点的，是一种忧愁的知识，这种知识让他将对他人的怒气（因为永远存在着另一个更加恶劣的原因，导致我的流亡）转向他自己："我怎么忍心抛弃它？我自己已经抛弃了自己。"即使是看上去免受抑郁荼毒的人，在床榻深处、在梦醒与酣眠之间忧愁的时分,也无法从中脱身。因为在乡愁的间隙中,当外人被已经不属于自己的气味与声响所浸透之时——比起此时此地的气味与声响,它们也因此造不成多少伤害——他是与缺乏交欢的做梦者,是雅致的抑郁病患。幸福吗?

冷嘲者与信徒

然而,他并不仅仅是在此地与别处、此刻与彼时之间左右为难。那些认为自己受此折磨的人,忘记了没有什么再让他们留在彼处,没有什么尚且把他们定在此地。永远都在别处,外人不属于任何地方。需要明确的是:就依恋失落空间的生活方式而言,存在两类外人,将所有离开国家、职业、阶层与性别等的人分为两种不可调和的范畴。一类人,在那些不复存在的和永远成为不了的之间无所适从:中立之信徒,空虚之拥趸;不管是故作强硬还是涕泪交零,他们的幻想永远是破灭的;他们不一定自认失败,却往往成为冷嘲者中的佼佼者。另一类人,超越着:不是在从前,也不是在当下,却是在彼世;他们所怀有的激情诚然永不能满足,却根深蒂固,向着另一片始终被允诺的乐土——某种职业、某场爱情、某个孩子、某种荣光。他们是信徒,有的在成熟之后，变为怀疑论者。

邂　逅

邂逅平衡了流落。两种他者性（altérité）的会面，它接纳外人，却不固定住他，将东主敞向宾客，却不使他们交战。邂逅是相互的认识，只因其短暂而带来幸福；稍有延续，冲突就会将邂逅撕毁。外人信徒的好奇是难以矫正的积习，而邂逅则使他着迷：他经历着邂逅、沉溺于邂逅，永远不得满足，也永远放浪着。永远朝向其他人，永远去向更远处。他是宾客，也深知如何做宾客。他的生活是一连串的宴席，却没有明天——他立刻就掌握这个道理，因为他明白，宴席散去后，不再有后续。"他们款待我，这却算不上什么……之后……这些开销，只是为了宽慰他们的良心罢了……"主人的良心，亦是外人的良心。愤世嫉俗者更加适合邂逅：他甚至不主动寻求邂逅，从不有所期待；一有机会，还是会悄然入席。他坚信，即使一切都如过眼云烟，也还是以及时行乐为上。他不向往邂逅，却是邂逅向往着他。他参加的邂逅犹如一场晕眩，神色惶恐的外人忘了自己遇见了谁，也忘了自己是谁。

邂逅往往以口舌的享受开始：有面包、盐与酒。佳肴是滋养身体的圣餐。一方承认自己是挨饿的婴儿，另一方迎接着贪婪的孩子：刹那间，他们融合于好客的仪式。然而，这一方安然吞咽的桌角却已经走遍了记忆的行途：人们回想、人们投射、人们吟诵、人们讴歌。滋补的飨宴，起初还有人狼吞虎咽，尔后则进入了观念与酣梦的醉乡：尽着好客之谊的人们寻欢作乐，一时竟也心意相通。好客的宴席是肉体与思想的奇迹，也是外人的乌托邦：在这场短暂的世界主义中，乍现的同桌们团结亲善，忘却了彼此的差异。宴席在时间之外。在酣畅中，宴席仿佛永恒；酣醉的人们却没有忘记这种永恒一触即破的脆弱。

只有自由

逃脱了亲眷之间的羁绊，外人感觉自己"完全自由"了。这种绝对的自由却被称作孤独。无处可用、无以为限，它是最彻底的无趣与烦闷。没有了他人之后，自由的孤独犹如宇航员的失重，让肌肉萎缩、让骨骼脆弱、让血液稀薄。无事可做、无所束缚，外人什么都没有，什么都不是。然而，他却准备好迎接绝对，渴望着被绝对选择[1]。"孤独"

---

[1] 选择（élire），此处为宗教意义，如"天选""受选者"等。——译者注

或许是唯一一个没有意义的词。没有同义词、没有参照物，它被隔绝在区分不同、设立意义的差异之外。没有人比外人更加懂得孤独的强烈：他自以为选择孤独是为了享受它，或是为了感悟孤独而忍受它，而现在他却在强烈的淡漠中变得孱弱，这种淡漠有时让人沉醉，却永远无法与人分享。是他自己的悖论：外人渴望着有人相伴的孤独，可是没有人能够取代他炽热的独特性，而与他相联系。若是有同伴将他纳入集体之中，这个集体的一致与便利便会使他嫌恶；相反，若是没有彼此区别的人们相伴，他便会无可救药地陷入自己的孤寂之中。同伴是外人的幻想：同伴的缺乏越是尖锐，这种缺乏就越是他唯一的联系——乌托邦式的、缺乏着的联系；若是有人以慈善或其他任何人道关怀的名义做他的同伴，他自然会接受，然而之后他便会变得强硬、多疑、冷漠。外人渴望同伴，是为了更好地经历同伴的考验——以拒绝、以贞洁。

一种仇恨

"怀着仇恨生活"：外人往往如此描述自己的存在，却并未意料这句话的双重意思。始终感受着来自他人的仇恨；除了这种仇恨之外，没有其他的生活媒介。像是一位逆来顺受的女子，才嗫嚅出一个音节、比出一个手势、提出一个打算，便屈服于丈夫的拒绝之下。像是一个东躲西藏的孩童，因为犯错而担惊受怕，早已确信自己会经受父母的怒火。在这样的世界中，他用躲闪和伪装来与虚假的他人建立起虚假的关系，而仇恨则使他越发坚决。仇恨是一面痛苦而真实的高墙——就此意义而言，他早已熟悉了仇恨的滋味——而外人正是通过冲撞这一面墙，才不断向他人与自己证明自己的存在。于是，仇恨使他变得真实、变得真挚、变得实在——简言之，带来了他的存在。此外，他向外界回响出这种另外的仇恨——隐秘而不可告人，可耻而不断蔓延，以至于外人将这种仇恨承担在自己身上，所有人都恨、没有人可恨、恨着自己，一旦内爆，便会引起严重的抑郁。然而，在这里、在自己与他人的边界，仇恨却也不会为他带来多少威胁。他戒备着，安心地发现每一次约会都充满着仇恨。即使他因为始终感情受挫而受到伤害，却也甚至满足于这种持久的厌恶——厌恶是真实的感受，还是虚幻的想象？

和他者生活，和外人生活，让我们直面成为他者的可能性或不可能性。并不只是要秉着人道精神接受他者，而是要取代他的位置，即以异于自身的方式去设想自己、设立自己。兰波的"我是一个他者"（Je est un autre）不仅是精神病之幽灵的辩白，还常常出没在诗歌之中。"他者"二字昭示着流亡，意味着人们可能或必须成为外人、在外邦生活，也因此预见了现代时期的生活艺术、属于赤裸的人民的世界主义。异化于自我，不论如何痛苦，却为我带来了一种微妙的距离。我得以在这种距离中享受堕落的快感，并且借助想象与思考之可能，排斥我自己的文化。双重的身份，身份的万花筒：我们能否成为自己的长河小说[1]，而不被他人当作疯魔、指责虚伪？不因属于外人的仇恨，不因对外人的仇恨而灭亡？

在你看来，厌恶意味着你带来了麻烦、你使人不快，而人们也会坦率而无所顾虑地表明这一点。在这个国家中，没有人能为你据理力争、为你打抱不平。你不被任何人关心，而在我们这群人中支持你更是徒劳。开化的人对外人没什么好在意的："不是，要是你不喜欢这里，你大可回去待着！"谁知道这种贬低外人的屈辱为他的东主带来了怎样狭隘的优越感。我想，要是旺达不是来自波兰这个不毛之地，要是她能有亲友——不管人们对亲友有怎样的看法——做她自恋的庇护所、做反抗偏执迫害的防御墙，她

---

[1] 长河小说（roman-fleuve）记叙彼此有关之不同人物的生活。——译者注

的丈夫怎么可能还会让自己如唐璜[1]一般蛮横无理，耽溺放纵的趣味，甚至有脸炫耀自己的情妇，而不管旺达有没有欣赏她们的心情，唉！我想，要是匡的发音能让人听懂，要是他记得动词变位，要是人们不认为他的言行举止过于巴结——对他而言，这不过是礼节——要是他在和同事外出垂钓时，一两杯酒就能与他们热络起来，他的岳父岳母怎么还会在他和杰奎琳离婚后的几日，就如此残忍地剥夺了他对孩子的抚养权……然而，或许遭受这种陌生性的不仅仅是旺达和匡，玛丽和保罗若是有些不同、有些特别，若是他们不合规矩，若是他们像是自己国家的外人，他们也会有同样的问题。[2] 还是说，我们是否应该承认，人们之所以在异乡为异客，是因为他们在故乡就已经是外人了？

多语者的沉默

不说母语。压抑身体在夜里唤起的记忆，忘却孩提时期苦乐交织的酣眠，依循一套截然不同的音节与逻辑来生活。惦着昔日的语言，犹如念着一方秘密的墓穴，或是抱

---

[1] 唐璜（Don Juan），西班牙传说人物，以玩弄女性著称。——译者注
[2] 不同于旺达（Wanda）与匡（Kwang），杰奎琳（Jacqueline）、玛丽（Marie）与保罗（Paul）为常见的法国人名。——译者注

着一个残疾的孩子——没用的心肝宝贝。母语日渐枯萎，却永不会离你而去。而你呢，你完善着运用另一种工具的能力，一如人们用代数或提琴表达自己。你成为着这个新本领的行家里手，它也为你赋予了一具新的躯体，一样的人为造作，一样的倍经完善——有些人甚至称之为完美。你感觉这门新的语言让你重生：新的肌肤、新的性别。然而——比方说，在听录音的时候——你却偶然听见自己的嗓音，你的声调让你感觉奇怪，听不出是哪里来的，不合当下的规矩，更似昔日的嘟哝。这时候，幻觉便骤然破灭了。人们说，你的笨拙有着魅力，甚至有着肉欲，让追求者争相赞美。没人指出你的错误，以免伤你的自尊；然后错误没完没了，最后也没人在乎了。可你发觉这多少也让人不自在：有时候，紧皱的眉头或是盘旋的一句"再说一遍？"却感觉是在说"你也成不了我们"，是在说"没必要这样"，是在说"我们也不傻"。你也不傻。你只是深信，若是你不辞辛劳、不惜光阴地练习着这门属于他人的语言，幻想着终有一天能够完美地习得它，能够达到天知道怎样的理想水平——而不再因为自己不守承诺的出身，暗中流露自己的失落。

因此，在两种语言之间，沉默是你的要素。对于这一点，因为用平凡而粗略的话语说了太多次，已经不再有人提起了。曾有一个享誉全球的学者，聊起自己掌握的多门语言。他挖苦道，自己能用十五种语言说俄语。至于我，我感觉他是主张缄默的；而这种平稳的沉默有时迫使他歌吟出几句单调的诗，让他总算说出些什么。

虽然荷尔德林[1]在回到德国经典之前，更愿意将自己与希腊作者相比，但他以非常戏剧化的方式表现出一个被外语牵制住的人的麻木感："我们只是一个符号，毫无意义/我们对苦痛麻木，几乎已把/语言遗失在他乡"（《摩念默绪涅》）。

外人因为这种多形的缄默而感到困窘。因此，他尝试用行动取代言语：家政、网球、足球、帆船、裁缝、骑马、慢跑、育子……诸如此类。耗费金钱，耗费精力，更加使沉默蔓延。谁要听你说话呢？人们已经对你非常容忍了。再说，你真的愿意说话吗？

你为什么要斩断词语母性的源头？面对这些新的对话者，你又作何期望？你和他们所说的不过是一门人工的语言，一个假体。在你看来，他们是完美的理想，还是鄙视

---

[1] 约翰·克里斯蒂安·弗里德里希·荷尔德林（Johann Christian Friedrich Hölderlin），18、19世纪德国浪漫派诗人。其诗作《摩念默绪涅》（*Mnémosyne*）得名于希腊神话中的记忆女神、缪斯之母。——译者注

的对象？得了吧！不仅仅是要求你沉默，沉默本身就在你身上：是对言语的拒斥；是一阵有条痕的眠梦，紧靠着渴望保持缄默的焦虑；是你傲慢又受挫的审慎心理的私有产物；是一道锐利的光——这种沉默。没有什么好说，虚无，没有人在眼前。还有一种不可穿透的完备：冰冷的钻石、隐蔽的宝藏，受着细心的保护，无人能够触及。什么都不说，没有什么可说，没有什么是可说的。起初，这是一场向说着新语言的人们发起的冷战，因为你渴望着这门语言，而它却将你拒之门外；尔后，新语言便将你淹没，宛如死水中的慢潮。这不是源于怒火的沉默，将词句推向思想和唇齿的边沿；相反，这种沉默掏空精神，将消沉填满头脑，好似悲妇的眼神，盘桓在某种不存在的永恒之上。

"……先前与肉体的不和"（马拉美）

不同意。永远不同意，不同意所有事，不同意所有人。带着惊讶与好奇看待不和，像一个探险家，像一个民族学家。黯淡、中性、无权承认的不和——因自己的不和而厌倦，禁锢于自己的不和。不再明白人们究竟在想什么，除了一句"不是这样的"：本地人的言辞、微笑、嗔怒、判断与品味，或夸张，或衰弱，或仅仅是不公的、虚假的，而本地人自己——因为身处自己的故乡而骄傲——也不认为我们能以其他方式说话、思考、行事。那么，为什么不跟他说要"讨论讨论"呢？凭什么权利讨论？或许是自己赋予自己权利，来挑战本地人所确信的事情？

不行。在你看来，那些从未尝过无根之苦的人，听不进任何能对他们的立场加以相对化的言论。那么，既然我们自己已是流落无根的人，跟那些自认土生土长的人交谈又有什么用？只有脚踩不到底时，耳朵才能听进不和。为了听进不和，要打破某种平衡，要因毁灭而战栗。然而，当外人——主张缄默的谋士——不表明自己的不和之时，他自己便在专属自己的世界中扎根。这个世界属于被拒绝的人，在这里，没有人能被听见。就这样，对不和充耳不闻的有根者与禁锢在不和之中的无根者相互面对着。这种看似和平的共生掩藏着毁灭：这是一个被毁坏的世界，是世界的尽头。

移民，因此是劳工

外国人是劳作的人。尽管文明世界、发达国家的当地人认为劳动过于粗野，（一有机会便）摆出贵族一般轻薄而任性的神色，外国人还将劳动视作一种价值。劳动当然是生活之必需品，是他生存的唯一方式，而他却并不一定会颂扬劳动的光荣，而仅仅是希望它被当作一种基本的权利，尊严的基准。虽然一些人，一旦有所满足，便会因通过工作并在工作中实现自己而感到幸福：仿佛他自己便是天选的领土，是成功唯一可能的途径，是经久不变、无法让与的个人资质——即使这种资质是能够搬运的，而不管边界或资产。外国人是劳工，或许看上去像是一个简单的悖论，源于广受讨论的"移民劳工"身份。然而，我在一个村落中认识几个法国农民，他们从别的大区[1]搬来定居，理想远大，比其他人更踏实耐劳，渴望着凭借双手"打出一片天"。他们受到排挤，既是因为他们是闯入者，又是因为他们异常坚韧。村民们（在打群架时谩骂着）把他们当作……葡萄牙人和西班牙人！实际上，他们私下坦言，其他人（这个词在这一例子中自然指的是法国人）在工作时从来没有如此坚持，而真的只有身无分文的人——归根结底，只有来自别处的人——才能有如此的毅力。不过，他们在村里干的是否是脏活、累活？不是，他们只是一直在找事情做罢了——这些来自另一个大区的"外国人"。

确实，在第二代移民那里，这些工作狂有时便会松懈

---

[1] 大区（région），法国行政区划。——译者注

下来。或是为了挑战操劳忙碌的父母，或是为了夸张地仿效本地人的风俗，许多外国人子女的生活一下子便充满了甜蜜（dolce vita）、放任，乃至犯罪。这个现象自然有许多"原因"。

然而，移民自己却不愿浪费时间。雷厉风行、果敢坚定，或是要小聪明，他根据自己的能力与情况，收揽起一切工作，尽力在最少见的工作中出类拔萃。这是些没有人想做的工作，也是些没有人想过的工作。外国人是胜任一切的男女，也是前卫行业的先锋，是在奇特的、前沿的职业中临时修成的专家，为自己而投资、为自己而卖力。如果说他的确和其他人一样，以盈利与节俭为目标，为供日后、供家人所使用，那么为了达到这个经济目的，他需要比其他人拥有更加充沛的精力和充分的本领。正因为他什么都没有，正因为他什么都不是，他便可以牺牲一切。而且牺牲开始于工作：这是无须关税即可出口的唯一商品，是流亡时期普世的保值物。因此，无法得到工作许可，会带来何等苦楚、会成为何种灾难！

奴隶与主人

主奴辩证法？力的程度改变着力的关系本身。外人的分量不仅来自他们数量上的优越——从这一点看，奴隶难道不一直都是普遍多数吗？——更是因为我们意识到我们自己也多少算作外人。一方面，这是因为在这个空前开放的世界中，每个人都被迫当过一刻外人，不管是外出旅行，还是在国际公司就职。另一方面，这是因为此前在"主人"与"奴隶"之间坚固的间隔在今天已被废除，即便不在无意识中，至少也是在我们的意识形态与我们的愿景之中。任何当地人在"自己"的位置上多少有"陌生"的感觉，而"陌生－外人"一词的比喻价值便首先让公民因其性别、国家、政治与职业身份而感觉不安；其次，它便迫使他认同于他者——这种认同诚然是断断续续的，却仍旧是强烈的。在这种运动中，负罪感自然凸显出来，可是它同样让位于某种虚情假意的光荣感——这种光荣感在于，本地人自认与其他这些"迁客"（métèques）[1]多少有些类似；而他们现在明白，这些人虽不受待见，却终究能够一帆风顺。这阵风翻搅着、扰乱着，却也将我们送往属于我们自己的未知，送往我们无法预料的未来。因此，在这些新的"主人"与新的"奴隶"之间结成了某种默契，这种默契并不一定

---

[1] 迁客（métèques, metoikos），希腊社会的外邦人，词源为表"变更"的介词（meta）加上"房屋"或"住处"（oikos）。——译者注

会在政治或司法之中带来实在的效果（即使这两种体系正逐渐地体会着这种默契），却在本地人身上凿刻出一种怀疑：我真的是在故乡吗？我是我自己吗？"未来"的主人难道不是他们吗？

一些人因为这道怀疑的皱痕而开始反思，少有人因其变得谦逊，更少有人因其变得慷慨。然而，另一些人却因此在心中升起一股退步的、保护主义的怒火：难道不应该自己人相互照顾，齐心协力，赶除闯入者，或者至少把他安置在"他自己"的位置上吗？于是，"主人"便转化成追捕征服者的奴隶。因为本地人若是把外人视作入侵者，他心中所埋没的某种热情便会显露出来：杀死他者的热情。他先是害怕或是鄙视他者，之后却把他从渣滓的阶层提升至强大的迫害者之地位。正是为了对抗这名迫害者，一个"我们"便凝结而成，渴望着报仇雪恨。

无效的言论、巴洛克的言论

不能指望他人。没有人听你的，发言权也从不会交给你——又或者，当你鼓起勇气将它夺来的时候，便会迅速被群体中最流畅自在的话语所抹去。你的言论没有过去，也对群体的未来没有任何影响：我们听它做什么？你不够稳定——"没有社会面积"——而你的言论也因此并无大用。可取，你的言论或许如此；意外，也行；荒谬怪诞或是引人好奇，算是吧。然而，面对谈话者的利益——你的言论刚好不为他带来利益——这些魅力也没什么分量。只有在他利益（intérêt）相关（intéressé）时，他才会希望借助你的影响而利用你的言论；和任何影响一样，这种影响根植于社会关系中。可你刚好没有这种关系。你的言论，即使因为其奇特性而让人着迷，却也因此不会有后续，不会有效用，不会为你对话者的形象或名望添上任何点缀。人们只是心不在焉地把你当笑话听，一有重要的事情便会把你忘记。外人的言论只能依赖于其修辞赤裸的力量，依赖于在言论中投入的内在渴望。然而，它完全不受外在现实所支撑，因为外人恰恰是被区别对待的人。在这种条件下，如果外人的言论不埋没在沉默中，便会沦为一种绝对的形式主义、一种夸张的矫揉造作——修辞作王后，外人是巴洛克人。葛拉西安和乔伊斯[1]应该都是外人。

---

[1] 巴尔塔萨·葛拉西安（Baltasar Gracián），西班牙巴洛克时期作家。詹姆斯·乔伊斯（James Joyce），爱尔兰现代主义作家，著有文风晦涩的《尤利西斯》（*Ulysses*）一书。——译者注

孤　儿

没有双亲——这是自由的出发点吗？外人固然因这种独立而沉醉，而他的流亡本身在最开始大概也只是为了反抗父母对精神的影响（prégnance parentale）。若是有人从来不敢在一种近乎幻觉的恍惚之中想象自己没有父母——想象自己免去了一切恩债与责任——他便不能理解外人的疯癫，不能理解这种疯癫带来的欢娱（"我是我自己的主人"），不能理解这种疯癫所包含的杀人之怒火（"无父无母，无神无主……"）。

然而，是时候进孤儿院了。正如一切自责，这种自责也来自他人。当其他人告诉你，因为你的父母不重要，所以你也不重要，当他们告诉你，你的父母无处可寻，因而不存于世，你便突然感觉自己成了孤儿——有时候，你感觉自己有成为孤儿的责任。于是，一道奇怪的光照亮了你身上所固有的阴影，一片令你欣喜却愧疚的阴影，名曰对出身的依赖；这道光转而让你团结于那些属于从前却业已迷失的人。你其实一直都和他们团结在一起，因为你的过去只有父母了解，因为你珍贵又微妙的痛楚没有其他人能够体悟——这难道不是无须言明的道理吗？当你和本地人发生争执之时，你的父母一直在你身畔，作你无形的证人——这些"他人"难道连这也不明白吗？当然不！他们不明白，他们也不想明白。就这样，他们不用明说就能让你想起自己对远方亲友的抛弃——"我知道，可是……"。就这样，他们也让你想起你自己虚伪的堕落。你感觉，这些本地人犹如削割愁肠的杀人犯，因为他们从来不问起你的亲人——是的！昔日的亲人、远方的亲人，不可胜数，埋葬在另一门语言中。或者说，当本地人提及你的亲友时是如此漫不经心，怀着如此冒失的鄙夷，以至于连你都开始问自己，你的父母是否真的存在着，他们所在的究竟是哪个幻影般的世界，是哪片地底下的苦海。这些空洞的眼神从未见过他们，而你痛苦着。这些冷漠的口齿从不衡量提及他们的话语是如何的生硬，而你失去了自己。

可是，杀人犯究竟是谁？是蔑视我亲友的人，还是我自己？是我自己的流亡让他们沦落成死尸一般的阴影，安放在一方脆弱的、被称作"新生活"的陵墓之中。他人对我父母的冷漠立刻将他们和我拉近。于是，在我的对话者轻蔑地随口问起我父母的时候，属于我亲友的集体便油然而生——苍白的集体，因为相隔万里、因为几乎每日都会被忘记，而备受疏远。我是这种不公的源头，也是这种不公的受害者——面对这种不公，一个"我们"逐渐浮现。不！

我并没有将他们理想化。他人的冷漠也不足以让我高估他们的价值。我太清楚他们的狭隘、我自己的狭隘……可是，一种温存维系起坟墓外头与坟墓里头，维系起我的先人与我这名活人。我听见钟声，喉头盈满着温热的乳香：是他们，是我的父母，他们复活在我的感官之中，在轻蔑的家长主义的盲目之下。

然而，我没有什么好向他们说的，我的父母。什么都没有。什么都不说，什么都说，一如往常。如果——出于鲁莽、出于偶然，或是出于绝望——我试着与他们分享自己因为遭受了何种暴力而变得如此孤独，他们不会明白我身在何处、我身为何人，不会明白其他人怎么让我受伤。我已经是他们的外人了。他们成了不听我话的孩子，有时仰慕着我，有时害怕着我，却已经受了伤害。轮到他们屈从于孤独，接受无法理解我的惩罚。我必须接受这一现实；在和他们说完话以后，即使我身体里的饥饿感未能得到满足，我也必须意识到，我们的"我们"不过是在不安中持存的炽热的幻影，倏忽即逝，没有任何实际效力。除非正是幻觉的力量维系着一切群体，而外人便永久地证实着这种幻觉必要而反常的虚伪。

你有朋友吗？

外人的朋友，除了那些觉得自己必须行善的高尚士，或许只可能是那些认为自己也是外人的人。不然的话，自然还有家长主义者、偏执狂病患、欲望倒错者，他们都有着自己所选的外人，以至于即使这个外人不存在，他们也会造出一个来。

家长主义者[1]：他们如此懂得我们，他们如此同情我们，他们如此欣赏我们的才华！只有一个条件：他们要证明自己所拥有的东西比我们"更多"——更多的痛苦，更多的知识，更多的能力，包括帮助我们生存的能力……

偏执狂病患：没有人比他们更受排挤了。为了证明这一点，他们便会选择一位普通的受排挤之人，一位平庸的外人，以反衬出自己的谵妄，以成为迫害中的知己，而他们自己受到的迫害一定要比他更甚——他们之后便会"发现"，这个外人正是狭义上的（stricto sensu）篡权者，是他们自己不幸的原因之一。因为如果自己不被世人所理解，这正是因为"舆论的焦点现在已经被外国人夺走了"……

欲望倒错者：他们的享受注定是秘而不宣、不可告人

---

[1] 家长主义（paternalisme）指居高临下的优越作风，此指对话者不无轻蔑的善意。——译者注

的；他们躲藏在自己的壳里，却乐意地收留着外人，认为他定会满足于有地可居，即使这样的代价是无知地、堕落地被献给别人，而沦为性奴，或是道德的奴隶……

这样的话，难道只能让外人们自己联合起来了？全世界的外国人，联合起来？并不如此简单。因为还需考虑每个人自己对统治/排斥的幻觉：人们并不会因为自己是外人就不把他人视作外人。当在出身中熄灭的信仰忽然在另一方土地上重燃，一种新的身份也应运而生，而这种身份会比此前丢失的身份更加排外。在法国，意大利人把西班牙人看作外人，而西班牙人则憎恶葡萄牙人，葡萄牙人仇视阿拉伯人或犹太人，阿拉伯人厌恶黑人，如此种种（et caetera），反之亦然。这些群体因为纯粹而坚实的幻想而越发稳固，即使它们彼此间有些许共通之处（与当地人相比，我们难道不是属于同一阵营的吗？），当这些群体又被狂热的联系所弥合的时候，这些共通之处也会不可避免地破碎。在这里，在异国的土地上，被忘却的先祖的宗教被树立成某种本质上的纯粹，人们以为自己能比留在"那里"的父母更好地延续这种传统。他者中的他者，他者性便凝结成了纯粹的排斥：外人在自己受排挤之前先排挤他人，甚至比自己受到的排挤更甚。将国别视作基础的人，一旦丧失了所有的物质联系，便会更加依附于这种基础，为自己创设一个名为"我们"的纯粹象征，失去了故土，"我们"便扎根在仪式之中，直达它的本质。这种本质正是献祭。

"以默尔索为例"，或者"我们都是默尔索"

真奇怪呵，加缪的默尔索（《局外人》[1942]），如此麻木，铁石心肠，与一切激情相隔绝却毫不愧怍。人们或许会轻易地将其当作"边缘性人格"[1]，或是"假我"，可他却更似外人的原型。

身为"案例"（cas），默尔索全然不似阿拉伯人之间的"典型法国人"。我们自然可以认为，是他母亲的死亡将他与其他人的集体分隔开来，毕竟丧事往往会带来此后果。然而，默尔索的哀悼却似乎是他特有的。确实，他的冷漠影响着他的人际关系——他估计和他的母亲最为亲近，可他却也对她无话可说。这种冷漠是什么时候开始的？是长久的积习，还是生来的本性？他的哀悼毫无忧郁之感，如瓦赫兰[2]的烈阳一般明亮而尖锐，如在沙漠中一般燥热而不可抗拒。

---

[1] 边缘性人格（border-line, borderline personality），介于健康、抑郁、神经症与精神病的边缘，患者的行为通常长期不稳定，易被周遭视作不正常。——译者注

[2] 瓦赫兰（Oran）为阿尔及利亚城市。——译者注

他无尽地渴望着烧灼；对他的心理而言，这种烧灼或许如冻结的零度一般：苍白而空洞。性，当然有：他和玛丽的拥抱贪婪而热烈，他们的双唇紧吻在水中；这种快意的滋味，即使是最淡漠、最清醒的读者也难以免受其扰动。可这是爱，还是消失在感官中的感情？不管怎样，这都是一种奇怪的状态：感官难以有所反应。或是出于惧怕，或是出于急迫，感官只流泻在虹彩的皮肤上、在锐利的目光中、在敏锐的鼻孔里……它沾染着字词，却只是简短的、细密的、直接的字词。它们所传达的经验，不经心灵便能流露在言辞之中。直到最后的晕眩：他对阿拉伯人没有恶毒或愠怒，对仇视他们的雷蒙亦没有谄媚的好感——局外人没有灵魂——他只是在热浪中丧失意识，在暴汗中人格解体。蓦地，他开了火。

于是，我们明白，默尔索仿佛一直在丧失意识，或者说是超越意识（transconscience）的状态中生活，而那阵最后让他杀了人的夺目的晕眩始终在那里，或许晦暗不明、隐约难辨，却延续不断。因此，他不为自己的晕眩而震惊，这刺激不到他——没有什么能刺激到他。他无法解释他人所感受到的震慑。有良知才能受到震慑。他的良知[1]是冷淡的。

---

[1] 良知与意识为同一个词（conscience）。——译者注

为什么？我们无从得知。

加缪所影射的大概是一种绝望：那个年轻人很早便丧失了对人性的信任，乃至对一切的信任。还有他的父亲，唯一的热情是去行刑现场观看枪决，而后因恶心而呕吐不止。所以（ergo）：杀人的人性应得的难道只有冷漠吗？默尔索的灵魂宛如一道无色的光；对它而言，如此的陈词滥调或许太过透彻、太过沉重。它没有原则，它没有内在，它圆滑地记下感觉。默尔索，贝特翰[1]的"空堡垒"，或许本能成为……作家。究竟是谁叙说着局外人的故事？加缪？默尔索？要是他们两个不混为一体的话……

只有以为所有人都是信徒的神父才能让叙述者暴怒。这位无价值的人、这位"局外人"，归根结底持有唯一的价值——负面的价值。这便是对宗教（religion）的仇恨。religere[2]，维系（relier）。这是对关系的仇恨，对行使关系之人的仇恨。就此意义而言，他是典型的外人：没有任何联系，亵渎处于极点（paroxystique）的联系——神圣的联系。

欧洲人的陌生性开始于他内在的流亡。默尔索与他同

---

[1] 布鲁诺·贝特翰（Bruno Bettelheim），奥地利裔精神分析家，其《空堡垒》（*La Forteresse vide, The Empty Fortress*）一书谈论父亲缺失的影响。——译者注

[2] religion 一词来源于拉丁文的"虔敬"（religio），词源为"捆扎"（religare），作者误作 religere（"重新选择"，非古典用语）。——译者注

胞之间的距离和阿拉伯人一样遥远——若不是更甚的话。在那一阵压垮他的恍惚之中，他枪杀的是谁？是影子。来自法国还是马格里布并不重要——它们将紧扼着他内心的焦虑挪移到他的眼前，强烈而默然。他的好友雷蒙对性的激情，因为他的兄弟们迷恋同一名女子，而转化为同性间的争执；这种争执便催生了杀人之举，默尔索将其表现为对他人的冷淡。我所压抑的外人，使我成为其他人的外人，使我对一切都漠不关心：默尔索的中立是"令人不安的陌生"[1]（inquiétante étrangeté）的反面，是他的负片。我面对他者所展现的令人担忧的陌生性将我折磨致死，而局外人麻木的冷漠却爆发于杀死他人的时刻。实际上，在海滩上发生谋杀之前，谋杀已经在那里了——沉寂而无形，以一种空洞的存在充斥着局外人的感官与思想，刺激着它们，以一种锐利而冷酷的精准，将它们化归于弯曲而干瘪的温和之中。物一般的感官与思想，甚至如武器一般。谋杀运用着它们，晕眩却有效，而并不让位于意象、犹豫、悔恨，或是担忧。与物相持平的"词物"，如此干净（clean），因而如此扣人心弦：

---

[1] "令人不安的陌生 / 奇异"即弗洛伊德处的"怪怖"，参见本书第 xiv–xv、xx 页，以及第 283–300 页。——译者注

今天，妈妈死了，或者是昨天，我不清楚。养老院发来电报："母殁。明日下葬。致哀。"等于没说。大概是昨天吧。[……]不一会，盐的苦味便开始烫我的嘴巴。玛丽于是游过来，在水里紧贴着我。她把嘴靠在我的嘴上。她的舌头凉快着我的嘴唇，我们在浪里翻滚了一阵。[……]她想知道我是不是爱她。我回答说，因为我已经说过一次，这话也没什么意义，不过我大概不爱她。"那为什么向我求婚？"她说。我向她解释说，这完全不重要，要是她想，我们就能结婚[……]。天气如此热，即使我待在从天而降的密雨中不动，也一样受不了。留下还是离开，没有区别。片刻后，我回到海滩上，开始走着。[……]阿拉伯人掏出了刀，在太阳下向我晃着。阳光射在刀上，像一把闪烁的长刃，直抵我的额头。[……]这把灼人的剑吞噬着我的睫毛，刺进我疼痛的双眼。于是一切开始闪烁。大海冲散了一口厚重而炽热的气。[……]扳机扣下了。

本着金属般的公道而论，这些词句毫无感染力，它们感动不了人。它们使人分离，将对话者可能的集体消解殆尽。就物与状态而言——它们向我们展现出这种"另外"（à part）的清醒，即使它注定要被集体所抹去。默尔索的话语见证着一种内在的距离:"我永远不和人或物结为一体,"他似乎是在说,"没有人和我亲近。每个词所象征的不是某个东西,而是我对一切东西的怀疑。我要是说话,就不是对什么人说,而是对自己说着什么东西,或是把人当成东西来说,既在心里说,又在外面说,主要是在外面说。我没有什么心里可言。我是化成词语的分离(dédoublement)与张力,悬置着一切行动:我什么都不做,如果我有时做出些什么,这就像是我什么都没做,因为这在我的意志之外,我自己也在我的意志之外。做与说对我是一样的,直到死也如此。"

此外,如果说局外人的词语描述某些行动,或是说它们自己就是行动,这是因为它们勉强算作符号:它们毫无意义,我们做出它们或说出它们,只是为了什么都不做,什么都不说……它们是中立的:

> 萨拉马诺[1]的狗和他的老婆一样值钱。那个毫无意志的小女人,和马松娶回来的巴黎女人,或者是和要我娶她的玛丽犯了一样的错。我要是把雷蒙和比他更好的塞莱斯特当作一样的朋友,这又怎样?玛丽要是今天去吻另一个默尔索,这又怎样?

---

[1] 萨拉马诺(Salamano)为《局外人》中默尔索的邻居,养有一条老狗。作者误作Salamo。——译者注

谋杀的发生便是这个没有决定的张力最终的产物，没有价值、没有选择；词语不断地擦掉着它，却无法将它表达出来。与其说是赋词，不如说是赴死——是虚无的赴死，是作为虚无禁锢在我身上的他者的赴死。谋杀便与词语一样冷漠，而且比它们更无意义。

正如在精神疗法中一样，只有默尔索对神父的怒火能揭示出默尔索最后接受的心理身份（identité psychique）："我第一次领受到世界温柔的冷漠。总算体会到它如此像我，如此亲切，我觉得我曾经幸福过，我还是幸福的。"神父因为引发了外邦人解脱的怒火，无意间成为精神治疗师。倘若没有他，默尔索会依旧身处对话之外、沟通之外、行动之外、激情之外。刑已经判了，他勉强服从判决。他死了吗？读者料想他死了，却不怎么相信，毕竟局外人如此的冷漠似乎将他放置在死亡之外。然而，找回了仇恨的默尔索却也开始渴望：他想象着自己死刑的旁观者们会发出怎样仇恨的叫喊，而对他人的仇恨的想象，总算让他感到幸福。不无尖锐地讽刺道："为了让我感觉不那么孤独。"

这种陌生处境的奇特性，比起政客与法学家，更加吸引精神医师与审美家；可对普通的外人而言，这种奇特性却并不陌生。默尔索将无根者的解离[1]推向极致：他无痛的痛苦，他对他者的被禁锢的暴力，他时而平息，时而复燃的不可知论。此外，这名奇怪的局外人还意味着，因为那些外人身上有一种备受谋害的、不可调和的独特性，他们便无法建立新的世界。他们成不了"普世"（univers）。分子的布朗运动、粒子的加速室——比喻可以有许多种，种种意象却应该始终表现一个分崩离析的群体，一个喷雾器，主角们彼此之间冷静的、结霜的怀疑——这种怀疑便是这群罪犯唯一的联结。

黯淡的出身

"你原本是哪里人？和我们讲讲，应该会很有意思！"人们总是不合时宜地问起。他们表面上的友好暗藏着黏腻的重负，让外人恼怒异常。如果真要说"原本"（origine），外人——宛如一个行动着的哲人——其实并没有常识所赋予它的重量。这个出身（origine）——家庭、血统、土地——已经被他摆脱了，即使它还不停地纠缠着他，使其丰富、将其束缚、增其声誉或令其痛苦，或者往往以上皆具，外

---

[1] 解离（dissociation）在此处或是心理学术语，尤指自我意识或认知的崩解分裂。——译者注

人也已经背叛了它，成为一名勇敢而忧郁的叛徒。诚然，它不论好坏地困扰着他，可是他却已将自己的希望寄托在别处，让自己的奋斗发生在别处，将自己今日的生活安置在别处。与出身相反的别处，甚至是和根源相对的无处：亡命徒们的这一信条带来徒然的压抑，却也孕育着果敢的冲劲。如何区别抑止[1]与创新表现？只要逃亡者的目光仍紧盯着自己的故乡，他便仍是孤儿，吞噬着自己对缺位的母亲的爱。人们必然需要能倚靠的支柱，这种普遍的必需品，外人是否能将其迁移到他处——这个他处不再被体验为敌对的或驯服的，而只是变动（movance）的轴线，正如乐谱上的 sol 或 la？他是外人：他不属于任何地方，他属于所有地方，他是世界的公民，是世界公民（cosmopolite）。请不要将他们打发回各自的出身。这个问题若是让你不能自持，去问你自己的母亲吧……

爆发：性与病

总而言之，是一阵爆发的压抑使外人穿越边境、身处

---

1 在弗洛伊德那里，压抑（refouler, refoulement）指前意识中的行为沦入无意识的过程，而抑止（censure）将本身就在无意识中的行动阻挡在前意识之外的过程。此处作者或并未加以区分。——译者注

异域。脱离于自己的家庭、自己的语言、自己的国家，而赴他乡安身，这是一种由性狂热所伴随的勇敢：超越禁忌，一切皆有可能。不管在穿过边境之后，等待着的是堕落还是战战兢兢的退却。流亡永远暗含着原有身体的爆发。当下，对性的宽容鼓励着情欲的经验，即使对艾滋病的畏惧继续存在，受语言与家庭的束缚的外国人也仍然是性禁忌最针对的群体。18世纪的世界公民是放荡的——今日亦然；即便没有了启蒙时期的显耀、宽裕与奢侈，外人仍是傲慢的莽徒，或是明里提倡，或是暗中操行本国的道德以挑衅他国，而后以不检的言行大兴风浪。一旦西班牙或穆斯林女性定居法国，且看她们如何在情欲中爆发：她们或许是因为"入乡随俗"而忽然堕落，可她们却也如此轻而易举地将基督徒的外表与伊斯兰的暴政一并扫除了！她们做好了一切准备，为了在此发家致富，更是为了在此寻欢至死。

当这种挥霍无度的经济（économie）难以实现（或是因为强烈的压抑，或是因为父母的禁令早已内化于心等），甚至彻底破灭之时，这种被错失的快感则内蜷为疾病。外国人的躯体化[1]比其他所有人的都更为普遍，因为在外人的环境中，语言表达与情感表现都受到阻碍。当向来顺畅的

---

[1] 躯体化（somatisation），指精神障碍被体验为生理病症的倾向。——译者注

性解放忽然中断的时候（被伴侣抛弃、分居、不忠等），这种病症便更为严重。于是，恣肆的欲力（pulsion）挣脱了先前禁忌或升华[1]的枷锁，迅猛地攻击着细胞。爱络司越过了刹那堕司[2]的藩篱。我认识一位外国女学生，刚来巴黎时端庄而贞洁，后奋不顾身地投入"六八"[3]的"群交"风潮，其开放果敢令其情人咋舌。然而，过了几个月，在他们分手之后，我在公共救济所[4]又遇到她，她那时已经感染了肺部疾病。肆意玩弄着我们的压抑呵！我们还自以为能躲过一劫，它却阴险地钻到更深处，转移到躯体（soma）与心理（psyché）的边界，在那里，欢愉的闸门被扼制住，宣泄而出的情欲因此被迫寻求新的限制——这些限制便属于日趋衰弱的器官。在同样的运动中，自以为脱离边界的外人否认了一切对性的限制。这种惯常现象并不绝对。因为，即使他以为自己毫无节制的经济是不可撼动的瞬间，一旦

---

1 升华（sublimation），于弗洛伊德处指将性之欲力转化为社会认可之表现的过程。——译者注

2 爱络司（Eros），希腊神话司管爱欲之神（或译为"厄洛斯"），于弗洛伊德处指生与创造的意志。刹那堕司（Thanatos），希腊神话司管死亡之神（或译为"塔纳托斯"），于弗洛伊德处与爱络司相对，又被称为"死亡驱力"（Todestrieb）。——译者注

3 "六八"指1968年的"五月风暴"（Mai 68），为学生与工人参与的罢工与游行。——译者注

4 公共救济所（Assistance publique），巴黎医院名。——译者注

他的自恋受到伤害——或是由于冒犯，或是由于背叛——这便会扰乱此种经济，转而毁灭他的整全的精神与完好的躯体。

可是首先而论，这种对语言的解放却是多么前所未有呵！外人不再被母语羁绊，而是习得一门新语言，得以由此表达出最难以预见的果敢言辞：这种果敢既体现在才识智能之中，又是就污言秽语而论的。未曾敢在公众面前讲话，或认为母语中某些词句尴尬的人，在别的语言中为自己觅得了一位无所畏惧的对话者。学习新的抽象范畴竟显现出前所未闻的轻快，在家里被禁止的情色用语亦不再令人害怕。然而，外语仍是一门人为的语言——一门代数，一些唱名——要是想在其中创造些不同于冗词滥调的东西，还需诉诸天才或艺术家的权威。因为啰嗦而"自由"的外人（不顾自己听不出的口音与语法错误），往往用这门次要的第二语言填出一个幽灵般的世界。正如在幻想中一般，他的言语构造——或是渊博，或是淫秽——运行在虚无之上，与他的身体与激情割裂，沦为母语的人质。就此意义而言，外人不知道自己说的是什么。他的无意识并不占据他的思想，他由此满足于精湛地"复制"（re-production）出可供学习的一切，而极少有所创新。他的语言为难不了他，因为他始终就自己的欲力保持缄默：外人的无意识是如此与界限的另一边相隔绝，乃至他可以说出种种支离破碎、矛盾百出的言语，而不被一丝厌恶，甚至一丝激动所摇撼。然而，在他经过分析治疗之后，或是在极少数情况下，在他独自在记忆与身体中进行了一场激烈的溯游（voyage）之后，静思的奇迹便会由此产生，将他的出身与他之后所习得的（acquis）融会在一种综合之中，杰出的移民学者与移民艺术家往往具备这一类易变而创新的综合。正因为外人无所归属，他便认为自己能依附于一切，依附于一切传统，在无尽的文化与遗产中的失重感让他以一种疯癫的自如进行着创新。库宁[1]所言无非是这点："归根结底，我是一名门外汉，我因为热衷艺术之整体而不同。我不再感觉自己属于某一种传统"（1936）。

讽刺的流浪，或塞巴斯蒂安·耐特多形的记忆

如果流浪的境遇蔓延到对往事的追寻，那么记忆便也会与自己割离。即使多形的记忆摆脱了此种困境，不再被痛苦全然占据，也会沾染一丝苍白的讽刺。最可爱、最文

---

[1] 威廉·德·库宁（Willem de Kooning），20世纪荷兰裔抽象派艺术家。早年偷渡至美国定居作画，年近六旬才入籍。——译者注

雅的一类外人便有此特权，借以将自己的陌生性经历为一座……滑稽山——纳博科夫[1]如此形容其笔下的一位人物，小说家塞巴斯蒂安·耐特。

《塞巴斯蒂安·耐特的真实生平》（1938）或许不过是对他生平的著述本身，因为若有人想以一切解释者与读者所必需的残忍的温柔，将自己投射到这位作家的位置而替他"立传"——即使是他同父异母的弟弟也如此——立传者便必定会删改，或是背叛耐特的"真实生平"。这本小说悲喜兼具，既有侦探小说的缜密，又有形而上小说的高深，叙述着耐特捉摸不定的生平事实，弗拉基米尔·纳博科夫更进一步，运用比"新小说家"[2]更令人玩味的写作模式，揭示写作本质上的多形性。如果说著名英国作家塞巴斯蒂安·耐特在俄国同父异母的弟弟不能（还是不想？）重建他的生平，这是因为"侦探"与"主人公"（大概？）只是同一个过程的两面："这样的话——我就是塞巴斯蒂安·耐特。我感觉自己像是在一方光亮的舞台上扮演着他。"

---

[1] 弗拉基米尔·纳博科夫（Vladimir Nabokov），20世纪俄裔美国小说家，著有小说《洛丽塔》等。《塞巴斯蒂安·耐特的真实生平》（The Real Life of Sebastian Knight）为其首部英文作品，以耐特同父异母的弟弟之口吻叙述耐特的生平与著作（实为虚构）。——译者注

[2] 新小说（Nouveau Roman），20世纪法国文学思潮，主张革新传统现实小说的写作模式。——译者注

全书末尾，弟弟这位失败的传记作者如此总结道。这是因为，复调写作的精巧技艺（maestria）在于不停地用零碎凑出一幅拼图，又不停地将其拆散。这幅拼图所描绘的，不是这位形而上艺术家眼中不可抵达的"世界"，不知道由什么错误造成；它所呈现的，是一种本质上的谜。"当万物的意义透过它们各自的形体而闪现出来之时，许多此前显得极为重要的想法与事情便也缩减下来。它们并不是衰落到无意义中——因为此刻没有事物是无意义的——而是和曾被认作无足轻重的其他想法与事情一般大小。"没有什么"最后的解答"，正如没有什么"最后的话"："对岸的水仙始终看不分明（obscur, doubtful）"，因为耐特[1]这位流浪骑士的写作将形式并置、使形式相对，因为之后在他运用这种不亚于塞万提斯的妙法之时，总带着些讽刺的冷漠（在写下《幽昧的水仙》[*L'Asphodèle obscur, The Doubtful Asphodel*]之前，耐特已著有《镜前的鸢尾》[*Iris au miroir*]——还是虹彩[irisé]的镜子？——以及上文提及的《滑稽山》[*La Montagne comique, The Funny Mountain*]）。如一种放纵的绝对，如一种固执的放纵。

---

[1] "耐特"（knight）即骑士之意。《镜前的鸢尾》一题似不见于英文；而鉴于深谙法文的纳博科夫有彻底修改其作品译本的习惯，英法文本的不合之处或许是有心之举。——译者注

我们在此无意深究纳博科夫的美学、俄国文学对他的影响（这种影响首先是复调的，因为它有意识地在"事后"［après coup］才凸显），或是他的现代性——在一种已经堪称"媒体式"的想象界中，这种现代性体现出如福楼拜或乔伊斯一般对形式的无尽忧虑。我们只想强调这种无法平息的相对主义的一个方面：世界主义，在两种习语间的反复往来（俄语与英语），就耐特而言，这种往返正处于他无法把捉的生活中心，这种生活令人错乱失常，使人被一门风格拙劣的语言所取代。小说写到，耐特英年早逝后不久，一名老批评家曾出此言："可怜的耐特！实话说，他的一生不过分为两个时期：先是个无趣的人，写着蹩脚（broken）的英文；后是个颓丧（broken）的人，写着无趣的英文！"无须再说，就弟弟重写的零碎传记而言，这句俏皮话完全是空穴来风——即使它描述的境况将让许多外人感同身受。

外人，塞巴斯蒂安自然算得上是。只因这段破碎不堪的记忆——是他自己的还是他弟弟的？——已无法复原出一段连续而紧凑的历史，因为流浪已经斩断了一切归属的联系。"塞巴斯蒂安的形象［……］零星地闪现在我眼前，区区几个不太明晰的片段，仿佛他不是我们家庭固定的一员，而是某位漂泊的访客，刚穿过亮灯的房间，就长久地遁入黑夜里。"耐特属于黑夜。他与家人不辞而别，留给他人和自己的只有支离的记忆。四散的"自己"……

然而，作为外人，他却与自己的陌生性保持着距离。在他看来，这不过是所谓的陌生性罢了，他不对此加以忽视，而是用一种柔和的讽刺为它增添几分圆滑。耐特的讽刺不具备"讽刺"一词传达出的冷漠，除非这种冷漠也包含着羞耻："多愁善感的流浪者，永远不准登上我寡情散文的矾石"，在弟弟的引文中，小说家如此写道。

作为外人，他因看到自己被故乡束缚而焦躁不安：面对执意要与他讲俄语的剑桥老教授，塞巴斯蒂安声称自己来自索菲亚[1]；在这位不屈不挠的语言学家改口说保加利亚语之后，耐特竟然即兴地编造出另外一门语言来取代老教授的习语，硬说这才是他的"母语""保加利亚语"……

作为外人，他在很长一段时间里说英文都有困难，而且坚持保留自己的口音（"词语开头的 r，他发的是刺耳的弹舌音；他还犯着古怪的错误，比方说他会讲'我逮了风寒'，或是'这人很慈悲'——意思仅仅是说这人很不错。'interesting'［有趣的］或'laboratory'［实验室］一类

---

[1] 索菲亚（Sofia），保加利亚首都。——译者注

的长词，他的重音会放错位置。"[1]）。耐特尤其是孤僻的："他越发意识到自己合不了群——任何群体都是如此。他最后才彻底理解这一点，转而无情地培养这种不自在，仿佛这是某种难得的天赋或激情。只有在那时，它丰富而迅猛的发展才会为塞巴斯蒂安带来些许满足，让他不再因自己尴尬的隔阂而备受折磨……"

此后，作家所沾染的孤独影响着他自己无边的教养。我们因此也看出耐特属于外人的坚毅；如乔伊斯一般，他散播着漂泊者的微笑，可他所身处的想象却是多了几分平凡、少了几分枯燥，没有爱尔兰人庄严的祝圣礼。流浪的耐特既不反叛，又不挑衅，没有乡愁，也不抑郁，没有痛楚，却不麻木，始终怀着一种"明快的孩子气"，而这种气质即使在之后也"如彩虹一般，穿过他最为阴暗的故事中风暴遍布的忧愁"。"顽抗外国习语的颓丧之人"，批评家对耐特的料想或许没有错；然而，真正经历并承认这种境遇的，却是身为他传记作者的弟弟。不管最后爆发的是受虐的快感还是思想的感伤，塞巴斯蒂安的这位第二自我（alter ego）、他暗夜的这片晴空，甚至希望将小说家的

---

[1] 引文按英文本译出，因"慈悲"的部分，法译本不甚直接，处理为："他在法语与俄语的意义上用'sympatique'一词。"法文 sympatique 与俄文 simpatičnyj 皆为"善良""讨喜"之意，而英文 sympathetic 则意为"同情人的""怜悯人的"。——译者注

绝笔之作翻译为俄文，并由此将其交还给他隐晦的出身。弟弟的心理不乏浪漫色彩，甚至有几分弗洛伊德的风格：小说家垂死的前夜，弟弟难道不是先知先觉地梦见哥哥"似乎有种令人不安的陌生感"吗？

塞巴斯蒂安呢？他漂泊不定，而他的心脏疾病也并没有为他免去孩童似的流浪与错误，反倒为他的晚年生活增添了几分果戈理[1]的影子；在弟弟笔下的这道彩虹，同样如果戈理的故事一般，在他自己调查时的错漏与笨拙中反映出来。

这种带有哥特色彩的孩子气，却是在与女性的交往中汇聚至极点。耐特先是为善解人意的英国女子克莱拉所倾倒，曾以为她是自己的安身之处；而后，他却转而迷恋一位俄国的红颜祸水，在对她的种种爱意之中遭受了一场确确实实的退行[2]。她是谁？线索出现分岔，变得模糊不明：一说是名轻佻的女子，在蔚蓝海岸[3]消失了行踪；一说是名全然法国化的俄国女郎，刻意隐去自己的艳遇，或是在掩

1　尼古拉·果戈理（Nikolai Gogol），19世纪俄国作家，作品针砭时弊又不乏幽默笔法。——译者注
2　在精神分析中，退行（régression）指成年人在特殊情况下表现出幼稚行为的心理防御机制。——译者注
3　蔚蓝海岸（Côte d'Azur），法国东南沿海地区。——译者注

护一位好友……叙述者迷失了，读者亦然。在耐特最后的日子里，他所屈从的这场亡母的复活究竟是否发生过？他究竟是否爱过？还是说这一切皆是想象？这些用俄文写下的书信，他曾嘱咐在他死后烧掉……是一出计谋吗？为什么他自己给弟弟写最后一封信时，用的也是俄语？忽然之间，思乡的悲剧几乎成了最为喜剧式的花招。可又有谁在笑呢？肯定不是外人。大概是作家吧。

失去的女友——失去的土地、失去的语言——永远无法找回。这一惨痛的境遇远不只是悲剧，而是在全书最后显露出一种素来的傲慢，甚至与作家的愿望相违背。在耐特的弥留之际，写传记的弟弟焦急万分，一心想着赶去哥哥的床边，却忘记了他的地址；结果他弄错了人，没能赶上照看耐特，而是替另一个垂死的病人守了一夜。就这样，塞巴斯蒂安不仅没有留下可供勾勒的记忆，他的遗体本身甚至也错过了家人的追寻。不过，让我们回想这个片段：他自己的母亲是英国人，死在法国；当年少的塞巴斯蒂安想寻访母亲的墓碑时，他专注地回想起，墓碑应该在她最后住处的花园里，而故居名为"堇屋"，在褐岩镇[1]，离蒙

---

[1] 褐岩镇（Roquebrune），今罗克布吕讷-马丹角镇（Roquebrune-Cap-Martin），位于法国东南部，摩纳哥蒙地卡罗区（Monte-Carlo）以东。瓦尔省（Var）的褐岩镇，今阿尔让河畔罗克布吕讷（Roquebrune-sur-Argens），亦位于法国东南部。——译者注

地卡罗不远；几个月后，有人在伦敦告诉他，他妈妈的确死在褐岩镇，可却是……在瓦尔省。于是，作家把这种对出身与死亡的讽刺写在小说《失物》（*Objects trouvés, Lost Property*）里，文字似乎预言着他自己永远散失的死亡……到头来，这种欺骗首先斩断了他真正意义上与母亲的联系，将他逐出一切土地，让他只在写作倏忽即逝的记忆中才能暂得庇护，最终也同样影响了作家自己的身体与形象。人们不会再惦念耐特，一如他本人不惦念自己的母亲。并不是说有人亵渎，儿子没有，读者也没有。只是说，当母亲散逸到记忆与词句之中，当爱过的女人们被忘却，或被忽略，或被杜撰，确定我们身份的记忆本身也成了一场进行中的变形，一种多形性（polymorphie）。我在此向乐于概括的人们提出《塞巴斯蒂安·耐特的真实生平》与《洛丽塔》之间的一种可能联系：或许这是同一种多形性吧，一面属于记忆，另一面属于性？

与加缪的局外人不同，塞巴斯蒂安·耐特这位不羁的世界公民的母亲死得很早，从未参加她的葬礼，不知道她坟墓的确切位置。然而，他父亲是俄国人，他却从了母亲的英国姓。他选择了英语，而给了自己一门新的语言；英语不是他的母语，因为他小时候从未讲过，可却是他形同陌路的母亲的语言，是死去的母亲死去的语言，该让它起死回生了。然后，他却又试着回归自己童年时期的俄语，也是自己后母的语言。就这样，他迷失在自己多重身份与易逝的记忆的万花筒中，只是为了在同一条印迹中，用词语铭刻下累积起的种种流浪经历。

安于现状的世界主义者，用漂泊的暗夜遮掩住自己碎如齑粉的出身。它辐射在他的记忆之中，即使构成这些记忆的是矛盾的情绪与分岔的价值。这道旋涡是一声刺耳的笑。他马上拭去流浪带来的涕泪；即使流落四处、居无定所，却也将一些人眼中的厄运与另一些人看来无法触碰的虚无转化成游戏。对快乐的少数人（happy few）和艺术家而言，这种陌生性大概是一种生活的艺术。对其他人而言呢？我想到，在某个时刻，我们也能够认为自己只是无足轻重的过客，对以往的挂念不过是游戏罢了……这种获得幸福的方法多么奇怪呵，我们感觉自己失去了重量，在空中游荡，变得如此轻盈，无须什么就能将我们吹散……

一刻的仙境？还是永久的？

为什么是法国？

在法国做外国人，比其他任何地方更甚。法国人既没有盎格鲁－撒克逊新教徒的宽容，也没有南美人漫不经心的自得，更没有德国人或斯拉夫人的好奇，不管是为了排斥，还是为了融合；他们怀着无法击败的民族自豪感，以紧密的社会结构对抗着外来者。不管国家和种种机构做出了何种努力来欢迎外国人——这些努力既颇为可观，又大有效率——外国人在法国遭遇的屏障还是比别处更多。问题在于，这个文明本身便异常坚固，即使面对多次大规模的人口迁入与人口融合，也始终忠实于自己制定的价值体系。君主专制的政治制度、法国教会的独立自主、共和派的中央集权政策，都曾是巩固这一文明的要素。即使外国人被法律与行政所接受，他们也不能进入家庭之中。他糟糕的法语文法使他在本地人面前名誉倍失——不管他们是否有意——因为比起其余所有国家的民众，这些人更加认可自己文雅而备受珍视的语言。在他们看来，外国人的饮食或服装习惯直接表明了他不可原谅地缺乏普世品味，也就是法式品味。

这种事态能在外国人心中激起两种截然不同的态度。要么，他不惜一切地尝试混入这个同质的、不认识他者的社会结构，尝试认同于此、迷失于此、同化于此；他的姿态是谄媚的，因为流浪者景仰这个容他避难的文明所带来的福祉，如法国人一般——甚至比法国人更甚。要么，他将自己封闭在孤寂之中，蒙羞受辱，深知自己身上可怕的缺陷，也就是说，自己永远也成不了……法国人。

然而，在法国做外国人，却比其他任何地方更好。因为你的与众不同不可挽救，永远无法令人接受，你便成为着迷的对象：人们留意你，人们说起你，人们或是痛恨你，或是爱慕你，又或者两者兼具。然而，你并不是平庸而无关紧要的存在，不是张三李四。你是问题，是欲望：人们对你或是褒扬，或是贬斥，永远不是中性的。当然，在世界上的所有国家，外国人引发的经济或政治困难都用行政途径加以解决，往往伴随着不可控制的爆发。可是"SOS Racisme"[1]只存在于法国，也只在法国才有对《国籍法》多少还算公正客观的举国反思。

这并不是说法国的种族歧视比别处严重，而是说，因为在法国，这场讨论迅速转向意识形态与激情的领域，它便触及了文明的原则与个体精神的边界："面对他者，我应如何存在？""群体有何限制、有何权利？""为什么不是所有人都能拥有公民权？"在法国，实际问题立刻成了伦理问题。"社会整体"（tout-politique）渴望在这种世

---

[1] SOS Racisme 为法国反种族歧视非政府组织，成立于 1984 年。——译者注

俗普世主义的精神中成为"人类整体"（tout-humain），而这种精神必然需要将国家与"外人"概念的正当性本身相对峙，因为国家自豪地创设了"人权"而自认是普世的。在一个民族越过了宗教精神，转而为了……不毁灭于愤世嫉俗的思潮，不毁灭于证券形势的涨跌而感到伦理忧虑的时候，外国人问题便油然而生。外国人的形象取代了死去的上帝的位置，对那些仍然信教的人而言，他们要重新赋予外国人生命。

最后，如果你的陌生性成为一种文化特例——比方说，如果你作为大学者或是大艺术家而广为人知——整个国家便会夺走你的成就，将它并入自己最杰出的创造之中，相较别处更是对你愈加推崇，可也因为你如此不带法国风情的怪异，对你使着眼色，即使这种眼色带着许多热情与排场。尤内斯库、萧沆、贝克特[1]等人皆受此待遇。还有西班牙人毕加索，加上罗丹，是仅有的两个在巴黎拥有个人美术馆的艺术家，而特别法国式的马蒂斯[2]却没有。每个人都有自己的外人吧……

---

[1] 欧仁·尤内斯库（Eugène Ionesco），罗马尼亚裔剧作家。埃米尔·萧沆（Emil Cioran），罗马尼亚籍哲学家。塞缪尔·贝克特（Samuel Beckett），爱尔兰籍文学家，三人均移居法国并取得非凡成就。——译者注
[2] 巴勃罗·毕加索（Pablo Picasso），西班牙籍艺术家。奥古斯特·罗丹（Auguste Rodin）与亨利·马蒂斯（Henri Matisse）两位艺术家均为法国人。——译者注

希腊人：在蛮人、迁客与乞援者之间

我们怎样才会成为外国人？

这一问题鲜有人提起，毕竟我们深信自己自然是公民，是民族国家的必然产物。或者，当这个问题掠过我们脑海之时，便立刻让我们和享有国家公民权的人站在一边；而我们排斥的那些人，则被赋予不理智的外国人身份，因为他们属于别处——自己未能保留的别处，不再属于自己的别处——而被剥夺了公民的身份。实际上，外国人的概念在今天具有某种法律意涵，指的是不具有定居国家公民身份的人。诚然，他者闯入同质的家庭或群体时，会引起种种令人为难的激情，而这种区分便能动用法律加以平息，进而加以处理；然而，它却掩盖了这种奇特境况的烦乱之处，而完全不加以解决，因为外国人是一个整体中的不同者，而根据定义，整体又是通过排除异己而形成的。不管是迫于形势还是出于选择，不管是心理的演变还是政治的宿命，这种与众不同的地位似乎都是人类自主性的最终结果（我们难道不是只在与他人不同的条件下，才能作为说话的存在[1]，从这种被感知，也被认同

---

[1] "说话的存在"（être parlant），或译"言在"，即能说语言的人，出自拉康的理论，他更常用的术语为"parlêtre"。——译者注

的差异出发，向他人传达我们的个人意义吗？），也因此显著地描绘出文明的内在本质。此外，由于外国人明确、明白、明显地占据差异的位置，他便带来某种挑战——既挑战群体的身份，又挑战自己的身份——这种挑战，我们中却少有人能注意到。或是反抗暴力："我和你们不同"；或是闯入群体："像对待你们自己一样对待我"；或是呼吁爱情："认出我来"——在此交织的，是谦卑与傲慢、苦楚与蛮横、创伤之情与全能之感。总之，是一种愤怒、一种边缘状态，由希腊神话所叙述，由埃斯库罗斯传达给我们，他采撷下古风时期（époque archaïque）[1]的记忆，将这种状态淋漓尽致地展现在《乞援女》[2]中，之后的哲学与法律反倒将其理性化，提出种种针对外国人的法律。那让我们暂且忘记法律，先来谈谈古代悲剧中的外邦人。

最初的外邦人：外邦女（从伊娥到达那俄斯[3]之女）

值得注意的是，源自我们文明之初的第一批外邦人，是

---

1 希腊古风时期，大致始于公元前800年，于公元前480年波斯攻陷雅典结束，后接古典时期（époque classique）。悲剧诗人埃斯库罗斯生平横跨两个时期。——译者注

2 就此文的分析，参见 A. F. 嘉维，《埃斯库罗斯的〈乞援女〉：剧与三联剧》（A. F. Garvie, *Aeschylus' Supplies: Play and Trilogy*, Cambridge University Press，1969）。

3 伊娥（Io），宙司情人之一；达那俄斯之女（Danaïdes），通音译"达那伊得斯"，不甚直接，故在此意译。——译者注

外邦女子：达那俄斯的女儿们。她们生于埃及，却通过某些戏剧化的联系，同样是希腊贵族的后代；然后，她们来到阿尔戈斯[1]。埃斯库罗斯从一部早期传说中得到启发，这部史诗题为《达那俄斯之女》，大概写于公元前六世纪上半叶，汇编了阿尔戈斯神庙的种种"神话"（hieroi logoi）。这部传说将达那俄斯之女的家世上溯至一名显赫的祖先——伊娥，阿尔戈斯人，赫拉的女祭司。她被宙司[2]所迷恋，却被正妻赫拉所妒忌，赫拉便将其变作一头母牛。宙司并不气馁，将自己变作公牛，依旧与她欢爱。赫拉执意复仇，掷下一只牛虻，可怜的伊娥惊吓不已，落荒而逃，从欧洲流离至亚洲，最终抵达埃及。被牛虻惊吓的母牛，如此令人不安的画面：一名不伦之女，在母亲的怒火下，被罚逐出家乡，只能不断逃亡，流落四处，仿佛作为母亲的对手，没有一块土地能容得下自己。疯狂——这种对宙司的不当的激情，堪称疯狂。疯狂——牛虻所表现的动物的欲望，甚至是性的欲望，即属于此种疯狂。疯狂——让一名女子踏上征程，不似奥德修的归途（即使走了弯路，却终究回到故乡），却是逃往流民之地，一片

---

1 阿尔戈斯（Argos），希腊城市，位于伯罗奔尼撒半岛东北。——译者注
2 宙司（Zeus），通译"宙斯"，希腊神话中至上天神；因其司管宇宙，故作此译法。——译者注

当下便受诅咒的土地。然而，正是在故乡之外，也就是在埃及，本因自己的爱欲而致使伊娥流离失所的宙司，前来"爱抚"她的额头而抚慰她，让她重获女儿之身，再让她生下一子，名为爱伯抚斯[1]（宙司的"爱抚"）。

伊娥流离的疯癫，是否是女版的俄狄浦斯悲剧？这位不伦的男子能猜中斯芬克斯的谜底，却不知自己对母亲的爱欲，和自己对父亲的杀仇。可俄狄浦斯是想知道这一切的，即使以双目失明为代价。然而，爱慕父亲的女儿却一下子忤逆了母亲的权威，而拥有这一权威的正是阿尔戈斯的赫拉，婚姻法的女祭司。这种对立引发了她的精神病（psychose）——牛虻是母亲复仇的使者，其尖刺不停地惊吓着女儿。即使宙司最终将其从疯癫的变形中拯救出来——虽然是在他乡——暴力与焦虑的印记却将伴随她的子孙。

儿子爱伯抚斯，生于被爱抚的母牛，将成为埃及王室的先祖。然而，赫拉的诅咒似乎纠缠着之后的几代。爱伯抚斯的曾孙，达那俄斯与埃及托斯[2]——各生育了五十男五十女——将向彼此宣战，因为埃及托斯之子意欲强娶达那俄斯

---

[1] 爱伯抚斯（Épaphos），词意"爱抚"。——译者注
[2] 希腊神话中，达那俄斯（Danaos）为利比亚之王，而埃及托斯（Egyptos）为阿拉伯之王。后埃及托斯攻下邻国，"埃及"由此得名。——译者注

之女，从而将这片土地的王权据为己有。因此，达那俄斯之女被迫流亡，逃离埃及托斯的五十个残暴的儿子。循着对祖先伊娥的记忆（按照今天的用语，这个记忆可谓是"无意识的"，却也是"倒错的"），达那俄斯的女儿们逃离了家乡，也同时逃离了性爱的交易。她们是果敢却残暴的处女，从伊娥那里继承来一种冷酷的激情，这种激情虽不同于伊娥的激情，却与之相对应，将她们扯离婚姻、扯离法律。又或者，她们的贞洁本身便残留着伊娥后代不伦的命运："处女"所指的，不正是供奉先父神祠的少女吗？而她们保持贞洁，拒绝传宗接代，不正是为了捍卫唯一之父的象征权力，而排除其他所有男人吗？[1]

因此，达那俄斯之女是两种意义上的外人：她们是来自埃及的外邦人，又是执意不受婚姻束缚的法外人。她们游离于阿尔戈斯的公民群体之外，也同样拒斥群体的根本——家庭。这种排斥的过程以凶杀为高潮：根据传说的一个版本，

---

[1] 参见乔治·杜梅吉尔，《古罗马宗教》（Georges Dumézil, *La Religion romaine archaïque*, Payot, 1974）。书中论述到，罗马的贞女（vestales），"在国王（rex）统治的时期[……]，需要以某种神秘的方式，参与对他的捍卫"；根据与此相关的高卢传统，"传说中的国王马特（Math），如果不是出征打仗，便只能在一位处女的周围才能存活"（p. 577）。与此类似的例子可以参见该作者所著《塔培亚》（*Tarpeia*, 1947, pp. 100–109）与《密特拉与伐楼拿：论印欧文化对君主威权的两种表现》（*Mithra et Varuna. Essai sur deux représentations indo-européennes de la souveraineté*, PUF, 1940）。

达那俄斯的女儿们自行决定杀死埃及托斯之子；根据另一个版本，她们是受父亲指使的。不管如何，五十位姐妹中只有两个未参与此罪行。让我们铭记这两位特殊姐妹的故事："达那俄斯之女"因她们而充满暧昧；固然是杀人犯，却也是"寻水者"，是原始崇拜的主祭（据赫西俄德与保萨尼亚斯[1]所言），是盟约的奠定者。

阿弥蒙内和她的姐妹一样善于骑猎。一日，她外出射杀母鹿，却错失了猎物，误惊醒了一个半人半马的怪物，大概是撒蹄儿[2]之类，意欲强奸她。所幸她被深海之神波塞冬所救——他向她求婚，可是所用的语言更似安抚，而非泄欲："你命中注定要结婚，而我命中注定要做你的婚夫。"因此，阿弥蒙内便负起水来，主持拜水的仪式，也在赫拉的注视下主持婚礼。达那俄斯叛逆的女儿，就这样转变为赫拉的同伴，也因此参与缔结以婚姻为基础的社会契约。

同样地，许珀涅斯特拉不忍心刎杀自己的丈夫林叩斯，而这桩婚姻——双方以血缘相连，也不再彼此为敌——将带

---

[1] 赫西俄德（Hésiode），公元前八世纪希腊诗人，著有《神谱》；保萨尼亚斯（Pausanias le Périégète），公元二世纪希腊地理学家，著有《希腊志》。——译者注

[2] 阿弥蒙内（Amymone）为达那俄斯之女，意为"无瑕"。骑猎，原文作"阿妈宗人"（Amazone），为希腊神话中女战士之民族；在此为引申义，因达那俄斯之女的品行或许可以与阿妈宗人相比。撒蹄儿（satyre），神话生物，似人而有马尾马耳。——译者注

来新王朝的王室,诞生出赫拉克力士[1],最著名的多利安英雄。尔后,许珀涅斯特拉被带上法庭,以判定她放弃复仇是否正当;而帮助她的正是阿弗洛狄忒与赫尔墨斯,在她耳畔低语诱人的话。她最终被无罪释放,而成为赫拉的第一位女祭司。

余下的四十八位达那俄斯的女儿,便在新婚之夜杀害了自己的丈夫。行为的出格在凶杀之中到达了顶峰。陌生性的结局是被禁止的反抗,是引发贱斥的倨傲(ubris)[2]。为了惩治这种暴行,达那俄斯下令处死女儿(根据一版传说);在更加温和的一个版本中(如品达所暗示),执拗的女儿们终于不再要求为自己破例:她们的婚姻需由一场赛跑决定,优胜者将按顺序将她们迎娶进门,却不能让此望族有任何子嗣。这些自称在法律之外的女子,必须屈从于平庸的成规。希腊人的心态谴责陌生性,仅仅是因为它藐视普遍的标准。女战士与杀人犯遭到罢黜,而如果外邦人融入城内,与出格的道德断绝联系,城邦的律法与礼仪便适用于他们。

然而,达那俄斯的女儿们提出的一个问题,却比外邦人的权利问题更为复杂、更为久远。一方面,她们的故事所指

---

[1] 赫拉克力士(Héraclès),希腊神话中的大力士,宙司之子。其母阿尔克美涅(Alcmène)祖上可溯至许珀涅斯特拉(Hypermnestre)与林叩斯(Lyncée)。——译者注
[2] 倨傲(hybris 或 hubris),于希腊语中指人狂妄放肆的品性,或是由该品性导致的有悖天理之暴行。——译者注

向的，是族内通婚转变为族外通婚的远古社会：不与自己的血亲结婚，是与外族通婚的首要条件——达那俄斯之女杀死了她们的堂兄，的确是以一种残暴的方式实现这一条件的。对于亲属（兄弟或是堂表兄弟）的这种暴行，充满了不伦的激情；而大概必须经受过这种暴行，才能建立新的盟约，即"权利平等"的人之间的婚姻，正如宙司是赫拉的床伴，而赫拉想与他"平等"（isotelēs）。[1] 然而，这种暴行还是潜藏在婚姻体制之下，是它的秘密面孔：总之，达那俄斯之女与埃及托斯之子虽身为配偶，却彼此陌生，暗涌着此种激情；应该是她们将对得麦特与地母节圣女[2]的崇拜引入希腊，而在此崇拜的入教仪式中，这种阴暗的激情便得以彰显。仪式中的女性身处城邦之中，却亦从城邦中分离出来，形成了一种令人生畏的女性政治（gynécocratie）；她们的职权不仅是将水从自己被罚填满的水桶中倒出来，更是泼洒血液。达那俄斯的女儿们承担着如此自相矛盾的职能，因此她们便成为"赫拉辖区的法律限制"与"德米特的王国"的融合点。[3] 换言之，

---

[1] 参见马塞尔·岱田，《在达那俄斯的女儿中，或奠定婚姻的暴力》（Marcel Detienne, *Les Danaïdes entre elles ou la Violence fondatrice du mariage*, 待出版）。（译按：Isotelēs, 本意为"责任均等""付税相等"，引申为宙司的"配偶"。）

[2] 得麦特（Déméter），希腊天神，司管农业与丰收；其女泊瑟芬（Perséphone）为冥后。古希腊人每年庆祝地母节（Thesmophorie）以向这对母女表示敬意。——译者注

[3] 参见马塞尔·岱田，《在达那俄斯的女儿中，或奠定婚姻的暴力》。

正是因为达那俄斯之女的传说将暧昧赋予这些外邦人，这则传说便似乎承认，对建立家庭的基本盟约而言，激情的暴行是必要的（或者，就社会层面而言，拔除、隔绝，乃至陌生性本身，是该盟约必要的正当依据）。

陌生性——暴力的政治一面——或许隐藏在原始文明之中，是这种文明必要的代替者，甚至可能是它的源头——没有能够直接从中汲水的家用水桶，达那俄斯之女的水桶更是如此。此外，达那俄斯之女的陌生性还显露出另一种问题：在婚姻之外的盟约中、在性爱的"关系"中，两种性别本身便是彼此敌对的。换言之，在男性的"民族"或"种族"和女性的"民族"或"种族"中，存在着何种"关系"呢？随着时代的更替，人们时而抹去，时而夸大性别差异的意义。诚然，性别的差异不一定会被固定为性别的敌对；可是在希腊，妻子却还是被认作一位外人、一位乞援女——这是否意味着妻子会被等同于达那俄斯之女呢？婚姻习俗规定，妻子不应被当作猎物，或是当作奴仆，而应被视为一名"在家庭保护下的乞援女；[而丈夫应当]携着她的手，伴她去新家"[1]。那么，乞援女又是什么？

---

[1] 此为抑扬布里科所言，参见马塞尔·岱田，《在达那俄斯的女儿中，或奠定婚姻的暴力》。（译按：抑扬布里科 [Jamblique]，公元四世纪新柏拉图主义哲人，出生于叙利亚。）

乞援者与代客官

埃斯库罗斯是节制的。他并不谴责达那俄斯的女儿们，因为他显然认为她们的出格，与埃及托斯之子的暴行相比，不过是以牙还牙罢了；而这部悲剧现存的部分，仅仅叙述阿尔戈斯人对达那俄斯之女在政治上的接待。如此的历史偶然却也和埃斯库罗斯的节制相契合。因为如此一来，外邦人的悲剧便失去了它激情的一面，而是向我们阐明希腊人对外邦人的政治、法律与宗教观念。

根据文本，如果外邦人是乞援者，如果他们在神坛前献上枝条，阿尔戈斯土地的象征，那么城民就会接纳他们（《乞援女》，506行）。达那俄斯如此规劝女儿们："我的爱女们，你们最好[……]坐在奉献给城邦神明的这片山岗上：祭坛是坚不可摧的盾牌，远胜于城墙壁垒。赶紧过来吧，献上你们用白色饰带环绑的枝条，乞援神宙司的信物，虔诚地握在你们的左手中；用乞求的语气回应当地人的问询，悲叹也好，哀啼也罢，与你们外邦人的身份相配，解释说你们的逃亡不是因为流血杀戮。嗓音不能镇静，眼神却要沉稳，脸色也要谦逊，不能显露一丝轻率。讲话不要急促，却也不要拖沓：这里的人烦躁易怒。懂得屈服——你是一位外邦人，一位绝望的流亡者，坚定的话语不适合贫弱的人。"（《乞援女》，

188—203 行）

神庙供奉的是乞援神宙司，太阳之父，而太阳"也是纯洁的阿波罗，曾被天国流放的神"（《乞援女》，214 行）；神庙的庇护、仪式的礼节、谦逊的举止，确保外邦人受到合适的接待。因此，正是宗教空间——在政治之前，又或许不顾政治规定——为外邦人提供了免受触犯的容身之处。因为阿尔戈斯人对达那俄斯之女的陌生性深有感触，一如国王所说："我所面对的这群人，身着蛮人奢华的长裙与饰带，如此不似希腊人，究竟是哪里来的？这群女子的衣裳，并非阿尔戈斯人所制，也定不是产于希腊的任何地方；而你们却敢如此无畏地到这片土地来，既无传令官的陪同，也无代客官的接待——甚至没有向导！实在令我讶异。"（《乞援女》，235—240 行）

乞援者向神像脚下供奉枝条，显然是不够的。与此有关的还有代客官[1]的职位。在埃斯库罗斯的时代，这个体制或许不算普遍，但已经成为一种习俗。城邦中的一位居民以守卫另一群体为己任，在城邦面前加以代表，保护其侨民。这是一种集体的保护，不属于个人，亦不同于罗马体制中卖主与

---

1 代客官（proxène, proxenos），希腊语词源为"在外邦人之前（加以保护）""代表宾客"。——译者注

顾客、个人与个人的关系。这便是代客官的职责;对达那俄斯的女儿们而言,代客官便是国王自己。他需要谨慎行事,既给予外邦人应得的尊重,又确保本国人的利益不受妨害,在两者之间留有正当的距离:"不论我的权力如何,若没有人民,我什么也做不了。唯恐一日厄运降临,苍天会听闻阿尔戈斯对我说:'为了恭迎外人,你却丢了城邦。'"(《乞援女》,400行)然而,必须首先尊重乞援女的恳求:"如果我不满足你们的请求,你们则会让我蒙受无可比拟的羞耻。[……]如果乞援神宙司发怒,我便只能依从:凡人的一切惧怕,都不过是对他的敬畏。"(《乞援女》,475–485行)国王–代客官便会保护达那俄斯之女,免遭她们堂兄"男子的暴虐",而将她们和她们的父亲以乞援者的身份介绍给自己的民众。"我们将自由地移居(metoikein)这片土地,根据公认的避难权,不受任何人的侵扰;没有人能再触犯我们,不管是本地人还是外邦人;若有人动武,要是阿尔戈斯人不来援助我们,则会被褫夺公民权,依民众的宣判遭到流放。佩来故斯人[1]之王在论及我们时,便如此呼吁城邦,以免有朝一日,乞援神宙司暴怒难胜;他又谈到,如果城邦不加以赞同,恐会

---

[1] 佩来故斯人(Pélasges, pelasgoi),在希腊文学中指希腊人的祖先,或是在公元前三千纪末希腊民族出现之前,居住在希腊的所有民族。——译者注

遭受本国与外邦的双重羞辱（在阿尔戈斯，达那俄斯之女既是公民，又是外邦人）。"（《乞援女》，608–618行）

因此，城邦体恤达那俄斯及其女儿们的控诉，成为他们的强大靠山，加以回护，分给他们一处住宅，"我们甚至能定居于此，而不付租金"（《乞援女》，1010行）。对于这样的款待，达那俄斯自然是由衷感激，可他也一样明白，自己的女儿们远不被认作融入城邦的人："一群外人只有通过时间才能受赏识，尤其是迁客（metoikos），每个人都怀着恶言，动辄唇枪舌剑地诟骂。"他因而向她们劝诫道："把谦卑置于生命之上吧。"（《乞援女》，992–1114行）

古风时期外邦人的法律地位

自荷马时代起，宾客与乞援者便受到外宾神宙斯（Zeus Xenios）与外宾神雅典娜（Athéna Xenia）的庇佑，而《伊利亚德》亦记载，虐待宾客属宗教罪。

代客之礼，虽然到古典时期才形成体制，当时却已经被广泛使用。代客官的保护神是赫尔墨斯，"机敏的发现者"，而代客官自己亦是"寻找者""采办者"[1]；实际上，他是在

---

[1] 此处所指为 proxenos 引申的动词 proxenein，意为"做某人的代客官"，因而为其"采办"某物。——译者注

城邦和外侨之间的中介，弥补外邦群体在法律上的弱势。代客官一职，总是由外邦群体选出的，有时候选择的根据是个人功绩，例如品达，因一首赞美城市的酒神颂歌[1]而获得奖赏，也同时当选了代客官。

古风世界仍然是闭塞的：旅行令人害怕，而据荷马所言，只有社会边缘的群体才更受旅行吸引（例如私生子，参见《奥德修记》，卷十四，199-286行）；对于父系血统的重视，更是为城邦扣上门闩——若父亲是希腊公民，其希腊身份便足以延续下去；针对群体之外的人的偏见尤为显著。

公民应是"地位相同"的，其典型便是斯巴达所实现的"平等"（homoioi）；可是在这种架构中，借住的外邦人却饱受猜疑，乃至敌意：这些候鸟，难道不是猛禽吗？然而，选择定居的外邦人，如果他们的手工技艺或是商业贸易被视作有利于城邦，那么他们便属于"迁客"的范畴，属于落户的居民；在埃斯库罗斯处，该词意为迁居他处（参见 metoikein）。迁客需上缴定居税，可是雅典有时候对他们免收一切税金，多半是为了吸引他们侨居，毕竟他们对城邦大有裨益。自五世纪中叶起，雅典开始赋予外邦人法律保障，指派一名政客保

---

[1] 品达（Pindare），古希腊抒情诗人；酒神颂歌（dithyrambe），赞颂酒神狄俄倪索斯（Dionysos）之圣歌。——译者注

护他们，被称作"护客官"[1]。代客之礼与护客之责，便是民事保护的两种不同形式，在《乞援女》中兼有提及。然而，给予外邦人财产权，却是极为罕见的：达那俄斯的女儿们只是房客罢了。就这一点，玛丽-弗朗索瓦丝·巴雷（Marie-Françoise Baslez）在其佳作《古希腊的外邦人》中有所论及："实际上，在当时完全不可能将非希腊人纳入公民体制中。"[2]达那俄斯之女可以说是融合外人的例外，因为她们本身就具有"城宾"（astoxenoi）[3]的双重身份，既因自己祖籍阿尔戈斯而被算作公民，又因自己出生于埃及而被算作外人（正如她们既如野兽般残暴，又阴柔顺服——一如伊娥——既是得麦特的教徒，又是赫拉的侍从；既是谋杀男人的凶犯，又是婚姻契约的使者）。

古典时期的蛮人与迁客

公元前490年至公元前478年，希腊诸城抗击波斯，希

---

[1] 护客官（prostate, prostatēs），源于动词 proistēmi，字面意为"站在某物之前"，引申为"管理""保卫"，照理应译作"前列官"，不雅，乃用"摄"字代之。——译者注

[2] 玛丽-弗朗索瓦丝·巴雷，《古希腊的外邦人》（Marie-Françoise Baslez, L'Étranger dans la Grèce antique, Les Belles Lettres, 1984, p. 82）。我们在此采纳本书的资料与分析。

[3] astoxenoi，按词源为"城镇之客"，参见埃斯库罗斯的《乞援女》第356行，为出身外邦的本族人后裔之谓。——译者注

波战争（guerres médiques）改变了城邦与外邦人之间的关系，凝结成了"蛮人"（barbare）的概念；而伯罗奔尼撒战争，则将希腊城邦分为斯巴达与雅典彼此对立的两派，将注意力转向希腊的外邦人——来自另一个城邦的人。雅典制订出公民协调的概念——"共同体"[1]——正是在公民参与政治生活的基础上，将他们设想成一个整体，而不考虑种族或社会标准。然而，一条法律却巩固了共同体中种族的单一性：伯里克利于公元前451年所颁布的法律，要求每一位公民都要证明自己有两重雅典家世，即父母都应是雅典人："之后的第三年，安提多德执政，公民人数渐增。伯里克利提议，若非由两位公民所生者，一律不得享有公民权。"[2] 违反这一条法规的人，便与私生子相类："我是无名之辈的儿子，人们也叫我无名之辈。"[3]

---

1 亚里士多德，《政治学》(Aristote, *Politique*, 1276b)。（译按：亚里士多德认为城邦为共同体 [koinōnia]，是由利益与功能相同的部分 [如不同的家庭、阶级、市区等] 组成的整体。）

2 亚里士多德，《雅典政制》(Aristote, *Constitution d'Athènes*, XXVI, 451/0)。同样地，从克里斯提尼执政起，公民根据其所属的城区（dème, dēmos）而认定："这是为了防止他们以父亲的名字相互称谓，进而防止他们告发新公民。"（同上，XXI, 508/7）"当前的政制状态如下。只有双亲皆享有城邦权利的人，才能参与治理城邦。"（同上，XLII）

3 欧里庇德斯，《伊昂》(Euripide, *Ion*, 589-591)，引自玛丽－弗朗索瓦丝·巴雷，《古希腊的外邦人》，第94页。

因此,"蛮人"之名也常被用于称呼非希腊人。荷马用"barbarophōnos"一词描述希腊人的战敌——小亚细亚人[1],而该词似乎是拟声而造的:bla-bla,bara-bara,含糊不清或令人费解的"蛮夷龁舌"。在公元前五世纪,该词尚且被用于说话慢慢吞吞、支支吾吾,或是文法错乱的人,希腊人与非希腊人兼适用:"蛮人,所有发音淤滞、嗓音喧噪的人。"[2]然而,在古代,人们能在神庙中念念有词地讲"舌语"[3],因此"蛮人"的祈愿也能被听见。希波战争强化了对蛮人的排斥,我们同样可以将此现象理解为哲学繁荣发展的对立——因为希腊哲学正是基于逻各斯之上,而逻各斯既是希腊人的习语,又是万物秩序可被理解的法则。蛮人,则因其格格不入的言语与行为,因其政治上与社会上的敌意,被排除在此世界之外。三位悲剧家——索福克勒斯、埃斯库罗斯与欧里庇德斯——都系统性地使用"蛮人"或"蛮夷"一词;而不同于两位前人,欧里庇德斯使用该词时往往更含贬义。对他而言,这表明他个人更加难以容忍陌生性;普遍而论,这也

---

[1] 玛丽-弗朗索瓦丝·巴雷,《古希腊的外邦人》,第184页。

[2] 斯特拉博,《地理学》(Strabon, *Geographica*, XIV, 646),引自玛丽-弗朗索瓦丝·巴雷,《古希腊的外邦人》,第185页。

[3] 舌语(glossolalie),指宗教活动中人们受神灵启发时,喃喃地自创语言的现象。——译者注

表明随着时间推移，陌生性变得更加令人不安。在这三位作者的笔下，"蛮夷"的含义为"费解的""非希腊的"，另有"怪诞的"或"低等的"之意。我们所说的"残忍"之意，要等到蛮人入侵罗马才得以彰显。然而，在欧里庇德斯那里，"蛮夷"却已经有"低等"的意涵，而这也包括道德的低劣；因此，这个词不再指代外籍身份，而专门意指罪恶、残暴与野蛮。[1]当安德洛玛刻对希腊人谈到"蛮夷罪恶"（barbara kaka）的时候（《特洛伊妇女》，764-765行），这一用语可被译作"蛮人所发明的罪恶 [刑罚]"，或是"蛮夷罪恶的 [刑罚]"。[2]"蛮人"之名，对希腊人与特洛伊人都适用。这种对蛮夷的内化，远谈不上对外邦人的接受；相反，它意味着对蛮夷的敌视情感始终存在，而且在一个宣称是同质的群体内部，这种情感是如此重要。然而，在埃斯库罗斯笔下，这个词却被用来形容陪伴达那俄斯之女的埃及传令官对阿尔戈斯的希腊人作出的奇怪行为（《乞援女》，825-902行），其主要意义在于反衬出希腊民主文明的恩惠。确实，当埃斯库罗斯在《阿伽门农》（公元前458年）中提出"民主"

---

[1] 参见海伦·培根，《希腊悲剧中的蛮人》（Helen Bacon, *Barbarians in Greek Tragedy*, New Haven, 1961）。

[2] 这部作品的讽刺意味可见一斑，因为蛮人是……希腊人，而非特洛伊人；这一词语丧失了种族的意义，却强调了其伦理意涵。

之概念("人民的权力")的时候,读者便会料想到,这位《波斯人》的作者敏锐地觉察出他自己的文明与波斯王的文明之间的差异。[1] 总之,正是因为有外邦人作对比,希腊人对自由的意识才得以浮现;此后,蛮人将被等同于民主的公敌。

然而,蛮人却始终令人着迷。仿佛与智者相呼应,作者们也在蛮人中区分出好坏,最好的自然是易于教化的可造之才:这些蛮人,能在文化上做希腊人。对苏格拉底而言,"希腊人"之名并不指种族,而是指"文明,而我们所说的希腊人,不完全是和我们同根同源的人,却更应是参与我们教育的人"[2]。这种对世界主义的预感仅仅是思想上的,因为公民的"大同统治"(isonomie)[3](公民平等地参与政治,因为他们彼此类似)会因为行为怪僻、思想无理或语言费解——这个原因更直率,却又更根本——而将他者驱逐出去。这名他者,将永远是蛮人。

移居希腊的外邦人,将从蛮夷之众中脱颖而出。在公

---

[1] 《阿伽门农》(Agamemnon)与《波斯人》(Les Perses)均为埃斯库罗斯所著悲剧。——译者注

[2] 《颂文》(Panégyrique 50),引自玛丽-弗朗索瓦丝·巴雷,《古希腊的外邦人》,第199页。

[3] 大同统治(isonomia),由"相同"(iso-)与"法律"或"权利"(nomos)构成,为主张公民权利平等的政治制度。——译者注

元前二千纪的美索不达米亚,在汉谟拉比的帝国,人们已经区分了定居的外邦人与暂住的外邦人:名为"莫使堪奴"(muškênu)的社会阶层,即"庸人"之类,便包含外邦人——他们多少已经定居,因此享有某些权利,而暂住的外邦人则无任何权利可言。

希腊的迁客与城邦的关系,却是契约性的。这种关系是如何形成的?玛丽-弗朗索瓦丝·巴雷称其为希腊城邦的"经济人"(homo economicus),颇为合理。公民是政治的、作战的人;迁客与其不同,倒也不是今天所说的移民劳工,而是"与人同住的人""迁移居所的人"。他缴的居住税,相当于一个月上缴一天的工资。虽然地位处于公民之下,但他实则不似柏拉图或伪色诺芬等贵族思想者所影射的那样,竟要沦为奴隶。相反,迁客们最乐意做手艺人,可也擅长耕作,还能打理钱庄、持有动产,或是做船东。在雅典,一些迁客成为名副其实的资本家(如爱琴纳的蓝彼斯)或是闻名遐迩的思想家(如吕西亚斯、伊塞优斯,而声名最甚者则为亚里士多德)[1]。一如蛮人,迁客也有好坏

---

[1] 爱琴纳的蓝彼斯(Lampis d'Égine),生于雅典西南部的爱琴纳岛,因做船东而发迹;吕西亚斯(Lysias),演说家,其父原籍西西里岛的叙拉古城(Syracuse);伊塞优斯(Isaeus),演说家,少时由希腊东部优卑亚岛(Eubée)的卡尔基斯城(Chalcis)迁至雅典;哲人亚里士多德生于希腊东北部的斯塔基拉城(Stagire)。以上名人均定居雅典。——译者注

之分：好的（如克法洛斯，演说家吕西亚斯之父，"用盾牌武装民主的抵抗"，柏拉图的《理想国》便发生在他的住处），在必要时可与公民在税务上平等，虽然永不能获得自己资产的所有权；还有坏的（如雅典诺根尼，骗子、懦夫、叛徒，侍奉女人与僭主）[1]。雅典不断明确迁客的财务支出：从公元前378年起，一项特殊的分配税向定居的外邦人收取六分之一的费用；而他们也要支付宗教仪式繁重的荣誉费用，虽然与公民的份额不同。然而，迁客仅在例外情况下才能参与竞赛、歌队与国防（只有在战事持续很久，在"拯救人民与所有在此土地生活的人"的危难关头，迁客才能参战）。如果迁客僭用了公民的权利，则会被贬为奴。柏拉图（《法律篇》，915b）主张，如果迁客的资产累积到物主与经营者的标准，就应该被驱逐出城。然而，这些外邦人常常慷慨地资助城邦，或许不完全是为了表达感激，而更是为了展示自己忠诚于希腊人爱挥霍的心态。迁客或许不是雅典民主的自由追随者——正如一些其他外邦人的例子所示——然而只要有城邦需要他们的经济支撑，他们便会渗透进去，而不与之融合。只有斯巴达的"排外"（xenēlasia）这一规律例外，它

---

[1] 雅典诺根尼（Athénogénès），公元前四世纪人，生于埃及，定居雅典，演说家希佩里德（Hypéride）著有一篇驳斥他的演说词。——译者注

不允许外邦人参与任何事物。归根结底[1]，迁客的体制似乎是一项中庸的政治人口措施，既避免世界主义，又避免仇外。

若要观察当今的西方国家对前来定居的外国人作何反应，我们可以扪心自问，自己的心态是否依旧与希腊人类似：毕竟人们的自发反应，并非完全为了照顾所有人的人权——包括外国人的人权——而更是寻求在这些"迁客"的法律地位上建立平衡，以符合社会的主导标准，即他们对城邦的经济效益。经济需求依旧是仇外与世界主义之间的通道——或是屏障。

当贸易蓬勃发展，而商贾占领了港口的时候；当旅游业繁荣兴盛，人们又因对知识的好奇而出游，名师教授与文化爱好者混于一处的时候，安置外邦人的需求便应运而生。自公元前五世纪起，暂居的外邦人很少越过港口的范围。然而"贸易港"（emporion）并非贫民聚落，而是商业中心（商店、菜场、码头市集）与性产业中心（妓院），不同于城邦的政治与军事中心——广场（agora）。亚里士多德甚至提出将两者都融入"广场"的范畴，分作"自由广场"（属于政治与公民）和"商业广场"（汇集进口产品与进口商！）。

暂居的外邦人与本国人截然不同，也因此并不享有迁

---

[1] 参见玛丽–弗朗索瓦丝·巴雷，《古希腊的外邦人》，第146页。

客的特权。

与此同时，个人自发的代客之礼变成了公共职务：保护外邦人的代客官，将由"城邦法令"选任，而他亦需"维护城邦的利益"。[1] 他个人的"乐善好施"（évergétisme）[2] 便演化为名副其实的外交任务。值得注意的是，代客的体制同时适用于公民与非公民、希腊人与蛮人——这更加意味着，如有必要，希腊城邦的内部关系与希腊和外国的外部关系都能更为灵活。柏拉图所关心的并非融合外邦人，而是为了城邦的发展，促进与外邦人之间的交流。因此，他巧妙地提出，对外国人的宽容应当是功利的；应该让他们远离公共生活，却应该以一种不无讥嘲的善意利用他们："城邦与城邦交流，自然伴随着不同民俗的混同：外邦人，在另一些外邦人看来，会带来种种新奇。因此，对政治体制全由公正的法律来规定的人而言，这带来的危害不容小觑；然而，既然绝大多数城邦都缺乏好的体制，那么对它们而言，自己接纳的外邦人如何影响、如何塑造自己的城邦，则完全无关紧要。可若是有人以所谓'斥逐外人'的缘由，完全将外邦人拒之门外，那么对其余所有人而言，都会显得粗蛮无理，倾向于妄自尊大，

---

1 玛丽-弗朗索瓦丝·巴雷，《古希腊的外邦人》，第111页。
2 只有功绩广受承认的公民，才能胜任代客之职。（译按：Évergétisme，源于希腊文 euergetein，意为"行善"。）

对外人则毫无包容。"(《法律篇》,卷十二,950)[1]这种宽容让接纳外人的城邦闻名于其他民族;然而,伴随着宽容的,亦是审慎的分辨。柏拉图区分了各类外邦人——夏日访客,前来"以贸易牟利"的"候鸟",应该被安置于城外的公共建筑内,由专门的官员监督,"以免这类外邦人引入任何新奇的事物";观光客,游历神庙要迹,以享耳目之娱,则由祭司与司事加以照顾,若他们违背法令,则移交市场主管;外邦的各类显要贵客;最后一类"极为罕见",是"从他国前来视察"的外邦人,或是为了审查某个优于其余各国的体制,或是为了展示类似的体制。若这位外邦人能让我们学到些什么,那便是非同寻常的情况;不然,一旦外邦人的任务完成,柏拉图便希望他"收下表示敬意的礼物与荣誉,再如与友人阔别一般,就此离开"(《法律篇》,卷十二,952-953d)。我们看到,政治的功利主义引导着面向外邦人的道德准则,并不断明确。

希腊的世界主义

在此前,"泛希腊"的观念是无法设想的,现在却逐渐浮现。各类知识分子——如史学家哈利卡那索的希罗多德,

---

1 法语翻译似与希腊文原文出入较大,译文介乎两者之间。——译者注

或建筑师米利都的希波达莫[1]，两位都是流民——自愿响应伯里克利的提议，参与创建"由全希腊的代表所设立的"殖民地。[2] 从公元前四世纪开始，这种改变便不断显露，由于航海技术与交通技术的发展，地理距离缩短，各地人口相继混杂，这种改变也日益重要。希腊文明对外邦人变得更为好奇，而少了几分犹疑——我们看到诸如此类的言论："外邦人！世上唯一的家乡便是我们所栖居的世界；一切凡人均由混沌所造"（语出各达拉的麦莱亚戈[3]，公元前一世纪）；或者，根据泰伦斯著名的拉丁译文，米南德曾有言："我是人，因而人之一切对我都不陌生。"[4] 第一种政治世界主义，归功于斯多亚派学者，以及他们建立在个人智慧之上的伦理体系。城邦之广，可并吞世界——这样的理想，便属于这些逻辑学家、物理学家、医师、卜师，而他们首先是伦理学者。然而，这种理想却完全不可能被应用于现实的政治体制中。"万人同居，统于一法"，克良泰宣称。[5] 这种设想所号召的，更像是

---

[1] 希罗多德（Hérodote d'Halicarnasse）与希波达莫（Hippodamos de Milet）均为公元前五世纪古希腊名人。——译者注

[2] 玛丽-弗朗索瓦丝·巴雷，《古希腊的外邦人》，第181页。

[3] 各达拉的麦莱亚戈（Méléagre de Gadara），古希腊诗人。——译者注

[4] 玛丽-弗朗索瓦丝·巴雷，《古希腊的外邦人》，第261页。（译按：泰伦斯[Térence]，古罗马剧作者；米南德[Ménandre]，古希腊剧作者。两者均写下《自罚者》[Heautontimorumenos]一剧，泰伦斯的版本为其对米南德版之改写。）

[5] 《斯多亚古贤残篇集》（*Stoicorum veterum fragmenta*, III, 329）。（译按：克良泰[Cléanthe]，古希腊斯多亚派哲人。）

宗教群体——邀请外邦人共参奥义、互称兄弟，而不是政治辖区——永远关切着城邦的经济利益。

斯多亚派的亲睦：普世论……

古代的斯多亚派学者认为，一切生物皆基于所谓oikeiōsis之原则——此概念大概源于该学派的创始人季地昂的芝诺（约公元前335年—约公元前264年），而在克吕西普（约公元前281年—约公元前205年）那里已经颇为成熟了——概念复杂，在此译作"亲睦"[1]。"亲睦"指的是对自己的永久把握，一种"内在的触觉"，一种生命动力，让主体与其自我契合。罗马的斯多亚派学者译作conciliatio与commendatio（西塞罗），或是committo（塞内卡）——"我与自己结合起来（commis）"：由此演变出"对己之爱"（amor nostri）[2]与"慈善"（caritas）之概念，被斯多亚主义者视作自觉生活的基础。此外，这种本源上的亲睦不仅将我们与自己相连，同样将我们依附于一个个同心圆中，代表着与我们

---

[1] 季地昂的芝诺（Zénon de Kition）与克吕西普（Chrysippe de Soles）均为古希腊斯多亚派哲人；亲睦，法语作"conciliation"，源于拉丁文翻译conciliatio。——译者注
[2] 此词与"爱情"（amor）类似，昆提良有"爱欲属激情，慈善属品性"（amor pathos, caritas ēthos）之言；后作基督教神学三超德之一的"爱德"。——译者注

类似的生物之品性：根据希罗克勒斯[1]的理论，它们囊括了全人类的近亲；反过来说，当我们缩小圈子的时候，我们便能将所有人与我们自己相等同，而无种族或血缘之分。由此，这种普遍人性首次确立起来，而且根植于理性的群体之中。理性的人将"对己之爱"与"慈善"应用于全人类：caritas generis humani（人类之慈善）。[2] 这种斯多亚主义的伦理，完整表现在泰伦斯的名篇中。美内德谟问道："恪奈美，你自己的事竟让你有如此闲暇，以至于其他人与你无关的事，你也要管吗？"恪奈美答道："我是人：窃以为人之一切，没有对我陌生的。"[3] 西塞罗评论这句话时，不情愿地承认："不管发生的是好事还是坏事，我们觉察自己的处境，总比感受他人的处境更加深刻，而我们在看他人的处境之时，似乎横亘着一道长远的隔阂，因此，我们对自己与他人的判断有所不同"[4]——他也由此更接近于基督教与圣经"爱人如己"的

---

[1] 希罗克勒斯（Hiéroclès），古罗马斯多亚派哲人。——译者注

[2] 西塞罗，《论善恶之极》（Cicéron, *Des termes extrêmes, des biens et des maux*, V, 23, 65, Les Belles Lettres, 1961, t. II, p. 149）。（译按：为西塞罗 *De finibus bonorum et malorum* 的注本。）

[3] 《自罚者》，载于《喜剧集》，第二幕（« Heautontimoroumenos », *Comédies*, II）。（译按：实为第一幕，第 75–77 行。美内德谟 [Ménédème] 与恪奈美 [Chrémès] 为该剧主角。）

[4] 西塞罗，《论义务》，载于《斯多亚主义者》（Cicéron, « Traité des devoirs », I, 9, 30, in *Les Stoïciens*, La Pléiade, p. 505）。（译按：为西塞罗 *De officiis* 的注本，译文按拉丁文调整。）

训诫。

因此，这个建立在oikeiōsis、建立在亲睦之上的普世伦理，在政治上便否认城邦彼此分别，而是用一种包容的世界主义取而代之。"巨城"（mégapolis）[1]，即巨型城邦，便是一个经常在帝国时期被论述的理念——它应囊括全宇宙，从公民到星辰。爱拉托斯特尼[2]早已规劝亚历山大大帝将蛮人视作同胞，而克吕西普更是不分奴隶仆从。在古代斯多亚主义者看来，人们做奴，既不是源于本性，又不是出于屈服。对他们而言，希腊人与蛮人、自由民与奴隶之间的差异就此消弭，而他们同样不区分男性与女性，因为对同种德性的向往属于所有人。所有人共住一处，是"神的一部分，而囊括我们的整全也是神：我们都是它的同伴（socii）、它的手足"[3]。

然而，这种世界主义的普世论仍然是一座乌托邦，即使在斯多亚主义发展的同时，希腊的诸位君主也接管了原有的城邦。[4]斯多亚派学说无法被实践应用的原因之一在于，在它平等的外表之下，却潜藏着一种精英主义，将理性的智者

1　或许应为 megalopolis。——译者注
2　爱拉托斯特尼（Ératosthène de Cyrène），古希腊地理学家，主管亚历山大图书馆。其对亚历山大大帝的劝诫引自斯特拉博《地理学》1.4.9。——译者注
3　塞内卡，《致卢基留书》(Sénèque, *Lettres à Lucilius*, 92, §30)。
4　参见 E. 布雷叶，《哲学史》(E. Bréhier, *Histoire de la philosophie*, t. I., p. 330-331)。

与剩下的人隔开——不管智者们设想自己如何努力地教育他们，也无法让这些人获得德性。实际上，斯多亚派智者的傲气，在似乎是所有人都公认的理性之下，产生了另一类外人：无法获得德性的人、生活无法则的人、不讲理的人。[1]

在这种视角下，"外邦人"或"外人"的概念也变了意思：外人是没有能力领会神意之法的人（"如果说世界的外人是不知其中有何物的人，那么不知其中有何事发生的人一样是外人。流民，逃离城邦之法的人。盲人，紧闭才智之眼的人。"[2]），或者是被排除在基于理性的统一体之外的人（"最后，将自己的灵魂与其他公民的灵魂区隔开来，而不顾所有灵魂为一体的人——我称之为城邦的赘肢，因他打破了社会的所有联系。"[3]）。

归根结底，斯多亚主义似乎不是融合外人差异的他者思想，而是一种自给自足论（autarcie），旨在同化他者，在理性的共同点中将其抹去，而不容于这种理性的人，则

---

[1] 冯亚宁，《斯多亚古贤残篇集》（J. von Arnim, *Stoicorum veterum fragmenta*, 4 vol., Leipzig, 1921-1924 II, 351-360）。

[2] 马可·奥勒留，《沉思录》（Marc Aurèle, *Pensées*, IV, 29）。（译按：神意 [providence]，古典哲学概念，神借以保佑、统领人间事物；奥勒留认为人世一切际遇皆由神所意愿，因此世间无恶。）

[3] 马可·奥勒留，《沉思录》，卷四，段 29。（译按：法语译文与希腊语原文有出入，以法译版为主。）

被贬入失常者之流。"不应先爱而后判,而应先判而后爱"[1],泰奥弗拉斯特如是说。然而,在这些配不上的人之中,有一些却在西塞罗的友爱前觅得些许恩惠,因为西塞罗要求公平对待仇敌,而且将宽恕列于军事德性之上。[2]

实际上,自罗德的帕奈提乌斯[3]使斯多亚派哲学风靡罗马之后,严厉的道德变得更为灵活,智慧与无理之间的鸿沟逐渐弥合,人们开始设想人性的多样性。然而,即使斯多亚主义在某些方面为基督教埋下伏笔,它却不是基督教;亲睦不是爱德(agapē),[4]而是启发于理性的个体主义。这种道德承认他者性(altérité),却仅仅是为了否认它;在此道德之中,对他者的分辨立即隐匿为对自我的辩护:"朋友、兄弟、近人、姻亲、同胞,所有人——既然我们想让人之社会成为一体,那么他们都应当为了自己(propter se)而被研究:每个人本身就是目的。"[5]

---

[1] 引自普鲁塔克,《论兄弟之爱》(Plutarque, *De frat. am.*, 482*b*)。

[2] 西塞罗,《论义务》,卷一,章 23,段 79;章 25,段 88—89。

[3] 罗德的帕奈提乌斯(Panétios de Rhodes),古希腊斯多亚派哲人。——译者注

[4] A. J. 伏尔科,《希腊哲学中的他人关系:从亚里士多德到帕奈提乌斯》(A. J. Voelke, *Les Rapports avec autrui dans la philosophie grecque d'Aristote à Panétius*, Vrin, 1961)。(译按:Agapē 即为 caritas 的希腊文。)

[5] 西塞罗,《论善恶之极》,卷五,章 23,段 67。

……与堕落

在此之外,在希腊斯多亚派学者的世界主义中,始终存在着一种犬儒的印记,或许源于犬儒派的前人(如安提斯泰尼,尤其是克拉泰斯等),却也成为18世纪自由世界主义的先兆。[1]因此,芝诺的《理想国》与柏拉图的《理想国》进行论战,反对人为发明的强制的习俗,而是为了"纯粹逻各斯",毫不克制、毫无保留地回到人类普遍的自然性。芝诺的这部作品,或是少时拙笔,或是招致丑闻,虽然已佚,却让评论家们倍感为难;从现存的对此文章的记录中,我们得以管窥斯多亚派鼻祖的理想世界城。不再有彼此分别的国家与民族,所有人皆由一法治理,犹如在牧场上逸游自恣的羊群。男人女人受"爱"支配,自由结合,穿着一致,已经废除了婚姻、学校、法庭、货币,甚至是神庙,因为他们只尊崇内在于灵魂中的神。食人、乱伦、卖淫、娈童,当然还有家庭的灭亡,同样是这个理想城邦的种种特点。似乎酝酿出这种世界主义的运动,旨在完整地抹去法律、差异与禁忌,重塑一面"白板";似乎在对抗城邦与其统

---

[1] 参见本书第207-213页(编按:原注中指示的页码为本书页边码;译者注/译按中指示的页码为本书页码。),傅吉列·德·孟勃朗的立场。(译按:安提斯泰尼[Antisthène],古希腊犬儒派哲人,该学派创始人,师从苏格拉底;克拉泰斯[Cratès de Thèbes],古希腊犬儒派哲人,季地昂的芝诺出自其门下。)

辖的同时，也是在暗自对抗奠定现存社会的种种禁忌，或许是在对抗社会本身；似乎废除国家边境也意味着——逻辑上的推论或是先设——逾越禁忌，而不顾这些禁忌所带来的性别身份、个体身份与家族身份。贯穿这个世界乌托邦的，正是对人际联系这一原则本身的质疑：在废除了与他者交流的法则之后（已经不再有国家、不再有家庭、不再有性别差异）——亦不再有界限、不再有边境——我们是否能生活在一个除了个人需求之外毫无约束的社会？这便带来两种可能性：要么是建立在个体享乐之上的绝对犬儒主义，要么是精英主义——这些精英应当清醒，做自己的主人，是能够"亲睦"无理之流的智者。

斯多亚派学者合理地选择了第二种，正如之后的启蒙时期哲学家，将人权建立在理性之上，或者如再之后的马克思主义国际（Internationale marxiste）的世界主义者，他们规定"无产阶级的利益"超过了各国常俗。这三派学说诞生于西方历史的三个关键时刻，固然存在着重大差异，可这并不能掩盖它们的统一之处。普世论、世界主义的亲睦代表着纯粹、乌托邦式的面相，而芝诺与《拉摩的侄儿》的犬儒主义则揭露出它尖酸的压抑[1]——如果这种压抑未得到明说、未得到消

---

[1] 《拉摩的侄儿》（*Neveu de Rameau*），狄德罗所著讽刺小说，参见本书第202页起；

耗，则有可能引发专制、恐惧与极权。换言之，世界主义要么自由，要么极权，要么不存在。

斯多亚派的世界主义预示着新宗教的到来，在这个宗教中，希腊的个体主义、埃及的内省与虔敬、叙利亚的公共宴席、犹太的道德统统熔于一炉……此后的问题便在于探明世界主义能否不同于宗教现实，即使它永不会成为政治现实。问题延续至今。这种想法或许本身就有瑕疵："世界主义"（cosmopolitisme）意味着维持"城邦"（polis）或"政治城市"（Cité politique）之理想，及其权利与平等（isonomie），将其延伸至世界的范围——意味着用城邦囊括整个世界。然而，对差异的抹除，或许只能在宗教中得以实现。相反，支配需求的政治秩序，只能保护自己人，将不均各自安置，将纠纷彼此区隔，充其量是在维持差异的不同模式中运筹帷幄。

然而，与古典时期与古风时期相比，希腊化时代的希腊政策却是世界主义的。就何种意义而言？希腊化时代的希腊人区分了外邦人（以及另一种政治体制中的希腊人）与希腊世界的外人（以及种族不同或文化不同的个体）；随着国际权利的诞生，不同民族混合而居，他们辨识出原住

压抑（refoulement），精神分析用词，指主体将与欲力有关的表征（思想、图像、回忆等）推入无意识中的行为。——译者注

群体（communauté des premiers）；随着国际化、多种族的巨型城市的创设，例如亚历山大港，他们辨识出外来群体（communauté des seconds）。在亚历山大港，知识分子将犹太文化与希腊文化融在一起，将圣经译为希腊文，之后再将古代哲学融入基督教中。然而，外人却始终与原住民区分开来：即使是在亚历山大港，希腊人也是与希腊人通婚，而外人不属于城邦。在提洛岛[1]，雅典人与其他人口联合在一起，而外人则无法参与表决。罗马统治下的埃及或许是例外：以"混合体制"（corps mixtes）之名，外人得以在地方层面管理社群。至于城邦之间的泛希腊式统一，并不是以不同城邦的融合而施行的，而是通过联盟（例如基克拉底群岛[2]的联盟），由统治集体的强大君主而保证的。

日渐灵活的世界主义有种种象征，其中颇引人注意的是对"混血人"的态度。在公元前三世纪，混血人——虽不享有城邦的权利——在地位上却要高于外侨；因此，在罗德岛，他们便被称为"异母人"（matroxenoi），属于城邦的下等公民，却同样是社会的一分子。自公元前二世纪起，母系家世开始

---

1 提洛岛（Délos），希腊古岛屿。——译者注
2 基克拉泽斯（Cyclades），爱琴海南部群岛名，提洛岛即为该群岛中的一座。——译者注

保障子女的公民权利。在混族人家出生的孩子，能够入本籍，他们主要构成了一类新的范畴，被称作"无邦人"（apatrides），与外人不同。如果希腊的无邦人接受希腊教育，那么似乎会比外人享受更多的机会。甚至是训体场（gymnases），按传统不允许外人进入，却从公元前四世纪末起，对这些无邦人开放：先是国际港口提洛岛，再是雅典。然而，训体场的青年人名单却区分了不同人群：雅典人居首位，然后是罗马人，接着是外人（在提洛岛如此，直到公元前二世纪）。在雅典，生于希腊世界外的青年永远不会与其他人相混淆。[1]

希腊化的城邦，更像是文化传播的中心，而不是政治融合的环境；它在政治之上普及着希腊文明，及其世界主义。换言之，在希腊化时代，外人并未获得新的法律地位：外人，永远是公民之外的人。但是，他在城邦中的作用却不断提升，也代表着政治与法律特征的变化——政治与法律本应照顾专属于一种意识形态、一种心态、一种生活方式的人之利益，而在这些人越来越明确"希腊性"的同时，对他们利益的保障却日趋倒退，此现象是这个时期的希腊所特有的。这并不是说城邦弱化了政治，而是说城邦意识到外人的存在，因而向群体的成员中引入新的身份标准，这些标准超越了政治，

---

[1] 玛丽-弗朗索瓦丝·巴雷，《古希腊的外邦人》，第325页。

而强调文化因素与象征因素。这些标准,以及古典城市的空间本身,将成为基督教的基石——这个宗教会将福音布传给外邦人、商贩与社会边缘的群体。然而,新生的基督教不再限制于城邦之中,却呼唤着一种无形的精神群体:教会将取代城邦。

然而,《圣经》的一神论却已经将陌生性包含在神的盟约中。人们或许会轻易地设想,天选之民受到放逐,与他者相遇;然而与此相反,在几千年之前,《圣经》早已在希伯来王室的根基本身中,安插了能够领受神圣契约的外邦人。

天选之民：选择陌生

异邦人或寄居者

犹太人民与上帝结盟，因此成为他的选民（尤其是在雅各和出埃及之后）；如果说它同样奠定了某种神圣的民族主义，就其本质而言，它也承载着陌生性的原始烙印。《圣经》的许多段落都印证了，犹太人被选中的同时，也排除了他人："［耶和华同亚伯兰说，］我要与你并你世世代代的后裔坚立我的约，作永远的约，是要作你和你后裔的神。"[1] 那些反对这一盟约的人，或是这一盟约之外的人，便被粗暴地驱逐："万军之耶和华如此说：'以色列人出埃及的时候，在路上亚玛力人怎样待他们，怎样抵挡他们，我都没忘。现在你要去击打亚玛力人，灭尽他们所有的，不可怜惜他们；将男女、孩童、吃奶的，并牛、羊、骆驼和驴，尽行杀死。'"[2] "［我们约定］并不将我们的女儿

---

[1] 《创世记》17：7。（译按：《圣经》的中译文引自和合本。亚伯兰即亚伯拉罕。）
[2] 《撒母耳记上》15：2-3。在以色列人出埃及时，亚玛力人袭击其后卫；亚玛力人的后裔亚甲（Agag）与哈曼（Haman）也尤其敌对以色列人，甚至欲下令将其尽数杀灭。

嫁给这地的居民;也不为我们的儿子娶他们的女儿。"[1] "私生子不可入耶和华的会,他的子孙直到十代,也不可入耶和华的会。亚扪人或是摩押人,不可入耶和华的会;他们的子孙虽过十代,也永不可入耶和华的会。因为你们出埃及的时候,他们没有拿食物和水,在路上迎接你们,又因他们[摩押人]雇了美索不达米亚的毗夺人比珥的儿子巴兰,来咒诅你们。然而,耶和华你的神不肯听从巴兰,却使那咒诅的言语变为祝福的话,因为耶和华你的神爱你。你一生一世永不可求他们的平安和他们的利益。"[2]

然而,另一些外邦人却被接纳:"不可憎恶以东人,因为他是你的弟兄。不可憎恶埃及人,因为你在他的地上作过寄居的。他们第三代子孙可以入耶和华的会。"[3]

尽管犹太人民与上帝的盟约是排他的,而且用受罚者的道德缺陷来为排他性辩护,这种盟约却并不源于上帝的偏袒,而是因为以色列人选择经受考验;其言下之意便是,这种盟约需要一直延续,选民始终需要完善自身,才能与

---

[1] 《尼希米记》10: 31。
[2] "私生子"的原文为 mamzer,即男女苟合(通奸)生下的孩子(犹太人)。(译按:该词的法文为"métis",为"混血儿"之谓,故作者作此解释。此段落引自《申命记》23: 2–6。)
[3] 《申命记》23: 3–9。(译按:实为 23: 7–8。)

此盟约相称。有传统解释称:"为何独一的神(赐福于他!)选择了以色列?因为所有民族抛弃了《妥拉》,不接受它;而唯独以色列接受并选择了独一的神(赐福于他!)与他的《妥拉》。"[1]

此外,圣经的普世论亦逐渐形成,人类的尊严或得以完整彰显;而外邦人自己也可能成为上帝指定的启示者,即使他不同寻常。在拉比们看来,《妥拉》归根结底是面向全人类的。[2]因此,"摩西以六十六种语言阐述《妥拉》"[3]"你们要守我的律例、典章;人若遵行,就必因此活着。"[4]因此,任何人,即使是异教徒(païen),只要遵守《妥拉》,便与大祭司平等。[5]"主耶和华啊!这岂是人所常遇的事(loi)吗?"[6]应如此解释:这不是祭司的法(loi),也不是利未人或是以色列人的法,而是所有人的法。[7]

---

[1] 《民数记注》14: 10。(译按:妥拉[Torah],希伯来圣经前五章,即常称的"摩西五经"[Pentateuque]:《创世记》《出埃及记》《利未记》《民数记》《申命记》。)

[2] 参见 A. 科恩,《塔木德》(A. Cohen, *Le Talmud*, Payot, 1970, p. 108)。(译按:拉比[rabbin],犹太教会中的老师。)

[3] 《创世记注》49: 2。

[4] 《利未记》18: 5。

[5] 应注意,此处的"异教"指基督教或犹太教之外的宗教(常指希腊罗马的多神教),而非基督教或犹太教内部与正宗有别的"异端"(hérésie)。——译者注

[6] 《撒母耳记下》7: 19。

[7] 同理,参见《以赛亚书》26: 2,以及《诗篇》118: 20, 33: 1, 125: 4 等。(译按:利未人[lévite]为雅各之子利未的后代,为以色列十二支派之一。)

既然所有人都是神照着自己的形象造的[1]，那么"爱人如己"的训诫不仅适用于直接的邻人[2]，即同宗同族之人，更适用于"[神]所爱之人"[3]；"正如对以色列人而言，爱邻人如爱自己，此语同样用于外邦人"[4]。

在许多章节中，对外邦人的考虑表述得更加清楚："不可亏负寄居的，也不可欺压他，因为你们在埃及地也作过寄居的。"[5]如果异教徒拥护一神论，那么便能要求享有与犹太人同等的权利。《妥拉》不断地论述犹太人对外邦人的责任，重复的次数远胜于其他训诫（割礼、饮食戒律、说谎与强奸的禁律）。《塔木德》更是强调："若是寄居的想学习《妥拉》，不要同他说：'你的口原先吃了虫豸虺蛇、不洁动物，现在竟要读神赐的《妥拉》。'"[6]另外，对犹太人而言，"在埃及地作过寄居"并不被解读为善待

---

1 《创世记》9:6。

2 《利未记》19:18。

3 《先祖遗训》3:18。（译按：《先祖遗训》[Pirkei Avot]为犹太教伦理经文，pirkei为"书章"之意，而avot指《圣经》中的圣祖，即亚伯拉罕、以撒、雅各，一说为"基本原理"之谓。）

4 参见《利未记》19:34，据《祭司教谕·为圣篇》(*Torat Cohanim, Kedoshim*, 19)。（译按：妥拉照传统分为54段，每周研读一段；《为圣篇》即其中一段，对应《利未记》19:1—20:27。）

5 《出埃及记》22:21。

6 《中门篇》(Bava Metzia, 58*b*)。（译按：为《塔木德》的一篇。《塔木德》为犹太教典籍，记录犹太教律法与传统。）

外人的必然理由：流亡者灵魂中郁积的苦楚，难道不会表现为对另一个流亡者的迫害吗？只有上帝照看着一切外邦人，提醒"选民"在埃及的寄居，便使他们意识到自己从前也做过人下人，因而更加谦逊。这一节所流溢出的，似乎是公平，而非仁慈。与此类似地，我们也读到："若有外人在你们国中和你同居，就不可欺负他。和你们同居的外人，你们要看他如本地人一样，并要爱他如己，因为你们在埃及地也作过寄居的。"[1] "你们要怜爱寄居的，因为你们在埃及地也作过寄居的。"[2] 亚伯拉罕自己便被视作第一位"寄居者"（prosélyte）[3]：各注解都强调称，他抛下了本地、本族、父家，还有地上的万族，从而前往神所指示的地方去；这位寄居者依从神意，选择了以色列。[4]

从阿摩司到耶利米[5]，诸位先知的普世论都更加坚定地

---

1 《利未记》19: 33–34。

2 《申命记》10: 9。本段落的引文与注解引自埃里·蒙克，《妥拉的声音》，《摩西五经》批注本（Elie Munk, *La Voix de la Thora*, commentaire du Pentateuque, Fondation S. & D. Lévy, Paris, 1972）。（译按：实为《申命记》10: 19。）

3 《创世记》12: 1。（译按："寄居者" [prosélyte] 又引申为改宗犹太教的希腊人，如《使徒行传》2: 10："从罗马来的客旅中，或是犹太人，或是进犹太教的人 [prosēlytoi]。"）

4 谨此感谢耶路撒冷希伯来大学的贝蒂·罗伊曼（Betty Rojtman）教授，给予我这一章的宝贵注解。

5 阿摩司（Amos）与耶利米（Jérémie）均为以色列人先知，前者为《旧约》中《阿摩司书》作者，后者为《耶利米书》《耶利米哀歌》《列王纪》的作者。——译者注

表述称，人性因其固有的尊严而值得敬畏，甚至呼应了此前的希腊哲学以及世界性的斯多亚主义。贫民奴仆、鳏寡孤独，还有外人，均在同种公平之中受到欢迎："我的仆婢与我争辩的时候，我若藐视不听他们的情节；神兴起，我怎样行呢？他察问，我怎样回答呢？造我在腹中的，不也是造他吗？将他与我抟在腹中的，岂不是一位吗？[……]从来我没有容客旅在街上住宿，却开门迎接行路的人。"[1]

"客旅"，希伯来文称 guer，该词并非不言自明的。就字面而言，它意为"前来同住的人"或"居民"，亦包含"皈依者"的概念。在《塔木德》与《米德拉什》中，一如《圣经》，该词或是被译作"寄居的"，或是被译作"外人"或"客旅"。[2] 在这一概念下，创设了两个子集：其一为 guer-tochav，即定居的外人；其二仅作 guer，是在"皈依归化"的层面上而论的。guer-tochav 虽保有其外人身份，不管其是否身居以色列，却遵循摩西律法——社会不可或缺的道德法律；就犹太教的精神而言，这便赋予了外人与犹太人相等的精

---

[1] 《约伯记》31: 13-23。（译按：实为 31: 13-32。）
[2] Guer，法语的两种译法为 prosélyte 与 étranger，中文翻译参见和合本《出埃及记》23: 12: "使你婢女的儿子和寄居的，都可以舒畅"；《利未记》19: 33: "若有外人在你们国中和你同居，就不可欺负他"；以及上文所引段落等。《塔木德》(Talmud) 为记录犹太教宗教律法与神学理论的经典；《米德拉什》(Midrash) 为阐释希伯来圣经的注文。——译者注

神尊严。因此，guer 便是加入犹太宗教国家的外人。塔木德时期的许多拉比，例如著名的拉比阿尔契拔（二世纪人，反抗罗马），都是改宗皈依犹太教的。[1]

《塔木德》与《米德拉什》的一些段落固然毫不掩饰对改宗的寄居者的排斥与猜忌。赫尔博拉比称："[对以色列而言，]寄居者如伤口一般恼人。"[2] 然而，如此言论却仅体现某些个人的见解；在大部分情况下，犹太教还是具备好客精神的。对待皈依的人而言，它固然缺少劝人入教的热忱，而是视作一种强硬的要求，可如果自己经受了盟约的考验，宗教便会对自己加以欢迎。因此，在警告违反训诫的惩罚之外，待皈依的人也会被告知自己将获得何种赏赐："也不应该过分使其灰心丧气"[3]；同样，"在改宗的客旅面前，即使是客旅十代的子孙面前，也不应侮辱阿拉姆人。"[4]

如此要求外人融入本教，或许与现代的宽容理念相比，会显得局促、过激，却与其他学说对外人的规定（斯多

---

[1] 还有另外一词，nòheri，指的是异己者或"他者"（意同英语 alien），有"变节者"或"背教者"之意，参见《出埃及记注》(Exodus Rabbah, 19: 4)。（译按：阿齐瓦拉比 [Rabbi Akiva，原文作 Arciba]，犹太学者。）

[2] 《孀嫂篇》(Yebamoth, 47b)。（译按：赫尔博拉比 [Rabbi Helbo] 为三世纪犹太学者，常在《塔木德》中被提及。）

[3] A. 科恩,《塔木德》, 第 110-111 页。

[4] 《犹太公会》(Sanhedrin, 94a); "阿拉姆人"（Araméens）是对非犹太人的统称。

亚主义、基督教）并无根本差异：它们同样希望成为普世的学说，却只接纳那些认同同一种普适性的人。此外，我们还注意到，在犹太教的精神中，将外人融入犹太社群实际与"选民"的观念相对应：我是"天选之民"，可是天选的特权却是"在任何时刻都对任何个体敞开的"——因此，"天选是一个混杂的概念，既因血缘承袭，又取决于个人意识或群体意识的自由集结"。《塔木德·逾越节篇》（*Pesachim*）的这一段落便印证了这一点："以利亚撒亦说：'神——赐福于他的名字——在诸民族中流放了以色列，为的只是让客旅与他会合。'"[1]

摩押人路得[2]的故事便是这方面的代表。故事表明，只有外在者、只有"之外"与"自身"会合，才有统一的可能。

摩押人路得

"当士师秉政的时候，国中遭遇饥荒。"[3]《塔木德》中的这句话便是考验的时期，是犹太历史中"士师秉政"

---

1 引自罗依曼的来信。（译按：以利亚撒 [Éléazar]，《旧约》中的犹太祭司，摩西之侄。）
2 摩押人路得（Ruth la moabite），《旧约·路得记》人物，《马太福音》1: 5 将其列为耶稣的祖先。——译者注
3 参见《路得记》1: 1。——译者注

的混沌时刻：国中无王[1]，每个首领各有居心，却无人能将人民统一起来。在犹太人定居以色列地之后的三个世纪，一直到路得的时期，律法日渐败坏衰落，被人忘却。如果士师以比赞正是波阿斯——虽然《圣经》未曾明说——那么他与路得结婚，应该是在2792年（即公元前968年）。[2]

在这则故事中，两次出现陌生性的主题。首先，一位名叫以利米勒的名士，在如此灾祸中竟不帮助自己的故乡犹大伯利恒，而是拖家带口迁来摩押地，安顿在那里——摩押不仅是异邦，甚至还被盟约所禁止，因为如上文所说，其居民在犹太人出埃及的时候，未曾加以接济。[3]此种逃亡，实属叛国，之后会遭到惩罚：以利米勒后来死了，不久之后，两个儿子玛伦和基连也死了，未留子嗣。只剩婆婆拿俄米和两个儿媳，一个名叫俄珥巴，一个名叫……路得。如此的逃亡叛国，明显遭到了严厉的神谴；可正如故事的后续所示，神谴也不无模棱，因为路得不仅得到了救赎，还成了犹太王国的族长，大卫王的先祖。谁是路得？

身为摩押公主，如果以利米勒未曾迁来，路得应该永

---

[1]《士师记》17: 6; 18: 1; 19: 1; 21: 25。

[2]《末门篇》(Bava Batra, 91a)。（译按：以比赞 [Ibzan]，以色列士师之一，参见《士师记》2: 8-10；波阿斯 [Boaz, Booz] 为《路得记》人物。）

[3]《申命记》23: 3–9。（译按：也可参见《路得记》1: 1起。）

远也不会嫁入犹太家族。因此，这一该受谴责的迁移，反倒成了路得完成天命的必要条件。根据一种对律法的解释，只有摩押地的男人被盟约禁止，而女人则不然；可是，显然直至路得在丈夫死后回到犹大时，人们还尚未采用这种解释[1]，因为对波阿斯与其同胞而言，路得首先是一名"外邦人"。她是否已经皈依了犹太教？据一些人所看，摩押公主应该不会因为嫁给犹太男子就改宗；对迁离故土的玛伦和基连而言，这便成了另外的一重罪（"他们既不使她们皈依，又不为她们施洗"[2]）。此外，如果两位儿媳的确皈依了犹太教，拿俄米便无权让她们"回本国和所拜的神那里去"（1:8）。据另一些人所看，皈依确实发生过，因为两个儿子也有威望，完全可以将自己的宗教强加于两位外邦人身上，即使她们是公主：不然，文章则不会称拿俄米为她们的"婆婆"，也不会说路得服从利未人的婚姻法则。[3]

不论怎样，离开的只有俄珥巴，"转头的人"（oreph 为"颈背"之谓；几代人之后，俄珥巴的后代歌利亚将被

---

1 《路得记》（*The Book of Ruth*），新译本，注释兼采塔木德、米德拉什与拉比传统，兹罗塔维慈拉比（Rabbi Meir Zlotavitz）与舍尔曼拉比（Rabbi Nosson Scherman）编（Mesorah Publications Ltd., New York, 1976, p. XLVI）。

2 梅伊拉比，《米德拉什·路得记注》（Rabbi Meir, *Midrash, Ruth Rabbah*, 1: 4）。（译按：施洗 [rituellement immerger] 当指犹太洗礼 tevilah，不同于基督教的施洗。）

3 这是《新光明篇》（*Zohar Chadash*）的看法，载于《路得记》，第 XLIX 页。

路得的后代大卫所杀）；而路得却执意跟从婆婆去伯利恒。她的话语表示出对耶和华的依附，却更彰显两位女性对彼此的忠诚——何不称作恩爱呢？——"不要催我回去不跟随你。你往哪里去，我也往哪里去；你在哪里住宿，我也在哪里住宿；你的国就是我的国，你的神就是我的神；你在哪里死，我也在哪里死，也葬在那里。除非死能使你我相离，不然，愿耶和华重重地降罚与我！"（1: 16–17）

路得之名并不源于希伯来文，对其词源亦有种种臆测，以解读故事中的象征意涵。因此，人们认为 rut 来源于词根 rao，为"看见"或"深思"之谓——呼应婆婆的话（《路得记注》，2: 9）；或是意为"饱和"，因为她是大卫的祖先，而大卫使神饱享赞歌与祷告。人们还认为 Ruth 一词的字母（Rut → Tor），在密契[1]传统中，象征祭坛前待牺牲的白鸽，正如路得进入神的契约（《新光明篇》）；或者该名字的数值为 606，对应着《妥拉》的 606 条戒律，除去挪亚与非犹太人相关的 7 条戒律；最后，如果字母 H 代表神，加上路得之名，如文字游戏般调整字序，便得出 Ruth（路得）=Thorah（妥拉）。

于是，拿俄米的责任——根据《米德拉什》，她的名

---

[1] 密契（ésotérisme）指仅向入教者（initié）秘传宗教仪式与学说的传统。——译者注

字意为"惬意的""令人愉悦的","因为她的所作所为愉快而温柔"[1]——便是为路得觅得"赎"她的人；根据利未婚法（lévirat），如果寡妇无子，就应当改嫁亡夫的至亲。最近的亲属是妥夫[2]，以利米勒的弟兄、玛伦的伯叔；再者就是波阿斯，玛伦的表兄。在当时，犹太人有让寡妇有子嗣的道德义务，即使行使这一义务的并不严格按照法律规定，一定要是亡夫的兄弟。

凭借出于好心的引诱之计，波阿斯与路得两位配偶得以相遇；应当注意的是，存心引导这一段奇特姻缘的，正是惬意的拿俄米："路得就去了，来到田间，在收割的人身后拾取麦穗。她恰巧到了以利米勒本族的人波阿斯那块田里。"（2:3）据赫尔施拉比（Rav S. R. Hirsch）[3]所见，对犹太文化而言，"恰巧"之观念不同于"凑巧"或"偶然"，却似"运气"或"命数"，指的是不受人决定却能决定人的时刻：启示神谕的时刻。波阿斯时年48岁，明明被仆人告知路得是摩押人，却迎她来自己的田中，称她为"女儿"，

---

[1] 也可参见《路得记》1: 20："不要叫我拿俄米（'拿俄米'就是'甜'的意思），要叫我玛拉（'玛拉'就是'苦'的意思），因为全能者使我受了大苦。"——译者注

[2] 妥夫（Tov），《路得记》未指名，而是写"某人"，参见4: 1。——译者注

[3] 《路得记》，第88页。

并指派她做拾穗的简单工作[1],或许是为了更好地观察她、考验她:"'听我说:不要往别人田里拾取麦穗,也不要离开这里,要常与我使女们在一处。我的仆人在哪块田收割,你就跟着他们去。我已经吩咐仆人不可欺负你。你若渴了,就可以到器皿那里喝仆人打来的水。'路得就俯伏在地叩拜,对他说:'我既是外邦人,怎么蒙你的恩,这样顾恤我呢?'"(2: 8—10)波阿斯便答复称,自己欣赏路得对婆婆的忠心,竟然离开家乡父母,"到素不认识的民中"来(2: 11)。波阿斯似乎是说,准许与摩押妇女通婚的法律才通过不久;而路得自然不知道此法律,却更因为背井离乡投归犹太人,而具备精神上的功德。[2]因此,他便暗示称,路得从今往后将获得完满的赏赐:"愿耶和华照你所行的赏赐你。你来投靠耶和华以色列神的翅膀下,愿你满得他的赏赐。"(2: 12)正如一些评注者所言,难道不应该强调,路得的功德比亚伯拉罕的更加坚实,也因此值得完满的赏赐吗?这难道不是因为,亚伯拉罕是为了响应神的呼唤才离开父家,而外邦人路得却是自己主动抛下故乡的吗?[3]

---

[1] 当时,人们不可回头拾取遗落的麦穗,因为这些麦穗是留给穷人的(参见《利未记》19: 9 与 13: 22[译按:应为 23: 22]);同理,也不可割尽给穷人预留的田角。

[2] 《路得记》,第 95 页。

[3] 《路得记》,第 96 页。

路得的这种自由，审慎却坚决，其魅力继续体现在后文之中。这位摩押女子始终顺服自己的婆婆，听从她的意愿。因此，在拿俄米的建议下，路得沐浴抹膏，另换衣服，去波阿斯的睡处，躺卧在他的脚边。这名年长的男子已经是第二次受引诱了（在这种情况下，这种考验往往被认为要胜于波提乏[1]之妻对约瑟的引诱），可他却并不言及路得显而易见的美貌，而是强调她的"恩"，或为"仁慈、怜悯、善心"之谓（hésed）：她先是顺从自己的婆婆，而后挑选一名年长的男子作夫——"你末后的恩，比先前更大；因为少年人无论贫富，你都没有跟从。女儿啊！现在不要惧怕，凡你所说的，我必照着行，我本城的人都知道你是个贤德的女子。"（3: 10-11）

波阿斯却依旧想遵循利未婚法，将路得让与妥夫，最近的亲属。在妥夫拒绝了这个职责之后（因其不愿让亡夫在自己的产业上留名），波阿斯便在耶和华子民的见证之下，迎娶了路得："于是波阿斯娶了路得为妻，与她同房。耶和华使她怀孕生了一个儿子。"（4: 13）这个婚姻并不严格遵照利未婚法：波阿斯"娶"了路得，结为夫妇，而

---

[1] 波提乏（Potiphar，作者误作 Retiphai），埃及法老护卫长，派约瑟管理家务；其妻子引诱约瑟不成，反倒诬告使其下狱。参见《创世记》39: 5-20。——译者注

这个仪式却不使人信服，因为一般而言只有最近的亲属才能迎娶寡妇。据传，波阿斯卒于同房之夜，而路得更是即刻受孕，由此在犹太历史中占据一席之地。虽然她的名字在下文中不再被提及，她的名声却流传于后世，因为她的后代所罗门将登上王位。[1] 路得的受孕遵循拿俄米的意愿，而其孩子在血缘上与路得和波阿斯相连，因此孩子一出生便身为犹太人。至于拿俄米，她被认作这名孩子的母亲——大概是就象征意义而论的——"耶和华是应当称颂的！因为今日没有撇下你使你无至近的亲属。愿这孩子在以色列中得名声。"（4：14）皈依的路得将孩子的名字印刻在犹太人的历史中，甚至已经保证了他的命运将为人所知。然而，将孩子抱在怀中、养育长大的却是拿俄米——《塔木德》明确写到，他由路得所生，由拿俄米所养（《犹太公会》，19b）："邻舍的妇人说：'拿俄米得孩子了！'就给孩子起名叫俄备得。"（4：17）俄备得，"侍奉"（servir）上帝之意：于是他在两个民族、两个母亲之间充当（servir）中介，象征性地置身于波阿斯与拿俄米的家世。他的后代终将为王："这俄备得是耶西的父，耶西是大卫的父。"（4：17）此句后附大卫的整支父系家谱，上溯犹大之子法勒斯，却省略了

---

[1]《末门篇》91b。参见《路得记》，第131页。

犹大与他玛之间的纠葛，即使在第4章第12节所提及（他玛并未改嫁亡夫的弟弟，而是同公公犹大生下法勒斯）。

此外，将外邦人插入犹太王室的世系中，也带来困扰："多少次他们都愤怒地同我说：你的家世难道不低微吗？你难道不是摩押人路得的后代吗？"大卫向上帝哀叹道。[1]

然而，在这一支天选的世系中，奇特性也并非偶然。罗得和女儿们得救于索多玛的毁灭，认为自己是世间唯一的幸存者，乱伦生下两子，亚米与摩押：摩押人路得因此是乱伦之子的后代。[2] 文中亦提及犹大与他玛扒灰的关系。在路得之后，亚米的后代，亚扪人拿玛成为所罗门王的妻子。[3]

因此，奇特与乱伦实则是大卫威权的基石。《圣经》的叙述也因此暗示，为了某种整全的意图，打破对律令的严格服从，采取偏离常规的风险，实则是回报天选的方式，使人值得受天选。同样，《圣经》所设想的威权，亦建立在受驱逐者、低贱者、法外人之上。根据传统，字母 dalet[4] 象征"穷人"：大卫（David）有两个；而他的祖先路得则

---

1 《路得记注》8:1。参见《路得记》，第134页。
2 参见《创世记》19:30-38。——译者注
3 参见《列王记上》14:21。——译者注
4 Dalet，闪米特语的第四个字母。——译者注

始终警醒世人,神的启示通常需要某种间隔,需要欢迎彻底的他者,需要承认奇特性,即使我们一开始倾向于将其视为最堕落的。这并不是在劝人离经叛道,或是在劝人入教,而是在邀请人考虑他者的肥沃。这实际上便是路得的角色——法外人、外邦人、外人。可如果这个"盟约之外的人"接受了盟约的道德准则,盟约便找到了它的推动者、它的生命冲力[1]、它的威权。

信众吞噬着外邦人,将其同化,融入自己宗教道德法则的保护之下,同化者与受同化者均遵守这一法则。在这些宗教理想之下,吞噬者的幻想秘而不露,而这些幻想可能引起的愧疚之感,也被排除在外。此外,在宗教专属的道德理想的保护下,受同化的外邦人却以"复本"[2]之名,从信徒的自身内部加以影响——永远地让信徒在"低贱"之中、在"过度"之中、在"法外"之中辨识出自己,刺激着他完善自我的动力。如果大卫也是路得,如果君王也是摩押人,那么他的命运则永无平静之可能,而他将永远探求着在自身之中迎纳他者、超越他者。

---

1 生命冲力(élan vital)语出柏格森。——译者注
2 复本(double),为极其相似之人、相对应之人之谓。——译者注

圣保罗与圣奥古斯丁：流亡的良药与朝圣

世界公民保罗

> 向犹太人，我就作犹太人，为要得犹太人［……］。向没有律法的人，我就作没有律法的人，为要得没有律法的人；其实我在神面前，不是没有律法；在基督面前，正在律法之下［……］。向甚么样的人，我就作甚么样的人。无论如何，总要救些人。[1]

保罗如是说。保罗——犹太人，生于奇里乞亚的大数城[2]，熟习多语，公元45至60年游历地中海东部，不知疲倦，是他将一个叫"原始基督教"的犹太小教派，转化为……教会（Ecclesia）。教会让福音适应于希腊世界，将另一群人引入城邦的公民中：一群不同的人、一群外人，以信仰超越国别，在基督的身体中复活的人。

---

[1]《哥林多前书》9: 20 起。

[2] 保罗（Paul），早期教会最有影响力的传教士之一，《新约》诸书信均由其所著；奇里乞亚（Cilicie，和合本作"基利家"），首府大数（Tarse，又译塔尔苏斯），位于今土耳其东南部。——译者注

先说保罗的奇特。有一幅12世纪的西西里镶嵌画,画像中的保罗,倒像是罗马人所画的塞内卡:"身形瘦削"却"目光如炬",秃顶,鼻头厚实,双眉连成一道,面颊凹陷,胡须攒成一挃……在地下墓窟的一些壁画上,保罗双目圆睁;在另一些壁画中,他则是天生斜视——令人想起使徒常说的"肉体上的刺"[1]。

保罗是法利赛人,同别人一样等待着救世主降临,是"犹太人生的犹太人",正如他自己所言,是罗马公民,并且引以为豪("并不是无名小城的人")[2]。虽以希腊语为母语,成长于希腊化的环境之中,却并未受到希腊古典文化的熏陶。他曾求学于迦玛列的门下,接受犹太教教育,而基督与他"说希伯来语",即阿拉米语,他在受训成为律法家时所练习的语言。[3] 如此特殊的人物,实则并不罕见。保罗难道不是出生在希腊的大数城吗?这个罗马帝国的十字路口,一面是小亚细亚,另一面是叙利亚,受希腊文化润泽,

---

[1] 参见《哥林多后书》12: 7:"所以有一根刺加在我肉体上,就是撒旦的差役要攻击我,免得我过于自高。"——译者注

[2] 法利赛人(Pharisien),犹太教四大派别之一,严守传统礼仪与戒律;引文参见《使徒行传》21: 39。——译者注

[3] 迦玛列(Gamaliel),法利赛犹太法学者,《使徒行传》22: 3 称保罗出自其门下。阿拉米语(araméen),与希伯来语均属闪米特语系,耶稣及其门徒均说此语言。——译者注

却实为地中海种种传统的"熔炉"(melting pot);与保罗同代的使徒亦是如此:约瑟,人称巴拿巴,是生于塞浦路斯的利未人;马念,"与希律同养",却在希腊传统中长大。[1] 保罗的一切——甚至包括他的名字:"扫罗又名保罗……"[2]——表示出这种双重身份,常见于叙利亚、奇里乞亚与卡帕多细亚[3]的名门望族中。本地的身份用本地的名字,希腊的身份用希腊的名字。[4] 然而,选择保罗之名,却也表明他效忠昆图·塞尔吉乌斯·保禄,塞浦路斯的资深执政官,后皈依基督教(保罗是在游历塞浦路斯之后,才取了保禄的家族名作名字)。[5]

在这个形态多样的世界之上,保罗另添了一丝不平衡:旅行。第一次传教,47至48年(一说43至45年):先

---

1 参见《使徒行传》13-14。巴拿巴(Barnabas),出身为以色列十二支派的利未人(lévite);马念(Manahen),早期教会学士,派巴拿巴与保罗一同传教。希律·安提帕斯(Hérode Antipas),犹太统治者,育有一女莎乐美,后应莎乐美所求下令杀死施洗约翰。——译者注

2 引文参见《使徒行传》13: 9。——译者注

3 卡帕多细亚(Cappadoce),位于今土耳其中部。——译者注

4 参见 J. -R. 阿莫加特,《保罗,或不可能的统一》(J. -R. Armogathe, *Paul ou l'impossible unité*, Fayard-Mame, 1980, p. 24)。

5 塞尔吉乌斯·保禄(Lucius Sergius Paulus,作者误作 Quintus Sergius Paulus);资深执政官(proconsul),主管罗马帝国的各个元老院行省(province sénatoriale);家族名(cognomen),罗马三名的最后一个(如这里的"保禄"),原作个人绰号而用,后往往世代相传,以在同一氏族内区划不同家族派别。——译者注

往塞浦路斯，后赴旁非利亚、彼西底、吕高尼，返回安提阿后北上耶路撒冷。第二次传教，49 至 51 年（一说 46 至 51 年）：遍历小亚细亚、亚历山大港、马其顿、腓立比、帖撒罗尼迦、雅典、哥林多、以弗所、安提阿。第三次传教，52 至 58 年：始于加拉太与弗吕家，于以弗所逗留三年，再赴哥林多，后往马其顿，卒返。牢狱之旅，60 至 61 年……直到 62 年被处决于罗马，一说 64 年，一说 67 年。[1]

如此的旅程让保罗见识到不同的犹太聚落，而他正是在犹太教堂周围宣教。然而，东方宗教同样方兴未艾（伊西斯、阿提斯、阿多尼斯……），而改变信仰亦是时代特色。保罗的听众大都来自"公民整体之外缘"[2]：商人、水手，或是"流亡者"，古代最频繁的旅行者。保罗的同伴呢？在色雷斯的腓立比，他遇见一名叫吕底亚[3]的妇人，之前在小亚细亚的吕底亚做奴隶；这个"卖紫色布匹"的妇人，应当不是富商，而是一个小店主。亚居拉与百基拉[4]，犹太

---

[1] 参见 M.-F. 巴雷，《圣保罗行记》，载于《历史》(M.-F. Baslez, « Les voyages de saint Paul », in *L'Histoire*, septembre 1980, n° 26, p. 38-47)。（译按：地名依法译本《使徒行传》12–21。）

[2] M.-F. 巴雷，《圣保罗行记》，载于《历史》，1980 年 9 月，第 26 刊，第 42 页。

[3] 吕底亚 (Lydia)，参见《使徒行传》16: 14 起。——译者注

[4] 亚居拉 (Aquilas) 与百基拉 (Priscilla)，参见《使徒行传》18: 2; 18: 18; 18: 26。——译者注

夫妇，原定居罗马，后来哥林多，并陪保罗从那里出发去以弗所。还有漂泊不定的医生，一如路加，《使徒行传》的作者。另有女子，《使徒行传》称她们为"尊贵的妇女"[1]。这些社会边缘的人、这些女人、这些外邦人，虽然还和自己原先的宗教相联系，却在彼此之间创造了团结的关联，欢迎彼此寻访圣地[2]。而恰恰是在这些地方的庇护下，外邦人才能免受侮辱——毕竟正如上文所示，在城市之中，外邦人实在没什么权利。

保罗首先在小亚细亚传教，当地民众不受希腊的文化结构所限制。而除了传统的希腊家庭之外，人们普遍相信神秘；对保罗而言，这或许让听众们对他的新兴信仰更加上心。之后，他所面对的是传统的希腊世界，尤其是马其顿、雅典与哥林多，然而他所依赖的却是外邦商人的阶层。一直到以以弗所为中心的第三次传教旅行（52—58年），保罗所面对的固然是泛希腊化的城市，却不受教条所牵累，反倒有形形色色的民众，犹太驱魔者与阿耳忒弥斯的信徒汇于一堂。在这个外邦人麇集的世界，保罗利用的是这个

---

[1] 参见《使徒行传》17:4。——译者注
[2] 圣地（lieu saint），此处不局限于耶路撒冷，而是涵盖一切具有特殊宗教意义的处所。——译者注

世界的灵性最主要的特征,并且将这一特征推至极点:好客之谊。应当注意:除了好客之外,保罗一无所求——这位教士并不行乞,在宗教中亦无地位,而是凭自己的双手辛勤劳作(保罗会织造帐篷的手艺)。还需注意:基督自己亦是外邦人,因此接待他便是受上帝的接待。

因此,保罗的教派承袭了晚期希腊文化(hellénisme)特有的世界性;对于外邦人,这种格局比之前更加恩惠,赋予他们与他们的信仰更加优待的物质与法律条件。正是依靠这种态度,保罗从犹太社群的民族主义中脱颖而出[1],也与东方宗教的地区性截然不同。实际上,这些普世论的倾向早已内在于犹太神秘主义和路得与大卫的传统中,却被犹太正宗视作威胁——同样将其视作威胁的还有罗马的公权部门,他们大概是担心城邦的格局会被世界主义的伦理所打破,因为这种伦理将会横跨不同的政治群体,建立起新的联盟。在保罗的教派诞生之时,它却是外邦人的群体——先是市郊的外邦人,再是希腊罗马中心的外邦人。统一起这些人的话语,挑战着政治结构与国家结构:"你们应当记念:你们从前[……]是外邦人[……],那时,你们与基督无关,在以色列国民以外,在所应许的诸约上

---

[1] M.-F.巴雷,《圣保罗行记》,载于《历史》,1980年9月,第26刊,第47页。

是局外人，并且活在世上没有指望，没有神。你们从前远离神的人，如今却在基督耶稣里，靠着他的血，已经得亲近了。[……]这样，你们不再作外人和客旅（xenoi kai paroikoi），是与圣徒同国，是神家里的人了。"[1]"客旅"（paroikos），希伯来原文为guer，为客居以色列的外侨之谓。对保罗而言，"并不分犹太人或希腊人"，取而代之的是"新造的人"[2]。

古代的外邦人终于在这一方面团结起来，而这也奠定了保罗的教会（Ecclesia）。在保罗的书信中，这个词的含义从"政治集会"逐渐转变为"理想群体"。[3]最后，它指的是群体的融合，是各种群体的整体，因此涵盖了"地方教会"与"普世使命"的两重意思。因此，据阿莫加特所言，Ecclesia一词与希腊文的laos（人民）一词相对。种族与异教民族固然已经不同于人民，然而对保罗而言，重要的是一种新的对立：一方是民族，另一方是经过改造的人民，他们形成的是新的实体——教会。犹太人熟知的弥赛

---

1 《以弗所书》2: 11–19。
2 《哥林多后书》5: 17;《加拉太书》6: 15;《以弗所书》4: 24;《歌罗西书》3: 10。（译按：前句引自《加拉太书》3: 28。）
3 克里斯蒂安·默尔曼，《基督教拉丁文研究》（Christine Mohrmann, *Études sur le latin des chrétiens*, t. IV, Rome, 1977, p. 206 *sq*）。

亚主义由此转变为囊括全人类的弥赛亚主义：教会将成为"人民"（peuple）的整体，在种种民族（peuples）之上；这些人聚集在孤独的旷野之中，为了聆听新联盟的音讯。[1]

新联盟

在这个形态多样的世界中，保罗所设想的教会群体，又凭什么吸引形形色色的异邦人，使其团结在一起呢？希腊罗马的法律体制已经对流亡者有所恩惠，而教会凭什么就更具魅力呢？东方宗教的内在修行使人觅得神秘体验，教会的魅力又凭什么更胜一筹呢？在保罗对教会的观念中，有一个方面最引人注目。保罗所针对的并非外邦人物质上的限制，而是他们心理上的苦楚；他所提出的并非将所有人纳入一个社会整体中，从而满足每个人的需求，而是邀请他们旅行于两个世界之间——彼此分离却相统一的世界，他们在自身中就能发现：这是"肉体"与"灵魂"间的旅行——也就是后来所说的"变体论"[2]。保罗所说的"基督的身体"，实为复活之谓，即起死回生。他又将基督等同于教会：其

---

[1] J.-R. 阿莫加特，《保罗，或不可能的统一》，第115页。（译按：弥赛亚主义 [messianisme]，即相信救世主 [即弥赛亚] 受上帝指派，降临世间，拯救人类。）

[2] 变体论（transsubstantiation），主张圣餐（Eucharistie）仪式中的酒与面包通过圣灵的媒介转化为耶稣的血液和肉。——译者注

融合是爱欲的结合，是婚姻的联合。在这两项之外，他又添上第三个等价概念——圣餐：与祂相通，便是领取祂的身体。[1]

在复活的基督之身体、教会与圣餐间的三重等价，并不只是神学的微妙阐释。当然，作为神学解释，这个观点的价值在于更加接近诺斯底主义，将上帝创造的犹太人亚当搬移到超越性中，通过这种超越性，新生的人不再是某种创造物，而是始终被他者栖居的"精神存在"。[2] 然而，为了理解教会群体的力量，需要思考"教会—复活的基督—圣餐"的统一。正是因为有这样的统一，我们能够在实在界至象征界的过渡中（反之亦然）辨识出一种逻辑，这种逻辑抓住了外邦人的精神病，进而加以缓和。法律的解决方法，针对的是外邦人的神经症[3]，而东方宗教却沉浸在母神的胸部之中。保罗的教会却考虑外邦人激情的分隔，并

---

[1] Communion 一词原指宗教、情感或思想上的"联合"与"相通"，作专有名词时便为"圣体"或"圣餐"。因而此处"la Communion avec Lui"，为"与他相通"和"领取他的圣体"之双重意义。——译者注

[2]《哥林多前书》15: 45。(译按：按和合本，当作"人活的灵"。诺斯底主义 [gnosticisme]，主张个人的精神知识 [gnôsis] 比宗教传统、学说、体制等更加重要。)

[3] 大体而言，精神病（psychose）患者并不意识到自己的疾病，其对现实的接触受到影响乃至丧失，如精神分裂症、偏执症患者；神经症（névrose）患者则意识到自己的疾病，往往为此感到痛苦或愧疚，其对现实的影响亦未受到异化，如歇斯底里症、抑郁症患者。——译者注

不将使外人左右为难的两个世界视作两个国度，而是两种心理界域，在外邦人自身不可能的统一之内。外邦人依赖于同一种异质性，将他们在自身之中分裂开来；他们依赖于同一种漂泊感，介于肉体与精神，生命与死亡之间——他们如果不承认这两点，便无法寻得统一。然而，基督的复活、祂的变体与我们的圣餐，这一统一体所强加于外人个人经验之上的，难道不正是这两点吗？

所有漂泊不定的人，当他们在基督里辨认出自己的时候，便在自己与他人身上找到了这道裂口，只有弥补了这道裂口之后，才可能谈得上我们。保罗不仅是政治家，还是心理学家。如果说他所创立的体制同样是政治的，那么体制的效率取决于创立者对心理的直觉。按照这种欲望的逻辑，即使人们认同于这道裂口，它却不再令人痛苦（如外邦人忧郁的苦楚），而是被体验为一种过渡——所幸有基督，人们从实际的肉体内部出发，过渡到灵魂的救赎。这道成了交汇点的裂口，便被叫作复活，或被叫作圣餐。呈现出这两项的话语，便是流亡与忧愁的良药，在一定程度上抚慰精神病。至此，这个新群体并非彼此不兼容的统一体的累加（犹太人、希腊人、蛮人、奴隶、自由民等），而是顺应着一种主体性的逻辑，这种逻辑不断拆解、重塑，而"新造的人"所指的正是这种变化本身："你们已经脱去旧人和旧人的行为，穿上了新人，这新人在知识上渐渐更新，正如造他主的形象。在此并不分希腊人、犹太人、受割礼的、未受割礼的、化外人、西古提人、为奴的、自主的，惟有基督是包括一切，又住在各人之内。"[1]

欲望之主体就此出现，穿过带来灾难性焦虑的裂口，而这种出现将被体验为旅行——这也呼应着犹太的弥赛亚主义。这种经验并非物质上的"旅游"，而是一种理论，即精神上的冥想与变化。[2]

在福音书作者约翰身上，我们看到另一种痛苦却骄傲的陌生性。在世间身为外邦人的，正是耶稣自己：他"不属世界"，而只在转向天父的时候，才感觉"自在"。[3] 约翰笔下的群体被仇敌所包围[4]，只在天国才能找到他们的家园（"在我父的家里有许多住处"[5]）。

因此，耶稣的陌生性也奠定了保罗世界性的教会。

---

[1] 《歌罗西书》3: 9-11。（译按：化外人即蛮人 [Barbare]。）

[2] 参见本书第49页："……在记忆与身体中进行了一场激烈的溯游……"——译者注

[3] 《约翰福音》17: 5。（译按：自在 [chez lui] 似为克里斯蒂娃自己的转述。）

[4] "世人若恨你们，你们该知道，恨你们以先已经恨我了。你们若属世界，世界必爱属自己的；只因你们不属世界，乃是我从世界中拣选了你们，所以世界就恨你们。"（《约翰福音》15: 18-19）。约翰笔下的耶稣亦被理解为"外人"，参见 W. 弥克斯，《天堂来的人》，载于《圣经文学期刊》(W. Meeks, « Man from Heaven », *JBL*, 91, 1972, pp. 44-72)；M. 德·桑池，《耶稣：天堂来客》(M. de Jonge, *Jesus Stranger from Heaven*, Missoula Scholars Press, 1977)。

[5] 《约翰福音》14: 2。

朝圣之民

正如被俘至巴比伦的犹太人渴望回到耶路撒冷,忠实于《诗篇》的奥古斯丁,也以压迫之城与自由之城相对比。[1] 他所设想的旅途离不开两种极端:疏远与重逢、匮乏与欲望——二者缺一不可。这场旅途是一场朝圣:"我们亦是应当先认识自己的囚境,才能认识我们的解脱,我们应当认识巴比伦[……]与耶路撒冷[……]。就字面意思,这两座城市是真实存在的[……]。这两座城市建立于特定的历史时代中,而它们所象征的两座城市,却是自起源就存在,也要延续到时间的尽头。"[2] "现在,弟兄们,让我们聆听而高歌;让我们向往那座城市,我们作那里的子民[……]。凭着渴望,我们已经在那里,已经把我们的希望投向那里,如这片海岸上的船锚[……]。我所歌颂的不在这里,而在那里:因为我高歌时,用的不是我的肉体,而是我的心灵[……]。巴比伦的人民听的是肉体的声音,而建立耶路撒冷的人,会听见我们心灵的歌唱。"[3]

将虚弱的肉体拔除于狂热的心灵之外,是一场名副其

---

1 《诗篇》(*Psaumes*),《旧约》篇名,包含150首供唱咏用的圣歌;奥古斯丁(Augustin d'Hippone),五世纪哲学家。——译者注

2 《诗篇集注》(*Enarrationes, in Psalmos*, LXIV, 1 et 2)。

3 同上,LXIV,2-3。

实的变体，奥古斯丁也恰恰称之为"朝圣"。成为朝圣者的外邦人，固然不能解决其社会问题与法律问题，却在基督教的朝圣之民（civitas peregrina）中，既找到一种心理上的冲动，又寻得一个互助群体，仿佛是自己背井离乡之苦的唯一出路，让自己既不被排斥在外，又不必同化于另一个民族中；这一宗教虽保有其犹太出身，却有着作为他者的社会经验与心理经验，这种经验的开放性统治着宗教的犹太起源："神的子民呵、基督的身体呵、高贵的朝圣者们呵［……］你们不是此世的人，而归属于别处……"[1]在圣餐、复活与教会所要求的过渡逻辑中，不同群体的差异不仅得到承认，而且是被要求的，因为它是转化的必要条件："他们却因启发他们的神圣渴望，而与他人分隔。"[2]

爱之不同无需抹除，而需宽恕（"赐我以爱"[Ordinate in me caritatem][3]，《上帝之城》如此歌颂道，亦与《雅歌》

---

[1] 同上，CXXXVI, 12。

[2] 《诗篇集注》，LXIV, 2；参见皮特·布朗，《圣奥古斯丁生平》（Peter Brown, *La Vie de saint Augustin*, Seuil, 1971, p. 383）："一般的人类社会，应让位于如此的群体，这个群体的每一个体都意识到与他人不同；对客居一处的异邦人而言，这个群体是……异邦之众（civitas peregrina）。"（《上帝之城》，XVIII, 1："却为异乡之邦 [etiam ista peregrina]。"）（译按：朝圣者 [peregrinus]，字面义"穿越土地"，故本意"外邦人""陌生人"。）

[3] 出自《上帝之城》卷15, 章22, 拉丁文 ordinare 强调赐予的秩序，有"安置"之意。雅歌（*Cantique des cantiques*），《旧约》篇名，歌颂爱情。——译者注

相配)。高贵者与卑微者,信众与无信仰者,善人与恶人——甚至是异端邪说的信徒,如此差异不需调和,而是应当在给予之可能与给予之迎接中汇集到一起。朝圣者有所给予,亦有所得;他的漂泊成为馈赠,成为狂热:这便被称作"爱德"(caritas)[1]。

爱　德

外邦人的异化,止于爱他人的普遍性之中。因为如果《圣经》的信徒应如爱自己一般爱邻人,那么对奥古斯丁而言,邻人显然就是"所有人":"你只身一人,邻人却众多。你该知道,你的邻人不仅是你的弟兄,你的父母,你的姻亲。所有人都是彼此的邻人。我们彼此亲作父子、近若翁婿,可也不如人与他人之间的亲近。"[2]血缘、种族或民族的差异,照着基督之爱的形象,吸收于对他人的爱中。基督是绝对的主体,而对他的认同让外人变得亲近:"你们的爱不仅限于你们,而且蔓延至你们的弟兄。他们的灵魂也属于你们,或者说,他们的灵魂与你们的一同成为一个灵魂,

---

[1] 爱(caritas)乃基督教神学三超德之一,另两种德性为信(fides)与望(spes)。在此填"德"字以与一般用词(amour)作区分。——译者注

[2] 《教理训》([Sermo] de disciplina christiana, III, 3)。(译按:奥古斯丁的《教理训》并非另一篇《基督教义论》[De doctrina christiana libri IV]。)

即基督唯一的灵魂。"[1]

爱德的无限性更使人明白,它为什么超越平凡的情感,受启发于更高的象征界,却并不建立于相互性之上,也无须诉诸亏欠、依赖,或是感恩一类的言语。爱德是无尽的,它时刻增长,超越自己,亦超越我们;因此,它欢迎外人,因为他们在彼此的分隔中变得相似:"这种亏欠,即使我们有所偿还也无法抵消;甚至,正因为我们要偿还它,它便会增多一倍。人越是要证明自己感恩,这种情感就越在心中绵延;受它恩惠的人越多,它就更加强大。"[2]

然而,这种宗教联系的绝对,很快就折服于人的需求,折服于国家的要求(之后就是民族国家的要求)。外人在中世纪的处境将取决于爱德与政治司法的博弈,微妙却有时粗暴——很大程度上,在今天仍是如此。

朝圣者的好客

朝圣是精神上的现实,固然如此,可它同时也成为全然实际的活动。旅人们蜂拥至教堂、修道院与各处圣地。由此一来,基督教所创设的并不只是待客之礼,也是运营

---

[1] 《书信集》(*Epistolae*, CCXLIII, 4)。

[2] 《书信集》, CXCII, 1-2。

旅舍的整套行业。"朝神之人"（peregrini propter Deum）受教会权威的庇护，在中世纪与现代时期始终享有优越地位。在其他文明中，朝圣者亦享有类似特权。比方说，在穆斯林的乌玛[1]中，所有政治群体都理应平等，而民众尤应前往麦加朝圣。在亚洲，前往拉萨、瓦拉纳西[2]或是其他圣地的人，也享有相同的好客之礼。

在基督教初期，个人所提供的招待并不足够，人们有时也投宿驿馆（tabernae），虽然它们名声较差。除了客馆（hospitia）——当时的旅店，该撒利亚的巴西流[3]还希望设立朝圣者专用的收容所，而后的尼西亚会议（325年）便规定每座城市都应设立客馆或客舍（xenodochia）。因此，客栈（xenon）或客舍便开始专门收留穷人和外邦人。人们将客舍建在修道院入口，或是建在教堂附近。主教（尤其因为职责规定）与僧侣自然而然地肩负起待客的使命；然而，经营客舍的事务繁杂，却是交给专门的管事加以打理的。这些负责接待外宾的独身者，被认作神职人员中最神圣的

---

1 乌玛（Ummah），法文作oumma或ummat，克里斯蒂娃作Umma，指所有穆斯林组成的共同体。——译者注

2 瓦拉纳西（Bénarès，梵文作Vārāṇasī），位于恒河畔，古代迦尸国首都，印度七圣城之一。——译者注

3 该撒利亚的巴西流（Basile de Césarée），四世纪基督教会领袖；尼西亚会议（Concile de Nicée），325年君士坦丁一世召开的基督教大公会议，确立基督教教义。——译者注

一类。然而，世俗之人却也挥霍着自己的好客之谊，争相建立起"朝圣旅馆"（diversoria peregrinorum）；热情更甚者，便如尼罗河畔俄克喜林库斯城[1]的官员，派人守于城门边，截住来客，并依基督教的好客之谊加以殷勤款待。金口圣若望、米兰的圣安博，还有其他人，不仅布讲好客之德，更是躬行此礼仪："我们都明白，"金口若望写道，"有一种教会公有的房屋，名叫客舍。可我们也应当亲自为之，前去坐在城门边，自发地对来客加以迎接。我们却反倒依赖于教会的物资。"[2]

然而，这种慷慨也是有限的：它仅仅面向基督徒。总而言之，对基督徒而言，如果外邦人也是基督徒，那他便是座上客；可如果外邦人不信基督，那好客的基督徒便不屑一顾。"文凭"[3]的盛行便体现出这种限制，既能够理解，又实在怪诞。作为外邦人，我应该证明自己的基督徒身份，因为只有当我出示基督徒的"护照"之后，才有

---

[1] 俄克喜林库斯城（Oxyrhynque，作者误作 Oxynyrique），埃及古城。——译者注
[2]《使徒行传训》（Acta apostolorum homiliae, XLV, 4）。（译按：金口若望 [Jean Chrysostome] 与米兰的安博 [Ambroise de Milan] 均为四世纪基督教教父。）
[3] Litterae，拉丁文"书信""文书"之谓，而在此或强调"凭证"之意，故译作"文凭"，亦与"文凭"一词"官吏赴任所持凭证"之义项相符。四世纪和五世纪基督徒的文凭实为地方教会出具的官方书信，或是将教民推荐至他处（litterae communicatoriae），或是撤移至他处（litterae dimissoriae），或仅是作介绍之用（litterae commendatoriae）。——译者注

权享有他人的好客之谊。这种护照，上溯使徒时期，后于四世纪遍布各地，或是因为当时异端邪说死灰复燃，亟须遏制。因此，世俗之人便备有"推荐文凭"（litterae communicatoriae）、"受化文凭"（litterae formatae）或是其他"文书"（epistolae）。因怀疑盛行，最终主教将其他神职人员置于一旁，而独揽开具此类文凭的权力。[1]

由此，宗教好客之界限可见一斑——依我们所见，这种界限或会变得局促，甚至过分。如此的好客之情，实为迫使人入教的手段，最终还是将朝圣者限定为基督的朝圣者，将所有漂泊的个体限定为基督徒。虽然这种普世论超越了古代政治的地方主义[2]，但有教条主义之嫌。诚然，这种盛行于四世纪和五世纪的基督教世界主义，在显露豁达胸襟的同时，却获得了最初的吸引力与强制力，逐渐驱逐其他信仰，为宗教裁判所[3]埋下伏笔。

此外，在封建社会的内部，有权对异邦人命运下最终审判的，却是领主——独立于神圣事务、统治此世民众之

---

1 参见德尼斯·高尔思，《四世纪和五世纪基督教世界中的旅行、好客与文书》（Denys Gorce, *Les Voyages, l'hospitalité et la part des lettres dans le monde chrétien des IVe et Ve siècles*, thèse à l'université de Poitiers, Paris, 1925）。
2 地方主义（particularisme）为强调本土文化特殊性之谓。——译者注
3 宗教裁判所（Inquisitio），始于13世纪，为天主教会审判、处罚异端的机构。——译者注

权利的领主。若有人不在领主的土地上出生，便被称作"外侨"（aubain），即外地人。在一定条件下，他能被纳入领主的统一管辖；换言之，外地人的存在并不取决于普世的基督教，而是取决于对领主的归属，即取决于对某个政治－法律整体的（世袭的）血缘归属。因此，中世纪有对外地人的两派态度：其一属基督教，有其好处，亦有其弊端，时而作庇护，时而作迫害；其二属政治，随着封建制度演化为中央集权的封建国家，也在加以转变，并且根据地方政权对经济需要的认知，将外地人置于两种范畴下（或是说"外地人多余了"，或是说"我们需要外地人"）。

帝国晚期：侨民的融合

因此，在"侨民"（pérégrin）意义上的外地人之概念，便在罗马帝国晚期[1]变得模糊不清。自"罗马不再在罗马城"之后，侨居城市的人大都享有越来越多的权利。"市民与侨民融为一体，效忠君主。"[2] 如此将侨民同化入罗马共和国，

---

1 罗马帝国晚期（Bas-Empire romain），与盛期（Haut-Empire）相对，为法国学界的概念，大约始于284年戴克里先执政（一说始于193年安敦宁王朝结束，一说始于235年塞维鲁王朝结束），终于476年西罗马帝国没落。——译者注
2 参见让·高德梅，《帝国晚期的外地人》，载于《外人》(Jean Gaudemet, « L'étranger au Bas-Empire », in *L'Étranger*, recueil de la société Jean-Bodin, Bruxelles, 1958, p. 211)。

尤其是同化入罗马帝国，人们常常将其与 1795 至 1814 年法兰西共和国和法兰西帝国对人口的同化相比较：在进行并吞之后，法国几乎是马上将法国人的权利赋予大多数被征服的民族。

"侨民"一词，失去了法律上的意涵，却又被赋予某种神秘的意义[1]；归根结底，它指的是旅行者——实则肯定是四世纪和五世纪日耳曼民族人口激增，定居各地后而产生的旅行者。自四世纪中叶以降，与"侨民"（peregrinus）相对的不再是"罗马公民"（civis romanus），而是"市民"（civis），所以它指的是来自另一个行省或城市的人。因此，在瓦伦提尼安一世于 364 年所制定的宪法中，该词所指并非"外邦人"而是"外省人"[2]。正如上文所言，外地人的概念因与"城市"或"市民"（civitas）之概念相反，故亦与之相连；而当城邦被帝国所取代之时，"侨民的概念失去了意义"[3]。然而，陌生性仍存在于帝国晚期——其所指却为蛮夷与异端。

---

[1] 参见上文奥古斯丁的"朝圣之城"（cité pèlerine），第 127 页起。（译按：就"侨民"与"朝圣"之相同词源，参见本书第 127 页注释 2。）

[2] 瓦伦提尼安一世（Valentinien Ier），西罗马皇帝。鉴于"外省"（provincial）一词在中文中亦有两重含义，需明确，这里所指的并非相对某省而言的"本省之外"，而是定居城市或都城之外的"本城之外的省"。——译者注

[3] 让·高德梅，《帝国晚期的外地人》，载于《外人》，第 215 页。

四世纪和五世纪，蛮人融入帝国。这是因为帝国欢迎他们，并赋予他们种种地位，以免受"蛮夷之怒"的威胁，即使日后这种威胁终将帝国四分五裂。然而，罗马人（Romani）与蛮人（Barbari）法律地位的区分标志着，对待外人的方式已经演化。因为蛮人骁勇善战，亦擅长耕作荒地，因此他们被视作有用的人：要么是"降民"（deditices）——战败于帝国，被掳至高卢、意大利或东方，法律地位不明确，却需交侨民税；要么是"契民"（feoderati）——按契约所定，以服兵役为主要职责，免税，渐受友好对待，地位也渐渐提升，"与罗马人不同，却相等"[1]。"佃民"（laeti）[2]似乎在两者之间，大概为被释放的蛮人囚奴。"番民"（gentiles，或作 gentes）地位不如佃民，却因其身处边疆，在权利上则有所通融，"以慰劳其兵役，及其维护边陲（limes）之责任"[3]。四世纪和五世纪，蛮人有权在军事与民事事务中担任职务，将外人排除在公职之外的法律——这种规定似乎在哪里都被视作理所当然的，

---

[1] 作者所引 deditices，或应作 dediticii。——译者注
[2] Laeti 有一方土地供其耕作，需上供于地方领主，等同于农奴、佃农。——译者注
[3] 参见《百官志》(*Notitia Dignitatum*)。（译按：为记载罗马帝国晚期行政规划的文献。）

当今亦如此——也因此有所减损。在很大程度上，军队由蛮人组成，而他们也常常被晋升为将领——副手乃至将军，甚至在有些情况下竟能被提拔为独裁官[1]。君士坦丁与尤利安都在公共职务中任用蛮人，其中著名的蛮人领袖如达嘉骠夫，被提携为骑兵统领（magister equitum）；法兰克人美罗保德，确保瓦伦提尼安一世的政权由瓦伦提尼安二世所继承，后任法兰克人的执政官与国王；此外还有鲍托、阿波加斯特、亚拉里克，尤其是斯提里科，担任执政官；另有阿陶武夫，意欲"以哥特之力复罗马之名"。[2]这种势态，可与其他任命外国将领的情况相比——如此情况实在寥寥可数，不能不强调：十字军东征之前，伊斯兰求助于基督徒或犹太人；中国皇帝任命胡人做官；中古印度吸纳para-

---

[1] 独裁官（dictateur, dictator）为罗马共和国首领，职权超越所有长官（magistrat, magister）；然而此职位似乎并未延续至罗马帝国。——译者注

[2] 君士坦丁一世（Constantin Iᵉʳ）与尤利安（Julien）均为四世纪西罗马皇帝。达嘉骠夫（Dagalaiphe），日耳曼人出身，在瓦伦提尼安一世任下担任骑兵统领。该皇帝死后，步兵统领（magister peditum）美罗保德（Mérobaud）称其只有在瓦伦提尼安二世（Valentinien II）担任皇帝的条件下才继续带领军队。皇位终由二子格拉提安（Gratien）与瓦伦提尼安二世同分。格拉提安的皇位后被其指挥官马格西穆斯（Magnus Maximus）篡夺，当他攻入瓦伦提尼安二世辖区之时，后者的军队统领（magister militum）鲍托（Bauto）起兵抵御。鲍托的职位后被同为法兰克人的阿波加斯特（Arbogast）继承。斯提里科（Stilicon）为蛮人出身，后晋升为西罗马帝国东部皇帝狄奥多西一世（Théodose Iᵉʳ）的军队统领，对抗西哥特人（Wisigoths）国王亚拉里克（Alaric Iᵉʳ）的入侵。亚拉里克由阿陶武夫（Athaulf）继承。——译者注

disi（为"他乡人"之谓）……

蛮人的这种"准同化"却是模棱两可的，由异族通婚可见一斑。370年左右，瓦伦提尼安一世的宪法明令禁止异族通婚；普鲁登修斯[1]却认为，在五世纪初时，这类婚姻却已司空见惯。

外地人地位的转变，似乎带来了人口的互相渗透，尤其表现在四世纪"罗马世界"（Romania）的概念中。这一概念见证了罗马人与受同化的移民之间的脆弱平衡；其指代的文明，通常被认为与教会等同，因而对外抵御蛮族，对内则抗拒异端。此后，对罗马人而言，自我保护的忧虑成为一种神学准则：对异教徒的疑心尤其深重。人们将犹太人视作外地人，但是他如果不是新皈依的教徒，则还是处于罗马法的保护之下。针对异端者的刑罚却不断完善，尤其是在格拉提安与狄奥多西将罗马天主教在全国推广之后。[2] 这种反对异端的法律活动，直到五世纪初还依旧盛行，而异端者也因此被转变为他们祖国的外人：他们既不能为行政机关效力，也不能参军；既无权出庭作证，又无权继

---

1 普鲁登修斯（Prudence），四世纪罗马诗人。——译者注
2 380年，狄奥多西一世（作者误作Théodore）、格拉提安与瓦伦提尼安二世三位皇帝发布萨洛尼卡敕令（Édit de Thessalonique），将尼西亚基督教定为西罗马帝国国教。——译者注

承财务；有时候，他们之间的一切经济交易甚至都被禁止。

当初，在外邦人受政治差异所妨害的时候，正是信仰超越了这些差异；而现在，信仰上的分歧却被视作一种政治威胁，危害着这个新生却固然脆弱的统一体，它不再是城邦，而是帝国——仅仅建立在新宗教的统一之上的文明。宗教的超越性不再绝对：它骤然屈从于一种宗教的政治利益，以压制其他宗教。外人驱逐着外人。

中世纪流动的外地人：何种外侨法？

外侨，生于别处者（alibi natus），是在另一个领主的辖区所生的人。[1] 离开故乡后，外侨来到另一片土地安顿，却并不"誓忠"（faire aveu）[2] 于新的领主。然而，封建社会的流动性却决定了外侨本身的含混。如果他所移居的社会群体——即使是小城庄（châtellenie）[3]——人口密集、思

---

[1] "外侨，即外地人，或是在他国所生的人〔……〕。外侨有时所指的男人或女人，不在该片土地所生，而定居于此，效忠于土地的领主，获得市民权"，参见让·德·腓力烈，《权利与实践辞典》（Jean de Ferrière, *Dictionnaire de droit et de pratique*, Paris, Brunet, 1740, 2ᵉ édition）。"论外地人：若乡绅于其土地上有陌生人（home mesqueneu）……"，参见《圣路易建制的奥尔良惯例》（*L'Usage d'Orléans selon les établissements de Saint Louis*, I, 100, P. Viollet, Paris, 1881, t. II, pp. 169–170）。（译按：《圣路易建制》为13世纪法国国王路易九世下编撰而成的法典。）

[2] 中世纪时，效忠书（aveu）为证明某人依附于其领主的书面声明。——译者注

[3] 小城庄（châtellenie）为庄园（manoir）领主所管辖的区域，为封建欧洲的最小行政单位。——译者注

想褊狭，那么即便是邻村的来客也会被视为外侨。相反，如果君主的权力在其辖区已经十分稳固，那么在不同区域内迁移的农民就不会成为外人，因为领主可以担保此人的出身。[1]

外侨不稳定的处境常被人强调：佃租繁重，尤其因自己无通婚权（formariage）[2]与继承权而受妨害。无通婚权的状况，逐渐可以通过支付租金而得到解决，最终于16世纪在法国消失。[3]然而，因为这些权利的缺失与农奴相对应，学界断定外侨也是农奴。然而，对加洛林王朝的世界而言，外侨是自由民：因此，虔诚者路易禁止向身居巴黎圣母院一区的自由民征收佃租，尤其是外侨（"亦不向其他自由民，或是那些被称作'外乡侨民'的居民 [征收佃租]"[neque de aliis liberis hominibus vel incolis quae rustici

---

[1] "因此，外侨陌生性的首要元素并不在于他所迁居的政治统一体的领土局限，而在于此地领主事实与法律上的权利。"参见玛格丽特·布莱-索泰尔，《中世纪习惯法法国的外侨》，载于《外人》（Marguerite Boulet-Sautel, « L'Aubain dans la France coutumière du Moyen Âge », in L'Etranger, op. cit., IIe partie, p. 70）。

[2] 效忠不同领主的人通婚（或是一名效忠于领主的人与一名自由民通婚）被称作formariage，被封建法所禁止。——译者注

[3] "私生子、外国人（épaves）、外侨、被释放的农奴，只能同自己地位的人通婚，除非由领主批准；若违反，则需缴罚款60苏（sou）。"审计法院旧法选段，依韦尔芒杜瓦（Vermandois）之惯例。

albani appelantur]）。[1] 自 13 世纪起，当奴役日渐普遍，没有誓忠的外侨也沦为奴隶，"以年为期，复增一日"；当然，除非这个外地人是教士或贵族。外侨成为"献身国王的人"（homo de corpore regis），国王的农奴；然而，这并不必然意味着外侨被纳入农奴的范畴，因为在 13 世纪、14 世纪与 15 世纪，这类"奇异之人"尚具有特殊的法律地位。

在这种情况下，效忠又意味着什么？这条"封建的治安法则"[2]迫使每个人都附庸于一位领主；若未效忠，便会连人带物地受所在地领主的压榨。效忠有许多类：一类通称为"市民的效忠"，代表着自由；一类是农奴的效忠，盛行于 13 世纪。实际上，从这一时期起，如果外侨不受任何人保护，那么就会沦为奴隶。一些地方会迫使他们作农奴；而定居此处的外侨，如果被发现未曾誓忠——如一些审判记录所示——那么即使生来是自由民，也不再可能将财产传给自己的儿子。继承权便按照"永久管业"（mainmorte）的规定，由国王接管。

此外，在暂居的外地人与定居的外地人之间，始终存

---

1 玛格丽特·布莱-索泰尔，《中世纪习惯法法国的外侨》，载于《外人》，第 81 页。（译按：加洛林王朝 [dynastie carolingienne] 于 751—987 年统治西欧，查理曼大帝 [Charlemagne] 之子虔诚者路易 [Louis le Pieux] 为其中一位国王。）

2 玛格丽特·布莱-索泰尔，《中世纪习惯法法国的外侨》，载于《外人》，第 86 页。

在分别。自12世纪开始,教会法区分侨民(peregrini)——暂居的外地人,与移民(advenae)——几乎是在教区或堂区落户的人,因为他们一年中的大部分时间都居住于此。大约需要居留六个月,才能从前一类人晋升为后一类;而此期限在一些希腊城市中仅为一个月。

然而,在封建社会中,复杂的阶层关系与多重的权力,却是经由几个世纪才逐渐统一集中。国王渐渐成为唯一的领主,而外侨的权利亦受影响:法学家们主张,若有领主藐视国王,则应当被罚作奴;[1] 之后,效忠国王则变为强制义务。[2] 王室控制外侨的手段在13世纪末愈发严厉,先是要求封建主妥协(如腓力四世),再是要求他们完全让步(如路易十世对诺曼底、勃艮第、香槟等地贵族的要求)。[3] 自14世纪起,国王的专员便崭露头角。因此,"外人"的概念不再与一方土地的领主相联系,而是与王国相关。外侨固然不再受人奴役,可是他的财产,若无人继承,便全归

---

[1] 参见《古香槟惯例》(Ancient Coutumier champenois)。

[2] "据奥尔良及其远郊(Seeloigne?)的惯例,私生子与外侨除了其服从的国王外,不得有其他领主,不管是[其所处的]封建领地[的领主],还是行使或建立司法管辖(ressort?)[的领主]。"参见《圣路易建制的奥尔良惯例》,II, 31。(译按:笔者不通13世纪法文,此段译文必有纰漏,望读者海涵。)

[3] 美男子腓力(Philippe IV le Bel)与其子路易十世(Louis X)先后为14世纪法国国王。——译者注

国王所有。为乔万娜王后所写的一篇陈情书，区分了外国人（épaves，王国的外人）与外侨（领主辖地的外人）。[1]

法国大革命将会"永久地"废除外侨遗产没收权（droit d'aubaine；1790年8月6日修正案）。此举却是无效的，因为它不受其他国家效仿；要到19世纪，国际协定——此类协定自16世纪以来便存在——才联合起来，将此权利完全废除。

---

[1] 参见亨利·雷尼沃，《中世纪私生子法律地位》（Henri Regnault, *La Condition juridique du bâtard au Moyen Âge*, Pont-Audemer, 1922, pp. 131-134）。（译按：乔万娜一世 [Joanne I]，14世纪那不勒斯王国王后。）

凭什么权利算您作外人？

追溯历史、寻访外人的旅程至此，我们便能够尝试找出历史上外人的普遍法律地位，然后勾勒其与当今环境的异同。

属地权、属人权[1]

谁是外人？

群体之外的人，不是"他们的人"（en est），他者。

外人，人们常注意到，只有否定的定义。

否定什么？哪个群体之外？谁们？

如果我们回溯历史的种种社会结构,外人在家庭之外、在氏族之外、在部落之外。首先和外人混淆的是敌人。在我的宗教之外的人，也可以被称作外人，也就是异教徒、异端者。外人不效忠我的领主，在另一片土地所生，在王国或帝国之外。

---

1 属地权（ius soli，克里斯蒂娃误作 ius solis），又作"出生地主义"或"属地主义"，照拉丁文字面意思为"土地之权"；属人权（ius sanguinis），又作"血统主义"或"属人主义"，字面义为"血缘之权"。——译者注

外人主要根据两派法律体制而定义：一派属地，一派属人；一派按土地而定，一派视血缘而定。因此，同一片土地上出生的人被视作同一个群体（这一派在美国法律中延续，因此只要孩子在美国国土上出生，就能获得美国国籍），又或者是根据父母归属的群体而定（文明不同，决定归属权时父系与母系的优先也有不同）。随着民族国家的建立，外人在现代社会中唯一能接受的定义便是"外国人"：不属于我们国家的人，不具备相同国籍的人。

由他者性（altérité）所引发的入迷与贱斥，便凝聚在外人身上。然而，并不是所有差异都具有外人的陌生性。性别、年龄、职业、信仰的差异，能够与外人的状态汇集，或者中断该状态，又或者加重该状态，然而差异与陌生却不可混同。外人不归属的群体，应该是一个以某种政治权力（pouvoir）为中心而构成的社会群体。因此，外人对这个社会群体及其权力是有益还是有害，一下子就能确定。不管外人是 rechtlos——即没有任何权利——还是享有这个政治权力所赋予的若干权利，思考外人的角度却都是基于政治权力与法律权利。这一状况，纵使有些许改变，却从未在历史中被完整推翻，今日亦然。

自相矛盾的是，如果政治规章或者普遍而言的法律规定了我们应该如何确立、变更，最后提升外人的地位，它们也同样构成了一种恶性循环，因为它们正是外人存在的依据。社会群体配备法律，其结构以权力为中心；可实际上，如果这样的群体不存在，也就不会有外人所表现出的这种外在性，它在外人的生活中几乎总是带来妨害，或者至少造成困扰。因此，我们看到，是哲学（希腊与拉丁的斯多亚主义及其世界主义）和宗教运动（早期基督教）才超越了人的政治定义，赋予了外人和公民同等的权利；然而，实施这些思想的城市，却是一座此世之外的城市，是一座精神的城市。我们再明白不过，在一些宗教中，解决外人带来的不适的这种绝对方法，与它们自己的教条相抵牾；狂热的信众把与自己信仰不和的人称作"外人"，重新划清界限，甚至施行迫害，如此案例亦比比皆是。政治的决断权似乎有保护作用，但是当社会群体和政治权力的主导利益攫取了它的机制以后，它便会失去效力。最后，人们求助于道德或宗教的世界主义，人权便旨在保留公民认为应当赋予非公民的些许权利。在不同的民主制度下，人们认为应该如何更好应对外人，这座天平就如何倾斜；而外人们，则有着令人生畏的特权，能够让一个国家与它的他者对峙（其他国家，却也包含国家之外、非国家……），甚至让政治理性与道德理性对峙。

是人,还是公民

人权,还是公民权?

汉娜·阿伦特勾勒出这一冲突的谱系,却也描绘出其堕落——极权主义由此而生[1];而这一冲突,也体现在现代社会对"外人问题"的解读中。外人问题的困难在于,区分公民与人是在作茧自缚:为了确立一个文明或一个国家的人民所专属的权利——即使是最具理性、最具民主意识的国家,难道不也必须将这些权利与非公民区分开,换言之,与其他人区分开吗?这一举措意味着,我们多少算作公民,就多少能算作人;而不是公民的人,不完全算是人——这是最极端的后果。在人与公民之间,有一道疤:外人。如果不是公民,那外人又能算作完全的人吗?如果不享受公民的权利,那外人又有人权吗?如果我们有意识地赋予外人一切人权,那么在我们夺去其公民权之后,还能剩下什么呢?

这样表述现代的外人问题,或许的确过于激烈,然而这不一定要以某种反政府主义的、绝对自由主义的或是"左派的"主张为先决条件。相反,这仅仅意味着,从法

---

[1] 参见本书"启蒙与外人",第224-229页。

律的角度而言，外人问题源自政治群体的经典逻辑，而这一逻辑的代表，便是民族国家。这种逻辑既能臻于完善（种种民主制度），亦能堕落（极权主义）。它承认自己建立在排斥某些人的基础上，也因此形成属于自己的道德与宗教——同时克制住对专制的渴望——来应对它所避而不谈的事物。这个逻辑所规避的正是外人问题及其更加平等的解决方案。

当下的世界，外人混杂，状况空前，浮现出两种极端的解决方案。要么，我们从"前民族国家"走向"世界合众国"：就长期而论，这一进程是可以设想的，而且经济、科学与媒体的发展也会使其更加可能。要么，人文世界主义的期望落空，各地的特殊性日渐突显，而人们也逐渐确信，只有小政体才是人类延续的最佳结构。

在第一种假设情况下，人权最大限度地归并于公民身份中，而公民的身份也消解在人权之中，因为如果"前外人"受到同化，那么国家公民也必然会失去定义他们的特征与特权。或许还会形成其他差异，使多民族的世界合众国如万花筒一般：性别差异、职业差异、宗教差异等。

然而，当前的民族国家都正在竭力巩固各自的私利；如果正如此所预示的一般，民族国家还会持存很久，那么人权与公民权之间的失衡或许会建立新的平衡，或是微妙，或是残暴，以顺应不同的政治环境。如此一来，似乎必须确立针对外人的法规，从而防止一些人越轨，另一些人受欺，从而明确双方的权利与职责。然而，这种法规应当只是暂时的，而且需要与时俱进，以适应社会需要的改变与心态的改变。

无政治权利可言

不论国家之间有何差异，我们都可以通过比较外人与公民，概括出在现代的种种民主制度中，外人缺乏何种权利。

首先，外人被排除在公职之外，在所有时代与所有国家皆如此，仅有个别例外。在法国，已经入籍的前外国人需要等待五年之久才能担任公职，直到最近才被废除。[1] 其次，属于婚姻权（ius connubii）范畴的异族通婚，在历史上有种种解决策略；政治群体的经济需求不同，它们对族外通婚与族内通婚的偏好也有所不同。一些宗教，例如伊斯兰教，对此非常严格（穆斯林女性不能嫁给非穆斯林的男性；穆斯林男性能够以物品之名获取非穆斯林的女性）；

---

[1] 直到1978年7月17日，《国籍法》（第八十一条）规定公务员必须获法国国籍满五年。1983年12月8日的修正案废止了这一则条款；让入籍后的法国公民缺乏法律资格的一切条例，也一并被删除。

而当代的西方国家，在原则上并不设立实质障碍，而只是对异国通婚有形式上的制约。

至于不动产权，各地条约不同，但是普遍而言，非本地人无法获得不动产权。雅典的迁客（métèques）无法拥有不动产；罗马的侨民（peregrini）享有一定产权，然而与本地人相比，却有种种限制与差异；法国的外侨（aubain）自中世纪末以来便能够享有不动产，然而在城市中，市民却妨碍外侨购置房产；现在，采用法国民法的国家并不反对这一种产权。

对外人而言，继承权则同样复杂。被动继承：侨居他国的人死后留下的财产应如何处置？主动继承：外地人是否能继承当地人的财产？外侨遗产没收权在此方面最为著名：领主，或是14世纪、15世纪后的国王，有权独揽外侨的财产，而不论外侨有无子嗣。

不逮捕权（non arrestando）少被外人所知——与本地人相反，外人竟可能在判决之前就被逮捕，而仅仅是在担保之下才出席法庭（有各种担保与保险措施）。法庭有时拒绝外人的证词，而即使外人得以发表证词，其价值也非常轻微。

概而言之，如果上述分析能够表明，外人在法律上受到的妨害是重大的,甚至几乎是普遍的,那么我们必须注意到,在不同的国家与时代中,这些妨害的变体始终存在,而我们不能分辨出是何种社会结构决定了外人的地位。然而,"个体主义的文明"[1],例如19世纪与20世纪的西方文明,却更加优待外国人。因此,在今天的法国,外国人享有与法国人相同的社会保障。然而,对外国人最重要的却是《民法》第七条(修正于1889年6月26日):"民事权利之行使,独立于政治权利之行使;政治权利之获得与维持,依据宪法与选举法而定。"因此,实际上外国人与本国人的民事权利相近(大体而言,民事权利与私权利相等同),而他们的政治权利却大相径庭。因此,《民法》第十一条仅仅适用于民事权利,而非政治权利:"外国人在法国将享有的民事权利,等同于该人所属的国家依条约赋予或将赋予法国人的民事权利。"

总之,现代世界的经济需求加强了基督教与人权的伦理,而这一伦理承认给予外国人的权利,便是现代社会一致同意的人权。然而,更为棘手的问题在于,外国人被排除在政治权利之外,尤其是选举权。这场争端没有简单的解决办法,双方的理由也颇为熟悉:"外国人归根结底还

---

[1] 参见约翰·葛罗生(John Glossen),载于《外人》,同前,第一部分,第56页。

是效忠于他们各自的国家，因此会损害我国的独立"，一方论述道；"外国人和我们共同建设我们独立的经济，也因此应当享有做出决定的政治权利"，另一方反驳道。

折价的权利？

在这个困难的问题中，不管我们的抉择如何，我们都会承认，随着时间的推移，外国人逐渐享有某些可以纳入政治领域的权利，例如行业协会的权利。然而，同样重要的是，选举权的缺失实际上将外国人排除在与他们有关的*一切决定之外*——不管是政治的决定或是法律的决定，不管是对他们有利还是有害。正如丹妮尔·罗夏克所言，外国人因此沦为被动的物（objet）；[1] 外国人既无法参与选举，又无法加入议会、政府，或是其他国家机关；因此，"就法律体系而论——一如政治体系，还有他们所生活的社会的一切体制——他们是被异化的"[2]。

我们还可以补充到，外国人的状态必然意味着对"主体权利"的否定："进入侨居国的领土、在那里定居、在

---

[1] 参见丹妮尔·罗夏克，《外国人：凭什么权利？》(Danièle Lochak, *Étranger : de quel droit?*, PUF, 1985, p. 215)。（译按：法学教授罗夏克曾为法国非营利组织 GISTI 主席，该组织旨在帮助移民、向移民提供法律援助。）

[2] 丹妮尔·罗夏克，《外国人：凭什么权利？》，第 216 页。

那里工作，有时候甚至是在那里发表言论［……］，外国人都需要寻求有关部门的授权。"[1] 此外，这些与主体权利相关的授权，或是其他相关的规章制度，都源于政府根据国家的政治经济利益而作出的判断。因此，赋予外国人的客体权利（droits objectifs）便具有一种非常特殊的法律地位。实际上，如果说法理从来不是完全独立于政治的——即使在理想情况下，它们应该彼此独立——那么在外国人的情况中，我们便发现"权利变成了手段"[2]。这种转变自相矛盾又模糊不清，因为一方面它反映出政治方向的不确定性，而另一方面却也服从自己的目的，即使这些目的是起伏不定的。

最后，国家行政机关有权衡量、解释正在实行的法律，甚至有权通过条例与法令[3]对此做出修改；正是这一权力，将外国人的权利沦为"折价的权利"[4]。实际上，行政机关自由地采取"自认为合适的"措施，其根据"也是由行政

---

[1] 丹妮尔·罗夏克，《外国人：凭什么权利？》，第208页。

[2] 丹妮尔·罗夏克，《外国人：凭什么权利？》，第211页。

[3] 同议会通过的法律（loi）不同，条例（règlement）与法令（décret）由行政机关颁布，仅由议会授权，如总统令或总理令、部委条例、地方当局（市、省、大区）的条例等。——译者注

[4] 丹妮尔·罗夏克，《外国人：凭什么权利？》，第216页。

机关自行裁定的"[1]；这种自由可能导致行政机关对外国人行使的权力过于专断。

此外，正如丹妮尔·罗夏克所言，还需注意到外国人被排除在"法律的象征效力"之外：法律的象征投注于想象界，因此对任何公民而言，法律的价值是"神圣的"，也因而是情感的（affective），与其说是写实的（réaliste），不如说是实在的（réelle）——可这种投注与外国人无关。外国人不参与立法程序。管控他们法律地位的也不是哪一部法律，而是更低级的规章条例、行政机关的条文，这些代替了议会通过的法令。[2]

就象征与法律层面，侨居国将外国人弃之不顾；与此相对应，外国人自己也有不接受现行法律的倾向。体现这一点的，不仅在于外国人经常因为物质条件的限制（不能返回本国的人，只能得过且过地侨居在外）而以种种方式违反法律（居留而未获许可、违反工作法等），而且在于外国人拒斥侨居国法律的象征及其文化的象征、文明的象征——对现代的外国人而言，这种拒斥往往更加彻底。文化与象征的价值，还有法律的价值，都留在另一个国家；

---

[1] 丹妮尔·罗夏克，《外国人：凭什么权利？》，第217页。
[2] 丹妮尔·罗夏克，《外国人：凭什么权利？》，第214页。

只要他们不忘记那些价值，就还是会遵循它们：要么是在侨居国重新建立故国的权威——例如宗教权威——要么是默默顺从那些价值，乃至更甚于权威在场要求服从的时候。的确，外国人遭受法律上、文化上、心理上的歧视；然而，这种态度却似乎不仅是对这种歧视的自发回应："别人不给我位置，所以我留着自己的位置。"在现代世界中，既不愿（或不能）融入当地，又不愿（或不能）回到故土的外国人的数量不断增加，而这群人发展出一种新的个体主义："我不归属任何地方、任何一种法律，我避开法律，我自己立法。"外国人的这种姿态，自然会招致本地人有意识的谴责，也会引起现代主体无意识的同情——脱离常轨的主体、渴望一切的主体、献身于绝对的主体，无法满足的流浪者。

在此意义上，外国人是一种"征状"（丹妮尔·罗夏克言）：就心理而言，它表示了我们作为他者生活、与他人一起生活有多么困难；就政治而言，它强调民族国家的局限，这些国家的政治意识的局限——我们所有人都将这类意识内化于心中，以至于认为有外国人、外人、不与我们享有同等权利的人，竟然是理所当然的。

思考庸俗

政治与法律的回应，必然伴随着现代世界关于外人的哲学观念——如果不是直接受后者启发的话。因此，让我们顺着这一条脉络，探查现代思想史的几个关键时刻，当国家之人遭遇人之多样性，这些时刻便应运而生。

有人会问，蜂拥而至的外来劳工大煞法国郊野的风景，扑鼻而来的烤羊腥膻大倒芝兰之士的胃口，而有色族裔的少年罪犯之多，更是让人将外人与犯罪画上等号，你却要远赴思想与艺术的高阁，归根结底只是为了解决非常实际的，乃至庸俗的问题，这又有什么用呢？

可是，对于庸俗与粗暴，除了用思想加以深究、用迂回加以应对，从而与之保持距离，我们还有别的办法吗？面对外人问题，前人的论述、困难，甚至是局限，都不仅仅是历史。它们构成一种需要延续、需要发展的文化距离，而正是在这种距离的基础上，原先拒斥或冷漠的态度，以及针对外人专断或功利的决策，才能得以缓解，以致改正。更何况在这个看似统一于科学与媒体，实则涨势空前、混杂空前的世界里，我们都在成为外人的路上。

这场"形形色色"的文艺复兴

流亡的但丁：从"盐味"到"金镜"

现代伊始，但丁（1265—1321）被流放。苦于贵尔甫与吉伯林两派的纷争，他被迫离开故乡翡冷翠，《神曲》的作者在流亡中写下了他的所有著作。贵尔甫派与吉伯林派长久以来便势不两立，前者忠诚于教皇的权威，后者推崇皇帝的政治地位。如此矛盾日渐突显为市民与贵族的对立。但丁出生时，权力落入贵尔甫派手中，吉伯林派已被革除，贵尔甫派却分裂为黑白两党，但丁依从白党。在共和国议会中，他代表的政治倾向温和，反对扩张，宣扬翡冷翠独立建国（白党）；与此相对的人则谋求贸易开放，并吞托斯卡纳诸城以清除阻碍（黑党）。既然贵族已经失去参与公务的权利，出身小贵族的但丁便加入艺术职业工会，与医生、药师、书商……还有诗人为伍。如此，他方能重新拥有参政的机会。1301 年，他入选使团，赴罗马觐见亲黑党的教皇波尼法爵八世，为白党申辩。黑党却趁机掌控翡冷翠，将但丁驱逐出境，放言称若他敢重返故乡，便判以火刑。直到但丁客死拉韦纳，他一直对波尼法爵八世的计谋怀恨在心，视他为流放自己的元凶，逃亡者的处境始终影响着他的思想。

因此，在解读但丁著作的种种线索中，流亡的主题不容忽视。尤其是《神曲》中奥德修所受的待遇——即使身处地府，一如其他异教徒，他却因"品德与阅历"而备受嘉奖。诗人进而呼唤"崇高的律令"，即神授之法，即使它本不该适用于地狱，也不该适用于奥德修。除非是在这位漂泊的古代豪杰身上，但丁看见了自己；或是旅人们"高尚纯洁的理想"，但丁也感同身受，即使他们与故乡的联系仅剩风俗伦常。也正是如此。

流放者的命运，在天国中被宣告。纵有种种艰难苦楚，外人也终究跻身天堂，其宿命被判定为朝觐神圣之爱的先决条件，而这种爱的光芒也笼罩着《神曲》的尾声：

> 你将向心中挚爱悉数作别
> 这便是放逐之弓的第一箭
> 你将尝到别家面包的盐味
> 尝到上下穿梭在别家台阶
> 竟也会让你如此步履艰难
> 压在你双肩上最重的负担

155

却是你险恶而愚蠢的同伴
他们虽与你同堕入此谷中
却毫不顾恩情,狂乱而不恭
转而将你背叛;可不久之后
是他们,而非你,终将额角染红
他们的愚蠢在举止中显露
以至你独身离去亦不失光荣
[……]
"我明白,父亲,时间正朝我紧逼
要给我一击;人们越是屈从
这一击便越让人感觉惨痛
因此我当以远见武装自己
即使我被夺去最珍爱的土地
诗篇留着,我也不至无靠无依
下至苦难无尽的幽冥世界
再到爱人用双眸将我托起的山巅
我飞越闪耀着的重重诸天[1]
我所领会的,若再向人倾诉
定让许多人听来倍感酸楚

---

[1] "爱人"(la mia donna)指贝缇丽彩,她于炼狱之山的顶峰引但丁升空,飞越九重天,直抵天国。——译者注

可若我做真理寡言的友人
又怕自己在后世永不复生"
我已找到我笑盈盈的宝藏[1]
他周身是开始闪烁的亮光
正犹如阳光下的一面金镜[2]

最后,但丁的整部诗篇可谓囊括世界万物——从个体的情感到政治的争端,从颤动的风景到神学的谜题,从地狱的苦难到贝缇丽彩引领的神游。今日的外人不难想象,这部前无古人的巨著,得以让但丁在丧失故里的同时,再给予自己一片世界。漂泊无根的处境似乎让但丁的想象解脱了束缚,他对宗族再无任何挂累,而是肩负起自己笃信的基督教普世论,用诗文塑造尽可能复杂的世界,乃至无尽本身化为天地万物。

他的政论,尤其是《论帝制》[3](1311),则用散文表达了但丁式的普世论。如果说作品主题仅为支持君主以抗教皇,但丁的具体主张却融汇斯多亚与基督教伦理,兼采阿维洛伊与阿奎那,宣扬君主制之德音,也同时昭告人性

---

[1] "宝藏"(tesoro)指但丁高祖父伽洽规达(Cacciaguida)的灵魂。——译者注

[2] 但丁,《天国篇》(Dante, *Paradis*, chant XVII [55-109], trad. H. Longnon, éd. Garnier, 1966, pp. 443-445)。(译按:翻译亦根据意大利语原文调整。)

[3] 《论帝制》(*De monarchia*)为但丁所写的政论。——译者注

之普遍——这种普世论,与个体论一同奠定了文艺复兴:"因而有某种属于全体人类的活动(operatio),根据这种活动,所有人类被安置在如此大的集体之中。参加这一活动的不是个人,不是单独的家庭,不是区落,不是城市,也不是彼此分隔的王国。在全体人类的最高力量(potentia)明确之后,这种活动的本质便也会显现出来。[……]在人类中必须存在整体,因为通过这个整体,人类的全部力量才能得以实现。[……]属于人类的事业,就其整体而论,就在于永远将其理智的全部力量化作行动。"[1]因此,从《筵席篇》到《论帝制》再到《神曲》,但丁始终以君主论者的立场示人。身处市民与共和国家主义者之中,这位信奉神秘的基督徒却一反政治新潮,呼唤着另一种普世论:天主教。它固然能和平地推行,然而它不以教皇为中心,而是强调君主唯一——君主才是神祇与人世的中间人,其虔敬的灵魂将信众的内在化于政治中。世俗与宗教的权力固然分离,

---

[1] 但丁,《论帝制》(Dante, *La Monarchie*, La Pléiade, pp. 636-638)。"此外,人类全体(universitas humana)对诸局部而言是整体,对整体而言却也是某个部分。对单独的王国与不同人民而言,它是整体[……],可对整个宇宙而言,它只是一个部分。[……]因此,它也通过唯一的原则(principium),即唯一的君主(princeps),良好地呼应着这个整体或者该整体的君主,即神与帝王(Monarcha)。因此,帝制(Monarchia)对世间福祉而言是必要的"(同前,第642页)。(译按:译文根据拉丁文原文有所调整。)

然而《神曲》中的帝国却被赋予改革教会的职责，进而确保整个世界受到救度（也正因如此，揭示命定真理的是帝国之鹰[1]）。即使但丁的帝国显得过时，他渴望的却是正义、永恒的城邦，超越历史之偶然。历史的逆流、帝国的信徒，但丁身处文艺复兴初期，却如同有着先见之明，预见种种小集体，由神意调和在世界之中。[2] 这位被流放的君主论者，亦是一位诗人，在写作的天国中、在天主教"普天同乐"的真福中寻求救赎。

马基雅维利的国家

一派是普世论，从传统中被唤起；另一派是个体论，受制于征服技术与领土的新王。两派思想汇于一炉，炼成文艺复兴的国家观。马基雅维利（1469—1527）犹如炼金术士，功利机巧、愤世嫉俗，或只是两面三刀，任由德行听命于权力之效用。《论李维》（1513—1520）以罗马帝国为例，阐述公民服从法律时，其私人激情如何能够受法律扼制。而写作《论李维》亦是为了斥责现代意大利诸国，

---

1 但丁，《天国篇》，XIX，第40-99页。
2 关于但丁的政治与宗教思想，参见雅克·顾待，《但丁与政治》(Jacques Goudet, *Dante et la politique*, Aubier, 1969)。

它们不管其内在动力,也不顾其外在扩张,却荒于党派纷争与充发流放。即使马基雅维利远非国际论者,他却主张维持国家间的平衡关系,如同今日所谓国际法;然而,这种关系并不考虑国际正义,只是为了保证各个国家的繁荣发展。

就另一方面而言,虽然马基雅维利承认品德是解决政治腐败的必要手段,而且认为早期基督教以及罗马宗教都能确保城邦的伦理,他却谴责当时的教廷,而在不直接主张诉诸"极端强力"之时,又对意大利的国家体制抱以尤其悲观的态度。启蒙时期的民主人士采纳的是他的《论李维》以及他对共和制的乌托邦构想——献给民众而非君主的作品——进而与《君主论》(1513)作对比;然而,所有人却都在这名政治家的两部杰作中看出对民族国家与强力国家的预言。

现代的国家观念是马基雅维利式的。确实,《君主论》以自然作比喻,概念环环相扣,亦不失对教廷的讽刺,向我们勾勒出"新君主"的肖像。这名新统治者,既是狮子又是狐狸,使想象越过伦理的羁绊;而马基雅维利提倡的,则是国家整体,是"有机体",奠定在君主的品性与运势(fortuna)之上。人们很容易将这篇论著与先前共和论的《论李维》相对立，也很容易理解马基雅维利为何受胡格诺派排斥、受耶稣会推崇，可是他在两本著作中的思想却在一定程度上是统一的。简言之，马基雅维利主张巩固国家：不管是共和制，还是君主执政，国家当属"有机"，即国家需强有力；而这种民族国家论，虽然只是隐约论及外交与地缘政治，却依旧是现代民族国家意识形态的先导。

实际上，马基雅维利主义只是一种爱国主义。并不是因为如卢梭所言，《君主论》是"教化人民的名篇"之一，而是因为马基雅维利代表的是统一、强固的意大利，它总算摆脱了各方领主的诡计与蛮夷外族的入侵，而他的建议之所以缺乏品德，只是因为他以效用为目的。在被翡冷翠流放又历经折磨后（当时，美第奇家族废除了萨佛纳罗拉的共和国，而马基雅维利曾任该政权国务厅秘书，后任大使），马基雅维利隐居乡野，潜心写作；不同于但丁，马基雅维利期待的并非普世的基督教国家，而是强有力的民族国家。在思考共和制之后，他坚信只有君主才能建立这种民族国家，并将《君主论》题献给洛伦佐二世："我们无法忽视，在如此漫长的等待后，意大利的救赎者终于出世。饱受外族入侵之苦的地区呵，言语无法表达它们将涌着怎样的激情，抱着怎样的雪耻之渴，秉着怎样的夙愿，怀着怎样的忠心，洒着怎样的热泪，终于盼来这位君主！"题词要旨在于规劝君主"统意国而攘蛮夷"[1]。"驱逐蛮夷！（Fuori i Barbari！）"以统一意大利之名，马基雅维利如此喊道。1513至1514年，他苦心呼吁教廷以罗马和翡冷翠为中心统一意大利，对抗唯利是图、不屑民主的威尼斯，还有在基督教世界中大煞风景的西班牙，而与法国结盟。因此，与民族主义相连的，还有马基雅维利式的外交策略。我们明白，这名作者将行动置于伦理之前；[2] 为了确保武力攻占的必要性，或是为了恫吓新攻下的外国领土，他不惜罔顾"国际法则"。[3]

人文学者纪尧姆·比代（《论君主的教育》[De l'institution du prince, 1516]）与克劳德·德·赛瑟尔（《伟大王国法兰西》[La Grand-Monarchie de France, 1519]）以一种更积极热情的笔调阐释了他们的民族国家观。[4] 路易十二成了哲人王之典范，肩负民族统一之使命。让·博耽（1529—1596）[5] 重

---

[1] 马基雅维利，《君主论》（Machiavel, Le Prince, Le Livre de poche, p. 140）。

[2] "如可能，望他行善；如必要，望他善于选择作恶"（同上，第94页）。

[3] "若是攻占了一座来自由的城邦，却不摧毁它，到头来只会被它摧毁[……]。不论你采取何种举措，若是你不将城民赶尽杀绝，他们则永远不会忘记自由之名，不会放弃自由之风俗。一有机会，他们便会诉求自由。"（同上，第25页）。

[4] 纪尧姆·比代（Guillaume Budé）与克劳德·德·赛瑟尔（Claude de Seyssel）均为16世纪法国法学家、人文学者。——译者注

[5] 让·博耽（Jean Bodin），16世纪法国法学家、哲学家。——译者注

振民族语言的尊严，反对在院校中只用拉丁文；而纪尧姆·比代（1467—1540）则为了民族文化的繁茂，主张建立三语学院：皇家学院，后成为法兰西学院（1530）。弗朗索瓦一世（1494—1547）"乐意"将剩下的工作做完：他将文艺复兴的国家与君主的权力相结合；而这位开明的君主，与其说其狡诈，不如说其优雅。法国王室既信奉基督教，又接受宗教在科学与美育中的变化，平衡于法国国风与国际格局之间，这也将成为法兰西王国最显赫的传统之一。

从奇绝的拉伯雷到世间奇观，兼谈伊拉斯谟[1]

"酒酣食饱，与诸位同享升高之时运"，庞大固埃如此说道；筵席办在"狭内伐"岛，即虚伪与褊狭之岛屿。[2] "升高时运"：越过1550年前累积的历史限制，追忆在1530年尚有可能的一段充满玩乐、品味"精髓"（substantifique moelle）[3]的时期。"升高时运"：趁时运尚佳，加快《第

---

1 弗朗索瓦·拉伯雷（François Rabelais），法国文艺复兴著名作家，著有《巨人传》（*Gargantua et Pantagruel*），共分五卷，讲述高康大（Gargantua）与庞大固埃（Pantagruel）的离奇生平，《第四卷》（*Le Quart Livre*）写庞大固埃与友人的历险；鹿特丹的伊拉斯谟（Érasme de Rotterdam），北方文艺复兴著名思想家。——译者注

2 狭内浮（Chaneph，作者误作Chanepha），源于希伯来语"虚伪"一词。——译者注

3 "精髓"（substantifique moelle）语出拉伯雷《巨人传》第二卷《高康大》。拉伯雷希望读者"敲骨吸髓"（rompre l'os et sucer la substantifique moelle），品味书中奥义。——译者注

四卷》中传述的旅途。拉伯雷于1548至1552年写作此书时，已属晚年，而旅行虽受雅克·卡地叶（1494—1554；加拿大发现者）之类的航海经历所启发，却终究将读者引入"秘密花园"，快意地发觉内在之奇妙。"升高时运"：遁于梦寐，耽于想象，将现实迫入幻境，不论是好是坏。

《第四卷》一书表面上讲述庞大固埃伙同让恩修士与潘愈點等人，航向"契丹附近，上游之印度"，寻访圣瓶"罢布渴"之神谕。[1]应当留意的是，这场旅途颇具时代风格，似乎是远赴中国，实则游入传奇梦幻之境域、幸福富庶之理想；而《第四卷》中的世界，更是充满放逸[2]之言行。拉伯雷自己坦言，他不循"葡人的寻常道"，航经好望角，却要走"东方之路"。也就是说，拉伯雷既不依天主教，又不投归正宗[3]，却如伊拉斯谟一样另觅他径，传授福音。如果说全书以游乐收尾，体现出某种伊壁鸠鲁主义，既与

---

[1] 让恩修士（Frère Jean des Entommeures），为人果敢；潘愈點（Panurge），性情风趣，两人为庞大固埃的同伴。潘愈點一词源于希腊文 panourgos，字面意思为"不惜一切举措"，引申为"无赖""狡诈"之意。罢布渴（Bacbuc）一词源于希伯来文 baqbūq，意为"瓶子"，实为传圣瓶神谕的女先知。——译者注

[2] excès 与下文的同义词 outrance，均难以用中文译出。其本意为"盈余""逾越"，引申为言行之"过分""过度"，乃至"暴行"。说言行"过分"似乎以慨叹为主，而原意应更贴近"逾矩""放逸"，或是现代所说的"越轨""反常"。——译者注

[3] 归正宗（les Réformés），为新教的别称。——译者注

基督教相承，又具伊拉斯谟之风，[1]或是涵盖宴饮一类的主题，或是主张喜悦随时间而提升，那么在抵达这般乐土之前，却总是贯穿着某种奇特之感。这种奇特固然包含种种奇观，却尤其奠定在种种逾越规矩并反对开化的言行之上。

对宗教放逸的暗讽是显而易见的："封斋王"畸形怪异、愚蠢羸弱，乃"疾病之王"，统治"鬼祟岛"，实际是在控诉对宗教的迷信；"野人岛"之"腌肚儿"，则代表新教徒的种种品行，与"封斋王"相对；"琶琵曼"与"琶匪格"两民族则明指教皇与其仇敌，反衬出庞大固埃派之独立；"垂彼松的学生"透露出的则是拉伯雷对神秘教派的怀疑；如此种种。[2]另有种种奇特贯穿此书："安纳山"的岛民"无鼻人"有着失调的"亲缘关系"，装腔作势、附庸风雅，而拉伯雷更是以此为机，大开低俗玩笑；司法世界则堕落腐败（如"代理国"的岛民"奇怪奴"）；庞

1　参见《怪愎徒》(Epicureus)与《圣宴篇》(Convivium religiosum)，由此鹿特丹哲人所著。（译按：两篇文章均出自伊拉斯谟的拉丁文《会话集》[Colloquia familiaria]。）

2　封斋王(Quaresmeprenant)源于天主教的封斋期(Carême)；鬼祟岛(île de Tapinois)源于法文"掩藏"(tapir)；野人岛(îles Farouches)岛民腌肚儿(Andouilles)，则意为以猪肚腌制的香肠。琶琵曼(Papimanes)与琶匪格(Papefigues)两族，各居一岛，有世仇；前者源于"狂迷教皇者"，后者源于对教皇作鄙视手势(figue)。垂彼松(Trépizonde)，即今土耳其城特拉布松(Trabzon)，源于希腊文 trapeza，意为"桌子"，该城有山高耸如桌之谓，据拉伯雷所说，该城的学生弃养双亲而修道。——译者注

然巨兽"吹鲸",如同鬼魅却是只纸气球,吓人却无实际威力,为偏见之譬喻;还有"呼阿施"岛上虚荣的空想家,只"靠风过活",期待"诗人"呼阿施重返于世;如此种种。[1] 同样出现的还有过分的富裕与满足:"没达莫抵"岛,即"无处"之岛,是个极为富庶的乌托邦,其市集尽是稀奇珍品,令亚非两洲的商人心驰神往。如此景象是真是假,难依常理下判断,只得相信眼见为实。还有"地大物博,富裕人多"的"食礼岛":美味佳肴令人垂涎,却也令人嘲笑……当然还有"拜腹岛",其至高无上的领主"呷斯德"有言:"脾胃为王(tout pour la tripe)",而其子民竟认为他主张的是……艺术![2] 在错综复杂的奇遇中,我们的航海员同样预感到某种令人困扰的奇特性:"空虚岛"与"混沌岛"——荒诞鬼魂的居所,象征我们倏忽即逝的运命;而风暴——比起在外探险之危难,更似内在旅程之风波;"马凯翁"岛,则"一反天道",有彗星、陨石、地震等种种异象,象征

---

[1] 安纳山(Ennasin),人伦奇特,老人认三岁女孩作父,男男女女互称海豚、铁锹、鞋靴、黄油鸡蛋之类。代理国(pays de Procuration)的岛民奇怪奴(Chiquanous)以自愿接受刑罚为正义。吹鲸(Physétère)一词源于希腊文 physētēr,意为"吹管"或鲸鱼的"喷气孔",亦可指"抹香鲸"一类;吹鲸袭击庞大固埃的航船,后被庞大固埃所杀。呼阿施(Ruach)岛民啜风而活,以风信标为居所。——译者注

[2] 没达莫抵(Médamothi)一词源于希腊文 mēdamothi,意为"无处"。食礼岛(Cheli)一词源于希腊文 cheilē,意为"嘴唇",或源于希伯来文"糕点"或"锅炉"。拜腹岛(île des Gastrolâtres)一词源于希腊文 gastēr 与 latreuō,意为"崇拜腹胃",其领主呷斯德(Gaster),即为"脾胃"之意。——译者注

某种非凡存在的陨灭——也是呼应当时崇尚怪力乱神与吉凶之兆的风气。[1]最后,此书的结尾亦非结尾——《第四卷》是一场没有结局的旅程,没有收获的寻求……[2]

人之奇特,拉伯雷将这一概念搬移至地理研究的情节中来,则塑成了"秘密花园"一幕,遍布奇观怪物、种种荒诞之景。除了用意象针砭时弊,此概念还暗合弗洛伊德的"怪怖"(Unheimliche),即使它尚未成型。我们惊异地发现在遍历全球的人中,即使是那些秉务实精神的,却似乎也把自身内在的溯游,当作证明大洋彼岸的外人确实存在的迹象。

实际上,《第四卷》继承的文学传统悠久,尤其被13至16世纪的探险家所采用:记叙稀奇见闻,乃至想象虚构,如马可·波罗的《世间奇珍记》(*Divertissement du monde*)与尤丹·加泰罗·德·赛维拉克的《奇观书》(*Mirabilia descripta*),再如14世纪让·德·曼德维尔的《游记》

---

1 空虚岛(Tohu)与混沌岛(Bohu),两座荒岛,源于希伯来文 tohuw 与 bohuw,用于《创世记》1:2,和合本译作"空虚混沌"。航经两岛后,风暴骤起,航船几近覆灭。马凯翁岛(île des Macraeons)一词源于希腊文 makraiôn,意为"长寿""久远"。——译者注
2 参见 V. -L. 索尼叶,《寻觅的拉伯雷:第四卷和第五卷研究》(V. -L. Saulnier, *Rabelais dans son enquête. Étude sur le Quart et le Cinquième Livre*, Soc. d'éd. de l'Ens. sup., Paris, 1982)。

（*Voyages*）。[1]这些探险家除了探索发现之外，还要添上西方或伊斯兰的传说，甚至将新大陆的居民当作神话中的鸟兽，说他们"似人而无臀，亦不消化"，或是说他们有"金银玛瑙，各色财宝无穷无尽"。[2]至于拉伯雷，他却强调这些"奇观"实则源自属于我们的世界，源自我们的梦想与政治斗争。然而，即便是在他之后，这门新兴的民族志话语从观察者的幻想中脱身之后，也很难不陷入另一种同样以民族为中心的还原主义之中：西方传统奠定了"普世理性"，而正是依循这种理性，外人被判定为不合常俗。[3]拉伯雷用假面与幽默揭示出内在于我们自己的异常之处[4]；此

---

[1] 马可·波罗（Marco Polo）、尤丹·加泰罗·德·赛维拉克（Jourdain Cathala de Séverac）与让·德·曼德维尔（Jean de Mandeville）为13、14世纪的航海家，均到访东方。——译者注

[2] 米歇尔·莫拉，《13—16世纪的探险家：面向新世界的第一眼》（Michel Mollat, *Les Explorateurs du XIIIe au XVIe siècle. Premiers regards sur des mondes nouveaux*, Lattès, 1984）。

[3] 米歇尔·德·塞托（Michel de Certeau）评论称，莱里对［巴西土著］图皮南巴人（Tupinambas）的描写，开民族学的先河，甚至奠定了列维-斯特劳斯的人类学；然而，他同样注意到，这些早期文本更类似"传说"，"象征一种文化与另一种文化相遇时，所引发的变更"。就此而言，这些文本呈现出某种"梦的科学"。此外，"此书实际上是对他者的解释学。它将基督教的解释工具搬移到新世界中，而这种工具本身即诞生于将犹太视作他者的必要关系，又反复被用于圣经传统中，或是被用于希腊拉丁的古典文学，乃至其他种种陌生的整体。再一次，这种工具从与他者的关系中，产生出意义的效用。民族学将成为解释的一种……"（《民族志：他者的口传或空间——论莱里》，载于《写作历史》[« Ethnographie. L'oralité ou l'espace de l'Autre: Léry », in *L'Écriture de l'histoire*, Gallimard, 1975, pp. 217–231]。）

[4] 假面剧（masque）为文艺复兴盛行的戏剧形式，演员表演时戴上假面。《巨人传》并非假面剧本，此处作者或是以假面剧主题讽喻而论的。——译者注

后，在特维与莱里[1]描写其他民族时，他们构建的话语便从中解脱——虽然难免有失误。这种奇妙催生出民族学的话语：[2]我们不无困难地意识到，其他民族并不与我们内在的怪僻相符，而他者就只是……他者。

这种"旅行"让我们遇见不同寻常的外人，而此后的作家也对旅行的题材倍加珍视，以揭示我们个人的瑕疵，或是我们国家的政治缺陷。斯威夫特（1667—1745）的幽默不无讥讽，为此题材的代表：读到格列佛于小人国中遇见"粒粒仆"，或是读到佶屈聱牙的"慧骃"被野蛮愚笨的"犽猢"制伏时，哪位读者未曾感慨惊叹？[3] 离我们更近的还有爱伦·坡（1809—1849）与亨利·詹姆斯（1843—1916），他们所探寻的奇幻鬼魅，藏匿在我们或是荒诞或是寻常的妄想之中。[4] 之后另有乔伊斯（1882—1941）——爱尔兰文坛的奇葩，自己也曾流亡——以探险者尤利西斯

---

1 安德烈·特维（André Thevet）与让·德·莱里（Jean de Léry）均为16世纪法国航海家。——译者注

2 参见本书第180页起。

3 乔纳森·斯威夫特（Jonathan Swift），18世纪英国作家，著有《格列佛游记》（Gulliver's Travels）。格列佛先造访小人国，结识其国民粒粒仆（Lilliputiens），后被聘用的水手流放至慧骃国，此岛由拥有智慧的马类生物"慧骃"（Houyhnhms，"佶屈聱牙"指该词语难读）统治，而似人的生物"犽猢"（Yahous）则低贱野蛮、无法教化，实际上由慧骃所驯服。——译者注

4 埃德加·爱伦·坡（Edgar Allen Poe），美国文人；亨利·詹姆斯（Henry James），美国－英国文人。——译者注

为主角，写下现代文学史中最不寻常的小说，穿越种种文化——希腊、犹太、基督教——以寻求其难以捕捉的独特性[1]。

至于拉伯雷，他是内在世界的"世界公民"。在现代读者看来，航程中的水意指探索心灵的流程：或是含混或是吊诡，此意象却化作一句神秘的"饮之"！（Trinch！）[2] 幸福……来源于我们与自身的奇观和怪物之间的和解吗？总之，"升高时运！"拉伯雷宣告蒙田的来到。

但是，拉伯雷自己却是法国版的伊拉斯谟（1467—1536）：前者化褒贬为诙谐，而后者则清醒平和，时而忧愁——以对话体与通俗文作普世论，善用格言警句；讽刺他人又自我解嘲，却也是明澈通透。

伊拉斯谟，福音传道者，宣扬自由意志以反对路德的"奴隶意志"（arbitre serf；servus arbitrium），为统一欧洲与基督教会，而不惜将正义的战争视作最后手段（ultima ratio）（例如抗击土耳其人）；他写作《愚人颂》（1515），亦写作《论教会之协和》（1533）。而他反复修改的《会话集》，则将发言的契机交给他所处时代中的各色怪人：

---

[1] 詹姆斯·乔伊斯（James Joyce）著有长篇小说《尤利西斯》（*Ulysses*）与剧作《流亡》（*Exiles*），后者启发于其自我放逐、寓居意大利的经历。——译者注
[2] 此话出于《第五书》，为圣瓶神谕。——译者注

妓女、乞丐、一无所知的修士与学识渊博的妇女、骗子无赖之流、老人与学生、教士与俗人。在伊拉斯谟的写作与行动之中，他实际上将因宗教战争而震荡分崩的欧洲统一起来；而这种普世论，实则根植于他对人间喜剧不失风趣的洞察。

伊拉斯谟与拉伯雷：两个互补的"世界公民"……

托马斯·莫尔[1]：怪诞乌托邦

此时面世的还有另一本书，文风典雅却含讥刺，以考究又简练的拉丁文写就，却极具民主精神，甚至堪称"共产主义"，并以模棱的言语让人困惑不已——托马斯·莫尔（1477—1535）的《乌托邦》主宰着时代，却不停困扰着当时的读者。伊拉斯谟的挚友、坚定不移的天主教徒、亨利八世的忠臣，因不愿在政治面前牺牲伦理，而死于绞刑架上——莫尔给我们留下的是"基督教人文主义"真正的宣言，奠基于远洋航行、地理发现与"蛮族善类"的传说之上。托马斯·莫尔的这部小说兼论文，受柏拉图的"理想国"影响（《法律篇》，卷四，321行），也承抑扬布

---

1 托马斯·莫尔（Thomas More），16世纪英国文人，著有《乌托邦》（*Utopia*），伊拉斯谟也将其《愚人颂》（*Moriae encomium*）献给莫尔。——译者注

罗之遗风，神似此希腊商人声称在锡兰以南探访的"太阳岛"，可它却直接受亚美利哥·韦斯普奇的航行历程所启发（几次航行发生在1449至1504年）。[1] 诞生于莫尔想象的中心人物，名为拉斐尔·胡思罗代[2]，便与这位探险者同辈；而他正是通过叙述自己亲历的见闻，进而勾勒出乌托邦式国家的原型——乌托邦之国。

他所探访的乌托邦之岛，即"无处"，在岛上，人们厌恶专制，分享财物，废除私有财产，一日只工作六小时，灵活应对社会补助与休闲娱乐，尊重文化与宗教。人类精神自然地向往基督教，甚至先于任何启示，因为拉斐尔是第一个在乌托邦谈论基督的人。然而，乌托邦的犬儒主义却也让人讶异：用殖民主义甚至是帝国主义来解决人口过剩的问题，大抵缺乏仁爱；集体对个体的制约显得过分繁重，而对战争的动用更是堪称暴虐；信奉单一的伦理准则，并对社会生活滥加规划，这为奥威尔埋下伏笔……

这一方未来乐土，会倒转成暴虐专断、野心勃勃、集权乃至极权的理想主义，这真的是莫尔所暗示的吗？还是

---

[1] 亚美利哥·韦斯普奇（Amerigo Vespucci）为15、16世纪意大利航海家，美利坚（America）便得名于他。——译者注

[2] 拉斐尔·胡思罗代（Raphael Hythlodaeus），姓氏源于希腊文 hythlos 与 daiō，意为"点燃胡言"；一说源于 daō，即"传述胡言""胡说者"。——译者注

说，这是一种现代的解读，甚至过于现代了？托马斯·莫尔的寓意，反讽且复杂，却是不停自相辩驳的：是否是说，在贯彻一个宏伟的计划时，却也要探明其局限，从而更好地衡量彼时的英国与欧洲所面临的政治与道德难题？总之，乌托邦是工具，而非目的？

应当注意，此书的许多关键词带着负面含义："阿槖落人"是无领土的民族；"安溺得"是无水的河流；首都"阿漠拉图"意为海市蜃楼；"阿德莫司"是无臣民的领主；而胡思罗代自己，则"使虚构闪耀"。[1] 这类负面修辞，自然是为了表明作品属于杜撰，而非报告文学。然而，这或许也暗示着背井离乡的拉斐尔·胡思罗代，在抛弃了故国之时，便登上了"愚人之船"。实际上，在第二章之后写就的第一章，便刻画出当时社会的人物种种，毫无乌托邦色彩（彼得·哲尔、默顿主教，以及莫尔本人）。[2] 那么，作者是否是在向读者发出邀约，航行于国家的迫切需要与普世论的幻想之间呢？伦理或许是理想，能助人逃脱现实的政治困境，可在人们不遵循具体国家政治的必需法

---

[1] 希腊语中 a- 为否定前缀。——译者注

[2] 彼得·哲尔（Peter Giles），16世纪弗兰德斯人文学者，与莫尔交好；约翰·默顿（John Morton），15世纪英国主教，莫尔少时曾服侍于他家。两人与莫尔自己均在第一章内被提及。——译者注

则时,是否也会沦为噩梦呢?此中讽刺意味不可能决断明了,而妄下决断实际上也毫无结果——不过,它向我们揭示一切过度行为的困境,阐明别尔嘉耶夫所言(引用于赫胥黎1932年的著作《美丽新世界》):如果今天所有乌托邦都似乎可能实现,如果现代生活即将实现它们,那么或许我们应该避开它们,而去寻找一个不是乌托邦的社会,一个不太完美却更加自由的社会……[1] 可是,如果没有某种乌托邦,如果没有某种奇异性,自由又从何而来?那索性让我们无处容身,却也让我们始终记得我们身在某处……

米歇尔·德·蒙田[2]的普遍自我

> 作者们与民众沟通,是通过某种奇异特殊的印记;对我而言,是通过我普遍的自我,我作为米歇尔·德·蒙田,而非作为文法家,或是诗人,或是法学家。
> ——米歇尔·德·蒙田,《随笔集》,卷三,章二,七星文库,782 页 *c*

---

[1] 尼克拉斯·别尔嘉耶夫(Nicolas Berdiaev,英作 Nicolai Berdyaev),20世纪俄国哲学家;阿道司·赫胥黎(Aldous Huxley),英国文人、哲人,著有描述乌托邦幻灭的小说《美丽新世界》(*Brave New World*)。——译者注

[2] 米歇尔·德·蒙田(Michel de Montaigne),16世纪法国文豪,著有《随笔集》(*Essais*)三卷。蒙田二十余岁便任职于波尔多的最高法院(Parlement de Bordeaux),后常出入于国王的宫廷,最后担任波尔多市市长。——译者注

> [……] 每人都具备人类境遇的完整形态。
>
> ——同上，782 页 *b*

大航海家将寰球敞向人类，而人们虽持怀疑态度，却总是惊叹于发现新的文明、新的心态、新的语言、新的民族；由此一来，文艺复兴一方面是民族主义和个体主义的，另一方面亦具世界格局。如此两方面的调和，或许就体现在蒙田（1533—1592）微妙的怀疑中。实际上，没有什么能将他的独特个性局限在波尔多的法院，或是亨利二世、弗朗索瓦二世、亨利三世的宫廷，或是之后的纳瓦拉的亨利[1]，而蒙田最终也见他即位，成为法国国王，得名亨利四世。"杂而不精罢了"，或许如此；然而，在罗马教廷与宗教改革之间，纳瓦拉的亨利的这位友人却始终信奉天主教，希望在临终时接受圣事，忠诚于国家所选择的宗教，甚至以正义之名，不惜批判国王的政策，甚至断然攻击国家的象征。纵使有内战，胡格诺派与神圣联盟，圣巴多罗买夜惨案，甚至瘟疫等，蒙田留守公职、通过决议、辅助治理；不过他始终根植于自认古怪的某种奇特之中，不仅

---

[1] 纳瓦拉的亨利（Henri de Navarre），本为纳瓦拉王国的君主，新教徒出身，后皈依天主教，即位作法国的亨利四世，缔造波旁王朝。——译者注

体现在其"塔中书屋"上,更是彰显在他的自我本身中。[1]

实际上,是蒙田首次论述到所有人都有专属的自我,而自我是值得注意的——柔弱却诙谐、暧昧却从一而终,以至于一切偶然均可被认识自我之唯一意愿所超越:"我学习时,寻求的不过是论述认识自我的科学。"[2]因此,蒙田向往这片被称为"自我"的土地,亦坚守着他司法与政治的公职;可他却在《随笔集》中揭示出一类新的人。从友谊到沉思,兼展现对博学、简练、清楚之文风的热爱,这位波尔多法院的推事行动于某种整体中,而这种整体,就其范围而言,堪称精神的整全或政治的整全,或者两者兼具,而它也兼具雅致的风味与尖刻的说教。个体在其整体中把握自己,既不能变为陌生,也不能视他者为陌生[3]——除非是在游历

---

[1] 1562—1598年的法国宗教战争中,一方大多为胡格诺派(Huguenots)的新教徒,另一方的主力为天主教联盟(Ligue catholique),被天主教会称作"神圣联盟"(Sainte Ligue)。1572年的"圣巴多罗买日"(8月24日),胡格诺派十余位领袖被刺杀,几月间便演变成天主教徒对胡格诺派人士的大规模屠杀,史称"圣巴多罗买夜屠杀"(Massacre de la Saint-Barthélemy)。蒙田成长的城堡中有一圆塔,作蒙田的"书屋"(librairie),他便于此写作《随笔集》。——译者注

[2] M. 德·蒙田,《随笔集》(M. de Montaigne, *Essais*, livre II, chap. 10, La Pléiade, p. 388)。"我的设想、我的决断,只凭摸索前进,蹒跚而踉跄,跌跌撞撞;若我心生不满,要走到能力开外的境域去,倒是能见到远方的一片土地,却看不分明,如云如雾,另我无法分辨"(I, 26, p. 145)。

[3] "在此整体中,我任凭世界的普遍法则所掌控,却不自知,亦不关心。"(III, 13, p. 1050)。"我们若是基督徒,那么以同种名义,我们或是佩里戈尔人,或是德国人。"(II, 12, p. 422b)。(译按:佩里戈尔[Périgord]大约对应今日法国的多尔多涅省,为蒙恬的家乡。)

本国或是远赴意大利时，为了描述食物或衣服，或是为了描述女子的美貌，而写下不无粗俗的只言片语；如此细节见于蒙田的《意大利行记》中，仿佛是我们共有处境的奇特变体。

"持久的享受"

柔弱单薄的自我，"累赘如此，酣睡如此"，竟让作者心生怜悯与鄙夷：诚然。可其平静享受，却也同样是智慧的终极象征。[1] 然而，蒙田却不停地自我评判——零碎、健忘，比起"判断"之效力，更常依从自己的享乐与性格之"倾向"；他严格，毫不宽容，却觉得自身的弱点颇为可爱，甚至自豪地坦承自己由欲望宰制。认识欲望的统治，并毫无顾忌地承认这一点——《随笔集》所主张的创见便在于此；蒙田的自我观甚至超越了善恶："我自能承受苦难；可是我承受苦难，却是因为我甘愿如此，我的欲望要我如此[……]。不然，若我不是被些许乐趣所引诱，若除了我纯粹自由的意志之外，我还有别的向导，那我也没有什么好处[……]。我仅需安享上帝慷慨赠予我的乐趣。"[2]

---

1 "智慧最显著的象征，是持久的享受；其状态一如尘世间的事物种种：永远平静"（I, 26, p. 160*c*）。

2 II, 17, pp. 625–626.

然而，支撑自己而予以名誉的却是他人："我们的灵魂仅受名誉所动，它受制于欲念他人的虚妄幻想。"[1] 蒙田的自我便一下子印刻在他人的注意之中；除去他与拉博埃希[2]所彰显的莫逆情谊之外，自我却取决于他人的"虚妄"想法。[3] 自我也明白自己是"他者"："我的另一种生活，在于对我朋友的认识中"[4]；"即使作为自己，我们也成双"[5]；"此刻之我与此后之我，截然为两者。"[6]

因此，蒙田的自我意识到其二重性，而更加确信自己奇特、多变。他并不坦言"我怀疑"，而是问道："我知道什么？"[7] 此外，他意识到每一个存在物都是独特的——不管是名、物，还是人——进而发表了一系列关于差异的思想："兽与兽之差异，不如人与人之不同"[8]；"人与人之间隔，甚于人与兽"[9]；"我们都由零碎拼凑而成，形形

---

[1] I, 26, p. 150b。"在这座同人交易往来的学校中，我时常注意到我们的一种恶习，即不去认识他人，而是仅凭自己所得而行事；为利用自己的货物而担忧，而不太愿意获取新的货物"（I, 26, p. 153）。（译按：货物为知识之喻。）

[2] 埃蒂安·德·拉博埃希（Étienne de La Boétie），法国文人，蒙田挚友。——译者注

[3] "我明白，我所享受的乐果，依循的不过是虚妄的想法"（II, 16, p. 610）。

[4] II, 16, p. 610.

[5] II, 16, p. 603.

[6] III, 9, p. 941.

[7] "我知道什么？"（Que scay-je?）为蒙田的格言。——译者注

[8] I, 42, p. 250（普鲁塔克言）。

[9] I, 42, p. 250.

色色，以至于每一片、每一刻，均有分殊。我们自己与自己之不同，和自己与他人之不同相当。"[1]

当普遍差异受到了如此的辩护时——并且仅当如此时——才可能确立某种协和，而排斥社会中的古怪与边缘之境地："我们习俗中的一切怪奇与特殊，都应当避免，如同避开沟通与社会之公敌，如同避开野兽。"[2]

食人族与马车

因此，蒙田尊重他人明显的古怪之处，则是十分自然的，因为这种古怪囊括于蒙田开阔、多样、宽容的"自我土地"的普遍自然性之内。因此，当他于1562年在鲁昂见到巴西土著时[3]，他先是怀疑我们是否有坐拥世界的能力，

---

[1] II, 1, p. 321*a*.（译按："形形色色"原文为"d'une contexture si informe et si diverse"，有人之结构不曾定形，各色各样之意，本章标题亦源于此。因中文"形形"意为生成形体，"色色"为生成颜色，形色不定而多样，贴合原文意涵，故作此译法。）

[2] I, 26, p. 166.

[3] 法国在巴西的殖民地，由尼古拉斯·维盖尼翁（Nicolas Villegaignon）于1555年建立。在蒙田之前，莱里已对此有描述，而莱里认为这些食人者的生活怡然自得，几乎堪称民风纯良，甚至可以比拟于……罗马共和时期的斯多亚派学者。（参见《巴西行记》[*Histoire d'un voyage fait en la terre du Brésil, autrement dite Amérique*, La Rochelle, 1578, p. 242]）当尚年轻的查理九世在鲁昂接见食人族时，这些人惊讶于如此多全副武装、高大魁梧的人，竟然听命于一个孩子。常被人们与蒙田相比的米歇尔·德·洛必达（Michel de L'Hospital）写道："……神圣之正义与自然之法则，在美洲蛮人处，并不异于在欧洲的基督徒之间"（《全集》[*Œuvres*, t. IX, pp. 60-61]）。（译按：维盖尼翁，16世纪法国政客、探险家；洛必达，16世纪法国政客，主张宗教宽容。）

这并不是顺从古代哲学家的寡白，而是基于现代经验而言：
"有个人和我共事很久了；之前的十几年，他都住在这一世纪新发现的大陆上。维盖尼翁在那里登陆，称那里为'南法兰西'（France Antartique）。发现如此辽阔的土地，似乎意义深远。[……]我只怕我们眼大而腹小，好奇虽甚，能力不足。拥抱一切，缚住的却不过是流风罢了。"[1]蒙田敬重那些更接近"自然律法"的"国家"，称赞它们"少有被我们[国家]所败坏的"；天真、纯粹、质朴——"人类的幸福境遇"，上承黄金时代论，下启卢梭——这些陌生的民族还未见识"任何契约"。[2]他们固然粗鲁，不同于我们，竟有食人的习惯；然而，即使就这一习俗本身而论，他们也并非没有情理，而他们的民俗甚至透露出对政治的洞见，唉！虽然不适合作交流——蒙田却忍不住观察他们，而且不太情愿称他们为"蛮夷"："我们自可以称他们为蛮人；而这依循的只是理性的法则，而不是以我们为基准，因为我们的野蛮远比他们更甚。"[3]

1　I, 31:《论食人族》, p. 200。

2　I, 31, p. 204.

3　I, 31, p. 208。《论食人族》彰显出蒙田的哲学是其思想不可分割的一部分，却也预示出外人在18世纪文学中扮演的角色：伏尔泰的天真汉和孟德斯鸠的波斯人。（译按：指18世纪法国作家伏尔泰的作品《天真汉》[L'Ingénu]与孟德斯鸠的作品《波斯人信札》[Lettres persanes]，两者都讲述外邦人在法国的生活与言行。）

此外,如果阅读经典使人谦逊,那么蒙田的谦逊则首先转化为对自己措辞的怀疑:他为自己的方言用语苦恼不已,甚至批判自己对法语的使用。[1] 然后,这种在自己身上所辨认出的"野蛮",加上他普遍的人文主义,便让他倍怀好奇与乐意,接纳他人的差异;而这些差异已经不再受"野蛮"之名所束缚:"一方水土孕育一种习俗,差异无穷无尽;换言之,两种习俗之间几乎没有相似之处。"[2]

"杂而不精"的蒙田,于是换上法学家的衣裳。他斥责葡萄牙强迫犹太人改宗:"如此恐怖的景象"。[3] 西班牙与教会的殖民政策也首次受到激烈的抨击。美洲印第安人的才能不仅不亚于我们,"而且就虔敬、守法、善意、慷慨、坦率而言,我们明知自己不如他们"。[4] 殖民者在秘鲁与墨西哥所施行的屠杀是一场"惨案","如此恐怖的暴行,惨不忍睹的灾难"。[5] 蒙田捍卫宗教与民族,以抵抗宗教与民族的暴行:蒙田"柔弱"的自我,是否是第一个反种族歧视者?第一个反殖民主义者?

---

1 "我的家乡荒蛮,也荼毒了我的法语,令我发音不正,一如其他方面。"(II, 17, p. 622)

2 II, 37, p. 757.

3 I, 14, pp. 53–54.

4 III, 6:《论马车》, p. 887。

5 III, 6, pp. 889–894.

现代读者又有另一重疑虑：蒙田变幻不定、酷爱享受的自我慷慨地接受"他者"；然而，这是否意味着蒙田承认这些他者的特殊性？又或者说，这反倒是为了将土著部落的特征吸收到人文主义中，或是出于平等的好意，但实则是将这些差异占为己有，让人文主义并吞一切惊奇与陌生？

然而，为了这一自认野蛮的自我，也是通过这一自认野蛮的自我，某种自然人类的普遍性却应运而生，这种普遍性反对霸权，却不抹除差异。人人都享有友谊与沟通：人人都要表达……各自的修辞。[1]

文艺复兴的大航海家、民族学者、探险家——不管他们是否能具备蒙田的精神，或是读过蒙田的著作，我都将他们视作受蒙田熏陶的人。实际上，首先需要稳固地建立自我，认识自己的苦难与荣耀，知道如何简明地表达它们——简明而不平庸、简明而不做作；正是如此构成的自我，而非任何土地、宗教、王朝或是政权，奠定了另一场文艺复兴启航的口岸。这场文艺复兴超越了正在形成的国家，比较异同，相对与普遍兼具。一种新的世界性正在酝酿之中：它不再如但丁的设想一般，建立于上帝造物的统

---

[1] "望读者不期待我的内容，而是期待我呈现内容的方式。"（II, 10, p. 387）

一之上，而是建立在自我的普遍性上——自我脆弱、不羁，却同样正直、可靠。[1] 蒙田的自我不停漫游于自身之中，已经是在邀请读者以同样顽固的善意探索世界与他人："我希望人们以简单、自然、平凡的方式看我，而不故作机巧：因为我所描绘的正是我自己。若公众尚且尊重我，我的缺憾将会跃然纸上，同我稚拙的文笔一起。人们常说，有些民族尚且生活在大自然的原始法则中，享受甘美的自由；若我亦如此，那我也定会乐意将自己全然描绘出来，甚至不着一丝。因此，读者，此书之素材即我本人：你不该将闲暇费在如此浅薄无用的主题上。那么，再会了！蒙田作于一五八〇年三月一日。"[2]

航海、志宇[3]、传教

种种"地理"出版物纷至沓来：受教育的公众日渐增

---

[1] "因此对我而言，我热爱生命，并且按照上帝乐意赐予我们的方式培育它。[……]自然所给予我的，我都予以辨认，由衷地接受，并对此感到无比满意。"(III, 13, pp. 1093-1094)"我在纸上说些什么，我和我遇到的第一个人就会说些什么。此话如是，请参见下文。"(III, 1, p. 767)

[2] M. 德·蒙田，《随笔集》，《致读者》，第9页。

[3] 寰宇志(cosmographie)，今通译"宇宙志"，似为"志日月星辰之变动"之谓，一如天文学，其实不然；文艺复兴时期的 cosmographie 天地兼收，主要以图文描述各地(尤其是新大陆)风物，或许更类似舆图方志一类。"宇"字为"四方上下"之谓，有天地两重意思，因此用来译 cosmos 比较贴切。——译者注

多，想认识东方（许多作品论及土耳其人，即为所有穆斯林之谓），再者就是美洲的新世界。宗教战争也难以遏制这种好奇，人们意欲探索不断扩大的宇宙：1593 至 1604 年印制的地理作品比 1550 至 1559 年多，即使后者才是文艺复兴的和平时期；然后，1605 至 1609 年出版的地理书籍，其数目堪比 1550 年印刷术初创以来出版的所有地理书籍。[1] 此类文学中的佼佼者——《魏拉蒙游记》，于 1595 至 1609 年，便出版了十三次之多！[2] 时至今日，此书已经被人忘却了，而人们首先提起的则是异乎寻常却在当时备受欢迎的《寰宇记与南法兰西奇观录》（1557），由安德烈·特维所著[3]；新教徒让·德·莱里的《巴西行记》（1578），将其

---

[1] 参见若弗鲁瓦·艾金森，《文艺复兴新领域》(Geoffroy Atkinson, *Les Nouveaux Horizons de la Renaissance*, Droz, 1935, p. 9)。（译按：实际上，古腾堡发明活字印刷术，其时间可溯至 1440 年前后。）

[2] 《魏拉蒙游记》(*Les Voyages du seigneur de Villamont*)，出自 16、17 世纪的法国探险家雅克·德·魏拉蒙(Jacques de Villamont)。——译者注

[3] 安德烈·特维为方济会修士，其寰宇志囊括"对蹠之地"风土的种种细节，而不依循任何既定理由试图对不同风俗加以调和。因此，这些自相矛盾的"奇观"内容琐碎、文风多变（参见《南法兰西奇观录：16 世纪巴西食人族》[*Les Singularités de la France antarctique. Le Brésil des cannibals au XVIe siècle*, choix de textes, introduction et notes de Frank Lestringant, La Découverte, Maspéro, 1983]）——书中描述的野蛮人，不管是食人族还是亚马孙部落，却是残忍与仁德兼具，放荡却好客，因为食人习俗而令人恐惧，饮食礼节却与我们相差无多；作者对这些民族大加谴责，几页之后却写下同等的溢美之词。特维如此零散却写实的态度，虽尚未发展成启蒙时期的"蛮族善类"之题，也还不算是"普世人类学"（莱里或许更贴近这一点），却彰显出混杂且漂泊的自我，一如蒙田笔下的欧洲人。

奠定为此领域的翘楚；还有圣方济·沙勿略于东印度所写的《书札集》；一直到来斯卡博的《新法兰西史》（1609），其中写道："既然本书将要探讨的民族是像我们一样的人，那么出于对人性的敬意，我们渴望了解他们的习俗伦常，便是情有可原的。"[1] 这些作品表现出且构成了某种现代的品味与心态，比起古典传奇，更倾向于世界与人类的崭新图景。[2] 人们发现"不信神的民族"，美化"野蛮人"的仁德；面对原以为社会中不可能出现的裸体，人们或是讶异，或是惊喜，或是愤慨，却总渴望了解"对踵之地"（Antipodes）（16世纪时，人们如此称呼身居远方的民族）。

民族主义，似乎与世界主义不可兼容，却似乎也同样受欢迎：如果说新发现颠覆了古人的权威，我们难道不应当以"蛮族善类"的权威取而代之（即使这一概念更为晚

---

[1] 马可·来斯卡博，《新法兰西史》，第7页，引自G.艾金森，同前，第47页（Marc Lescarbot, *Histoire de la Nouvelle-France*, p. 7, cité par G. Atkinson, *op. cit.*, p. 47）。(译按：关于特维与莫里，参见本书第171页注释1。特维的《寰宇记》[1575]与《南法兰西奇观录》[1557—1558]实为两本书。方济·沙勿略 [Saint Francois-Xavier]，16世纪西班牙天主教传教士，耶稣会创始人之一，将天主教传至马六甲和日本；马可·来斯卡博 [Marc Lescarbot]，法国16、17世纪文人，著有《新法兰西史》[*Histoire de la Nouvelle-France*]，描述法国在北美的殖民地。）

[2] "我们国家的阅读品味已经变了；加颇奈德的作品已是传奇小说的末路，而旅行游记却备受欢迎，显贵与平民都喜闻乐见。"（夏普良致贾瑞尔·德·圣佳德，写于1663年，引自G.艾金森，同前，第30页）(译按：加颇奈德 [Gaultier des Costes de La Calprenède]，法国17世纪小说家、剧作家，善作描写英雄浪漫的传奇小说。夏普良 [Claude Chapelain] 与圣佳德 [Jacques Carel de Sainte-Garde] 为法国17世纪文人。）

近),或者至少推广……法国文化的自然与卓越吗? 于是,《法语护卫发扬论》(1549)接踵而至。[1] 此后,政治问题的措辞转变为:不断扩张的民族国家,其尊严如何与世界的多样性,以及从中得出的哲学普世论相协调?

1664年,弗朗索瓦·夏邦迭[2]写下一部书,报道法国与东印度人的贸易往来,此书的结论却说,法国不应再幽居于欧洲,反倒应当将其文明散布至最野蛮的民族。殖民主义大概业已推进,然而其最初的意图却只是扩张文化,因为所有人都值得受其润泽。我们或许过分强调了殖民者的种种暴行,却忽视了另一派探险家的普世思想。他们反倒将自己的文化相对化,以求"寰球和谐"——纪尧姆·颇斯待(1510—1581)即是其中一员,自号"世界公民高卢人"(Gaulois cosmopolite)。

世界公民高卢人 [3]

纪尧姆·颇斯待通晓多语,蜚声海外,一些人更是将

---

[1] 《法语护卫发扬论》(*Défense et illustration de la langue française*)出自16世纪法国文豪约阿希姆·杜贝莱(Joachim du Bellay),为七星诗社(La Pléiade)用法文白话写作的重要宣言。——译者注

[2] 弗朗索瓦·夏邦迭(François Charpentier),17世纪法国文人。——译者注

[3] 纪尧姆·颇斯待(Guillaume Postel),16世纪法国文人、外交官、天文学家,熟悉多语,周游列国。——译者注

他视作比较语文学的鼻祖：因为他设想所有语言都同根同源——来自希伯来语。然而，在他激昂奋发的事业中，他对语言学的思考却不如对传教的远见与热情重要，因为他将语言知识视作容纳不同宗教与道德的先决条件。颇斯待周游土耳其与圣地耶路撒冷，熟习阿拉伯语与伊斯兰文明，时常赞扬其优越，却同样强调一切宗教与文明必须纳入基督教世界中，而法国则是基督教世界的启示者、统治者。身为耶稣会会士，他在白芭蕾公学授课，后被开除会籍；他反对教廷，却不质疑其原则，视新教徒为仇敌，却在晚年对此愈加亲近——即使新教徒指责他为"自然神论者"；尔后，他成为法兰西公学的教授，却失宠于弗朗索瓦一世（1542 年左右），又在亨利二世的妹妹玛格丽特公主的庇护下重返宫廷，被查理九世视作他的"哲学先生"——即便如此，他却是在囹圄中度过生命的最后十八年。这位传奇人物可谓著述等身[1]，其中最具世界格局的，大概是《寰球和谐论》（*De orbis terrae concordia*；巴塞尔 1544 年出

---

[1] 白芭蕾公学（Collège Sainte-Barbe），位于巴黎第五区，创办于 1460 年，撤销于 1999 年。法兰西公学（Collège de France），亦位于第五区。在人文学者比代的建议下，公学由国王弗朗索瓦一世创办于 1530 年，聘用专长于希腊语、希伯来语、数学等学科的学者讲学，与不远处的巴黎索邦大学区分。颇斯待于 1538 年起任东方语言教授。——译者注

版），因为此书中的种种思想，之后亦见于其他著作。即使宗教战争如火如荼，他却笃信宽容，幻想着世界由天主教统一；可他所宣扬的信仰实则与正宗相去甚远，[1]乃至在仇敌的挑唆下，竟以"异端"之罪屡次入狱，甚至有时连仇敌也直接称他为"疯子"。这位"世界公民高卢人"的"女权主义"着实让人困惑：客居威尼斯时，他迷上了一名修女的宗教品德，这名叫冉娜的修女逝世之后，他竟宣称这位"修女妈妈""心灵之躯体"以及"可感之物质"转移到他自己身上，以至于"现在在我身体中生活的，是她而不是我"[2]。科学的末路——诚然如此，可是学识渊博的颇斯待却并不蒙昧。这位高卢的浮士德竟称自己有一颗长生不老的仙药……

以颇斯待为代表的这种世界主义，其实于16世纪上半叶并不罕见，而它也以一种新的哲学判断为基石：国家价值与宗教价值的相对性。这种思想开18世纪"种种哲学"

---

[1] 威廉·J. 鲍司马（William J. Bouwsma）认为他身处"天主教的外沿"，引自《世界和谐：纪尧姆·颇斯待的生平与思想》（*Corcordia mundi: The Career and Thought of Guillaume Postel*, Harvard University Press, 1957, p. 28）；关于颇斯待，也可参见皮埃尔·梅纳尔，《16世纪政治哲学的跃迁》（Pierre Mesnard, *L'Essor de la philosophie politique au XVIe siècle*, Paris, Vrin, 1951, pp. 431–453）。

[2] G. 颇斯待，《新世界女性英豪传》（G. Postel, *Les Très Merveilleuses Victoires des femmes du Nouveau Monde et comme elles doibvent à tout le monde par raison commander, et mesme a ceulx qui auront la monarchie du Monde vieil*, Paris, 1553, p. 20）。

之先河，创造了"蛮族善类"的形象——普世人性基础上的自然人。即使"蛮族善类"常常见笑于人，却离我们不太远——因而能够进入我们的文明之中。比方说，我们自己的价值在中国人的民族自豪感面前，或者是在他们发明的文字面前，反倒要少几分傲气。至于古人的权威，当探险家带来地理新知识之后，人们意识到古人的无知，而其权威也被相对化。由此一来，在君主专制论的外表下，一种世界主义的政治思想便在下一个世纪中逐渐显露；与此相对，各国的国家意识亦被唤醒，也将迎来它们的黄金时期。因此，在地理与政治新兴现实的基础上，人们开始思考超越国家的共同体。苏利提出成立欧洲联邦，以抵抗土耳其人；埃默里克·克鲁赛则写下《新齐内：论国家，兼谈建立世界普遍和平与贸易自由之机遇与方法》(1624)。[1]一个"新世界"正在孕育中：民族主义的世界，却是渴望将自己与他者相连的世界。沟通还是统治？交流还是战争？民族国家将成为殖民国家。

---

1 参见汉斯·寇恩，《民族主义的理念》(Hans Kohn, *The Idea of Nationalism*, McMillan Company, 1951, p. 194)。(译按：苏利 [Maximilien de Béthune, Duc de Sully]，16、17 世纪法国政客；埃默里克·克鲁赛 [Émeric Crucé]，16、17 世纪法国政治思想家，著有论国际关系的《新齐内》[*Le Nouveau Cynée, ou Discours d'Estat représentant les occasions et moyens d'établir une paix générale et la liberté du commerce par tout le monde*]，该书得名于古希腊国王皮鲁士之策士齐纳斯 [Cinéas; Kineas]。)

启蒙与外人

启蒙时期关于国家与外人的思想是极为丰富的,此后的法国大革命时期对此的思想亦是如此,而我们始终怀着这些遗产生活——它们的尊严、它们的矛盾、它们的提议与它们的困局——从而将我们当下的感情投射其中,这些思想也因而更加复杂。本章所关注的思想,我们暂且称为启蒙时期的世界主义。当我们讨论这种世界主义的一些固有方面之时,让我们思考一下,对面临"外人疑难"的当代人而言,这些片段又意味着什么——纵使这个疑难似乎仍然具有乌托邦色彩:没有外人的社会,是否可能?

从孟德斯鸠的新斯多亚主义,到狄德罗关于人类陌生性的哑剧,再到起义的世界主义者对神圣价值所怀有的犬儒主义,18世纪传承至法国大革命的人类平等的意识形态——从"人权"到"公民权"——将面临政治激情、战争与恐怖的侵袭,从而变得难以掌控。

孟德斯鸠:政治整体与隐私

霍布斯主张,战争状态是自然与人类社会所固有的;

孟德斯鸠（1689—1755）反对这一观点，却不避讳人们彼此敌对的问题，在《论法的精神》（1748）一书中提出人类社会性的原则。[1] 比起相互憎恨，人类似乎更惧怕彼此，于是自然而然地建立起联系。他们的政治建设并非"将不公正系统化"的技艺；相反，这些建设应当能够调整出"节制的政府"。这种社会性可以上溯至笛卡尔主义者（法学家多玛）、基督教神学（芬乃伦），以及英国的新斯多亚主义与经验主义（尤其是洛克和沙夫茨伯里）。[2] 它根植于18世纪的经济史，孟德斯鸠倾听这一历史，并将其描述为财富增长、贸易空前扩张、政治经济自由的时刻，而在他看来，这种自由尤其能带来社会的和平。不管是基督教的爱德，还是能满足所有人的人类统一的理想，抑或是当时的自由商业经济……——在孟德斯鸠那里，种种异质的因素彼此呼应，在这种内在的社会性上建立"法的精神"，而政治则既需彰显这种社会性，亦需保证它。我们自然可

---

[1] 孟德斯鸠（Montesquieu），18世纪法国启蒙时期思想家，著有《论法的精神》（*De l'Esprit des lois*）与《波斯人信札》（*Lettres persanes*）。托马斯·霍布斯（Thomas Hobbes），17世纪英国政治哲学家，著有《利维坦》（*Leviathan*）。——译者注

[2] 让·多玛（Jean Domat 或 Daumat），17世纪法国法学家。弗朗索瓦·德·萨利尼亚克·德·拉莫特－芬乃伦（François de Salignac de La Mothe-Fénelon），17世纪法国文人、神学家。约翰·洛克（John Locke），17世纪英国哲学家，著有《人类理解论》（*An Essay Concerning Human Understanding*），英国哲学家沙夫茨伯里（Anthony Ashley Cooper, 3rd Earl of Shaftesbury）自幼受其教导。——译者注

以探讨，这种立场究竟是导向保守主义，还是相反，是促进社会的动力；这种立场究竟是纯粹的社会学立场，为现代社会科学的种种立场埋下伏笔，还是必然的哲学立场，洋溢着作者的共济会人文主义。[1]可是就本文而言，让我们先从孟德斯鸠思想尚待阐明的复杂性中引出他对整全（totalité）的考虑，还有这种考虑的一个主要产物，即他的世界主义。

自然与文化之间的整体（例如"气候"与"习俗"）、人与体制之间的整体、法律与习俗之间的整体、特殊与普遍之间的整体、哲学与历史之间的整体：在如此种种的序列中，均进行着调解（médiations），能够调节体制与人，使其更加节制；而如果人因此是全然政治性的，那么他便包含政治的种种决定因素，而这些因素也已达到各自的理想层面。"孟德斯鸠，"恩斯特·卡西尔[2]写道，"是设想

---

[1] 参见 L. 阿尔都塞，《孟德斯鸠：政治与历史》(L. Althusser, *Montesquieu, la politique et l'histoire*, PUF, 1959)，阿尔都塞强调了孟德斯鸠思考"政治整体"与其动力时的矛盾性；R. 阿隆，《工业社会十八讲》，"马克思与孟德斯鸠"一章(R. Aron, *Dix-huit Leçons sur la société industrielle*, [chapitre sur « Marx et Montesquieu »], Gallimard, 1962)，阿隆则认为他"在某种意义上，是最后一位古典哲学家；在另一种意义上，是第一位社会学家"。G. 奔雷卡萨的《孟德斯鸠：自由与历史》(G. Benrekassa, *Montesquieu, la liberté et l'histoire*, Le Livre de poche, 1987)读来大有裨益，此书承接这两个论点，阐述孟德斯鸠思想的种种层面、18世纪历史与哲学现实对其的影响，以及他对于现代人的意义。

[2] 恩斯特·卡西尔(Ernst Cassirer)，20世纪德国哲学家。——译者注

并表达出历史理想型之概念的第一位思想家。"

的确，堪称《论法的精神》中流砥柱的第十九卷，标题正为"论法律如何关联于形成民族之普遍精神、习俗与风格的原则"。这里的理想性（"普遍精神"），如上文所述，可上溯至斯多亚派与基督教，其谱系兼具自然与"自由"，而这种理想性也是孟德斯鸠政治思想的根本方面。它立刻赋予孟德斯鸠某种道德本质（一如康德在其"政治"与"道德"之对偶思想中所阐述的；对康德而言，这种对偶是牢不可破的），因为在种种气候决定论之外，这种理想性强调某种偶然性，同时实现着历史的变动与宿命，而这便是政治自由的关键。

这种社会整体（tout-social），在此包括国家层面上的社会整体，却是在孟德斯鸠讨论空间之整全时，才算登峰造极。他的思想充斥着宿命决定论（尤其是气候决定论），将全球的政治结构基于支配着人类的社会性与"普遍精神"之上，因为人类总算通过现代商业的发展，而实现了其普遍性。民族之重要性，虽然备受强调，却被搬移至一种没有边界的政治哲学中，并被后者吸纳，这种政治哲学所关心的政治概念，在于如何最大程度地将人类融入可实现的节制的理想性中。

在更加浅显的《随想录》中，我们亦可找到这种思想的些许痕迹："我只爱我的祖国。"[1]孟德斯鸠坦言，可他也写道："在游历了异域诸国之后，我却如依恋祖国般依恋它们：我参与了它们的命运，亦祝愿它们繁荣昌盛。"[2]他的政治思想固然基于自己的民族，却绝非民族主义的：他讨论好的国家，是为了其他人，为了所有人。此外，孟德斯鸠还注意到，民族情感随着历史不断削弱。[3]最后，还有他的名言："若有知识有利于自己，而有害于家庭，我便将其逐出脑海；若有知识有利于家庭，而有害于祖国，我便尽力将其忘却；若有知识有利于祖国，而有害于欧洲，或有利于欧洲，而有害于人类，我则视其为罪孽。"[4]

由作者的伦理意志统一起来的人类，却是在历史中具化为一种国际社会，因商业的发展而逐渐开敞，它由欧洲所统治，却同样依赖于节制地调节物资与货币的流通："现在全世界几乎只由一个国家构成，而每个民族均了解何物盈余、何物欠缺，竭力寻求获取物资的方式，因而遍地开

---

[1] 孟德斯鸠，《随想录》，收录于《全集》（Montesquieu, *Mes pensées*, in *Œuvres complètes*, La Pléiade, t. I, p. 1003）。

[2] 孟德斯鸠，《随想录》，收录于《全集》，第 976 页。

[3] "古代人对其祖国的依附，大概比我们更甚：因为他们总与祖国同生共死。若是他们的城市被占领？他们要么为奴，要么赴死。至于我们，不过是江山易主罢了。"（同上，第 1353 页）

[4] 孟德斯鸠，《随想录》，收录于《全集》，第 981 页。

采金银，使其四处流通，而没有一个国家的金银资本每年是不增长的，即使一些国家比另一些国家增长得更迅猛丰富。"[1]

孟德斯鸠还注意到一种令人惊奇的现代性："此后的欧洲，不过是由诸多国家形成的国家。法国与英国需要波兰与莫斯科的财富，正如这些国家自己的省份需要另一些省份；若有国家认为自己权势的增长，靠的是毁灭前来与自己交流的国家，那么它这样做时通常也是在自掘坟墓。"[2]

这种普世的说理，正如上文所言，根植于对各国经济政治与社会政治的思考，不管是对内还是对外。而孟德斯鸠更是出奇早熟地警醒世人（与之后的阿伦特相呼应）区分"人权"与"公民权"所带来的后果，毕竟对他而言，任何完整意义上的"政治"皆暗含着"世界政治"，因为它包含着人类的整全，包含着"普遍精神"："一切义务，如果不能在履行的同时不违背人类的义务，则都需终止。

---

[1] 孟德斯鸠，《论西班牙财富》(Montesquieu, *Considérations sur la richesse d'Espagne*, La Pléiade, t. II, p. 10)。

[2] 孟德斯鸠，《论普世君主制》(Montesquieu, *Réflexions sur la monarchie universelle*, La Pléiade, t. II, p. 34)。另有言称："当下的欧洲统领着世界的商业与航运：然而，根据一个国家参与航运或商业的多少，它的权势也必然有所增减。然而，正因为事物之本性变化无常，取决于种种偶然，尤其依赖于每个政府的英明决断，一个国家因此可能在外如鱼得水，在内则分崩离析，本国的中立者养精蓄锐，或是战败者卷土重来；堕落往往开始于最盛大的成功，因为在此情况下，创业与守成只能诉诸武力。"（同上，第20页）

比方说，在事关人类福祉的时候，我们难道会考虑国家的利益吗？绝不；当公民的义务使人忘记人类的义务时，它便是一种罪孽。全世界固然不可能列入同一个社会之中，而人们也因此彼此视作外人；然而，这种安排却并未违背人的基本义务，而人，在哪里都有理性，既不是罗马人也不是蛮人。"[1]

孟德斯鸠的自然主义唯理论，固然与斯多亚派相呼应，可是他的世界主义却不仅仅是这种唯理论的产物。毫无疑问，这种模式与孟德斯鸠自己的认识论是一脉相承的：在此意义上，当政治思想在其自身的观念中辩证地看待人类决心的最大限度，当主导政治思想的需求不再是稳定，而是周期性的动态平衡，当这样的政治思想展现之时，*世界主义也就成了政治思想本身的隐喻*。然而，在这种现代政治思想创生的过程中，却浮现出一种历史需求。虽然孟德斯鸠之后两个世纪的民族主义规避了这种需求，但这名波尔多高等法院[2]的主席却早已向我们宣告这种需求的紧迫：这位著名的政治思想家在《论法的精神》中预设了根本的

---

[1] 孟德斯鸠，《论义务解》(Montesquieu, *Analyse du Traité des devoirs*, 1725, La Pléiade, t. I, p. 110)（楷体强调为本书作者所加）；参见本书第 220 页起。

[2] 波尔多高等法院(parlement de Bordeaux)，法国旧时的上诉法院，上文提到的蒙田曾于此供职，而孟德斯鸠亦于 1716 年起担任法院的主席。——译者注

社会性与可调节的理想性；然而，如果"法的精神"要始终忠实于这两种性质，那么民族国家则必须由更加高级的政治体系所接替。这便是孟德斯鸠面临的历史需求。

然而，如果这种"世界政治"表现的是主导孟德斯鸠政治思想的融会贯通精神，那么——难道需要再加提醒吗？——它同样安置了一张安全网络，以防止差异（社会的与政治的差异是最浅显的例子）被粗暴地融合为一个极权而单一的整体，阻碍一切自由的可能。

分离权力；保障君主立宪制，而使一切可能的越权行为受制于合理的司法体系；相信社会和平根植于个体的自由之上，亦需维持社会与政治两方面的差距（这种差距以之后对王室权力的有机立法为代表）——孟德斯鸠思想的这些独到之处，将在大革命后本杰明·康斯坦或托克维尔的自由保守主义中重新浮现；[1] 对他自己而言，这些特征构成了这张安全网络；不过，我们需要在世界政治的视角下对其加以讨论。

讨论这些特征，并不是原封不动地将它们复述一遍，而是为了请我们思考，在确保所有人的人权超越公民权的

---

1 本杰明·康斯坦（Benjamin Constant），19世纪法国文人；亚历西斯·德·托克维尔（Alexis de Tocqueville），19世纪法国政治哲学家，著有《论美国的民主》（*De la démocratie en Amérique*）。——译者注

司法体制中，对"外人"概念本身的抹除或许反倒会延续另一种概念——"陌生性"。正是在这种视角下，私人的、乃至隐私的方面便凸显出来，而它们所处的社会整体并非同质的，而是维持着种种特点的联合。独特不只占据君主一人——况且君主的形象或许还能展现自身完美的正当性，实在令唯理论者厌倒——还尤其在于庶民的"柔弱"与"胆怯"。[1] 只有当他们透过自己本身不可调和的特点，进而被认可为有权享有协和的时候，他们才服从世界政治的法律。因此，在政治的与社会的两个范畴之外，私人的范畴就此展开，它的尊严在法律上也是不可回避的（在最近有关基因学的伦理论战中，人们提出的问题便是私人范畴的现代产物）。与此同时，政治权力的地位，已经由司法所遏制，而越发因为经济的影响以及管理政权的技术需求而跌落神坛，沦为其本质上的享用权，而分散至社会与私人两个范畴中。这不仅意味着"伟人"与"偶像"的没落，让今日向往神圣却满怀忧愁的人慨叹不已，而且尤其意味着对政治的新兴构想，通过操控不同体系和多种层面（政治的、社会的、私人的），进而对不可化约的事物加以调和。不

---

[1] "每个人都自认低人一等；每个人都勉强认为自己与人平等。"（孟德斯鸠，《论法的精神》[Montesquieu, *L'Esprit des lois*, I, 2, La Pléiade, t. II, p. 235]）

应忘记，孟德斯鸠所关心的基本问题，在于将政治转化为能够提供自由的空间，而他的世界主义便是这种思考的结果。总而言之，孟德斯鸠的"现代性"应被理解为对单一社会的拒斥，从而对多样性加以协调。

外邦人：哲人的第二自我

循着这条思想脉络，文艺复兴时期塑造的"蛮族善类"形象，也将发生变化。一种既怪僻又微妙的外邦人逐渐显露；而这种外邦人，不过是本国人的第二自我（alter ego），呈现出他个人的种种不足，也同时启示出体制与习俗的种种罪恶。从孟德斯鸠的《波斯书简》（1721）到伏尔泰的《札第格》（1747）与《憨第德》（1759）——在此仅举其中最负盛名者——哲学虚构作品充盈着外邦人，带领读者踏上双重的旅途。一方面，离开故土，流连于其他风土、心态、制度，实为一件快事；尤为重要的另一方面，这种距离的目的仅仅在于回到自我、回到家乡，从而判断或嘲弄我们自己的限制、我们自己的奇特、我们自己在思想或政治上的专制。外邦人形象体现的是哲人敏锐却戏谑的精神，是他的分身，他的面具。外邦人所隐喻的，正是我们需要与自己保有的距离；或许只有这样，方能重新推进意识形态与社会形态转化的动力。

这种对"私人"与"奇特"的捍卫，甚至到了"愚蠢"的境地[1]——却始终孕育着一个认识自我、超越自我的文明；这种捍卫是如此有力，以至于今日的我们依旧折服于德尼·狄德罗（1713—1784）笔下。其他18世纪的作家已经描绘出国家的种种奇特，而《拉摩的侄儿》（1762年写就，德文版出版于1805年，法文版出版于1821年）一书更是为此点上延长符。如果说奇特既让人局促不安，又使人迷恋地加以承认，那么狄德罗便将两种情绪内化于书中，并且将其安置在18世纪人的内心深处。如果现代人渴望着改变、渴望着分隔、渴望着认识，而需要通过溯游来抵达这种渴望的最深处，那么他对自己而言便是一位外人：一种奇异的存在，从今往后奏起"善恶彼岸"的复调。

怪人、犬儒、世界公民

（1）拉摩的侄儿：在第欧根尼与我之间

当狄德罗"放纵才思"之时，日后一举成名的一位

---

[1] idiotisme 一词源于希腊文 idiōtismos（为个人僻语之谓），本意为一种地区或一种语言所特有的习语措辞，而狄德罗亦是在这一意义上使用该词（参见狄德罗所写的《百科全书》同名条目），或引申为"怪僻"。作者所用的或许是晚近的义项，意为"愚蠢""荒谬"，为 idiotie 的同义词；此处的短语"jusqu'à l'idiotisme"，可译作"直至荒谬"。——译者注

对话者却对他加以辩驳；这场对话是开放的，没有"合题"之结论，人们亦反复强调其"梅尼普斯式的"犬儒意味[1]——而这位对话者，种种"古怪角色"中的一位，种种"怪人"中的一位，不为哲人所齿，哲人反倒也将话题走向拱手相让：这便是拉摩的侄儿。

侄儿何许人也？哲人的对手，还是他不为人知的另一面？作为比较的他者，还是出没的夜行分身？这个问题，若是直截了当地作答，便会毁了狄德罗的哑剧，也会辜负他的"婊子思想"[2]——毕竟狄德罗在空前复调的奔涌中，用以阐释这些思想的，正是"哲人之'我'"与"怪人之'他'"的对峙。[3] 既不同道，又作共谋，既是他者，又为同类，我与他对立着、相处着，甚至交换彼此的位置（放肆的"他"，却骤然开始颂扬德性……）。拉摩的侄儿不愿意安分下来——他是不愿休止的游戏精神，不愿言和，却只愿挑衅、离题、颠倒、冒犯、驳斥。我们读到，他所否定的不仅是良知与道德，更是作为激情的意志：他扭转着性别，否定种种否定。因此便有了贝尔丹家宴的一幕：

---

1 梅尼普斯（Ménippe de Sinope），古希腊犬儒派哲人。——译者注
2 《拉摩的侄儿》中，狄德罗有言："我的思想，是我的婊子（Mes pensées, ce sont mes catins）。"——译者注
3 《拉摩的侄儿》中的对白出自"我"与"他"之口。——译者注

吃白食的侄儿被安排在门边，此中缘由，据他所言，在于他被"看作别人"；可是这恰恰是因为他就是别人——古怪、奇特，而正因如此，他才会逗笑这些无趣的德士，这些德士才会邀请他！侄儿自然明白自己的怪异；[1]这种怪异，他却将其施加于自己身上——为的是挽回一些受伤的个人尊严，而这却让"我"倍感惊讶[2]；或是施加于社会之上——因为他认为，这些"别人"否认了他的他者性，却同时利用着他的他者性，可是对他自己而言，他却不愿成为"别人"，因为他们实际上所代表的，不过是受到贱斥的共识，是欲望倒错的群氓。[3]侄儿觉得自己的奇特性至关重要，[4]也在这种奇特性中找到实现自我的不二法门，超越了否认现行价值的挑战，超越了单纯的妙语与哑剧："我的对策是抛出讥讽的字词若干，使我独自的喝彩免于受人奚落，而在解读这些词时，用的也是它们的反义。"[5]

---

[1] 德尼·狄德罗，《拉摩的侄儿与其他哲学对话》(Denis Diderot, *Le Neveu de Rameau et autres dialogues philosophiques*, Gallimard, Folio, 1972)。"我听着自己呢；我听着我自己，像您听着您自己一般"（同上，第39页）。他以第二人称呼自己、审视自己、评价自己："您咬着手指头走了；可当初欠咬的，是您该死的舌头。您不想意识到这个，所以踟蹰在铺砖路上，无地自容，耷拉着头，不知该看向哪里。"（同上，第46页）

[2] "还有对自己的鄙视，实在不能忍受。"（同上，第48页）

[3] "你难道不会像别人一样奉承吗？你难道不会像别人一样说谎、立誓、立假誓、承诺、再信守或违背承诺吗！"（同上，第48页）

[4] "是因为他们不能没有我，因为我至关重要。"（同上，第88-89页）

[5] 同上，第90页。

妙语？词语的"常义"，侄儿仅仅说过一次。比方说：神父今天是贝尔丹一桌的座上客，可其今后的地位，每天都会"下降一副盘碟"。他所表现出的直率，是一种假话的倒转、一种谎言的更正。在这种否定性的螺旋之中（真/不被言说/现行之谎/复原之真），侄儿考验着自己词语的意义，犹如一种解放的措施：对立之冲突、快感之涌现、嬉笑之真理。家宴的主人还有于小姐（Mlle Hus），反倒不能参与这种奇特化的运动，而是气愤地加以批判。总之，侄儿的妙语为的只是一种运动着的意识，这种意识使自己陌生于自己，从而穿过本身，带来另外的意义，也同样带来意义的他者、快感的爆发。

哑剧？侄儿摹拟着自己所说的话语，也同样摹拟着自己的情感，通过断断续续却骤然转变的手势，展示着自己所讲的对象与话题；因此，他拒绝接受对话者平静的立场，而是激动地迸发出一连串姿态。他是他人共识之外的外人，将自己分裂成不同面相，先是表现出自己所摹仿的人物，为了之后在自己嗓音不停变化的语调与音量中产生回响，为了最终渗入狄德罗措辞的句法本身，这种句法，通过并列与省略，[1]更是为哑剧添上了一抹奇特性："有趣的是，

---

[1] 并列（parataxe），修辞手法，并联分句而不加连词表达分句间的关系。——译者注

当我把这段话交给他的时候,他便用哑剧表演出来。他俯伏于地;他把自己的脸贴在地上;他仿佛两手间攥着拖鞋的尖;他哭着;他呜咽着;他说着:'对,我的女王;对,我保证;我再也不会这样了,再也不会了'。随即猛地起身……"[1]至于他的嗓音:"他堆砌起三十种曲调,无序地吟唱起来,有意大利的、法国的、悲剧的、喜剧的,风格各异;时而叹着低沉的男中音,下至冥界;时而扯着嗓子,挤出几个假音,加之步态、仪表、手势,模仿着不同的歌唱者:依次作暴怒状、镇定状、蛮横状、讥嘲状。此刻,他是一位哭泣的少女,百媚千娇;尔后,他是神父、他是国王、他是暴君,他威胁、他命令、他发怒;他是奴隶,他服从着。"[2]

对立绵延而出,同一断续而来,狄德罗的运句本身甚至也受沾染,丧失了主语,让位于宾语,这位复调音乐家身体的碎片,它们占据了叙事,用一幅零碎的图景、一个演奏的躯体加以替代。"他:'你不想走;我呢,天杀的,我说你一定会走;肯定是这样。'他正说着,忽然用右手抓住左手的指头和手腕;向后扳去;再向前;指头的末端

---

[1] 德尼·狄德罗,《拉摩的侄儿与其他哲学对话》,第47页。

[2] 德尼·狄德罗,《拉摩的侄儿与其他哲学对话》,第106页。

竟碰到手臂；关节喀嚓作响；我都怕骨头永远脱了臼。"[1]

表演特别性的类似策略——既是不受控制的，又是事先说定的；既是自发的，又是有意识的[2]——拥有一种谱系、一种生物学、一种社会学。

谱系，侄儿在这部讽刺作品的开头便已经加以暗示，因为他把自己的谈话置于第欧根尼的权威之下；他在结尾处再次提及这位希腊犬儒者，从而完成了这一谱系。[3] 不是凯撒，也不是马可·奥勒留，亦不是苏格拉底，他更是不愿"附庸先贤"（catoniser）[4]："不，我倒更应该处于第欧根尼与芙里涅之间。我如前者一般肆无忌惮，也甘愿流连于后者之流。"[5] 他之后提及"我所是的大狗"[6]，更是把象征犬儒的动物附于自己身上。锡诺普的第欧根尼（公元前413—公元前327），为人如狗，品行怪诞，蔑视亚历山大，

---

[1] 德尼·狄德罗，《拉摩的侄儿与其他哲学对话》，第52页。参见玛丽安·霍布森，《哑剧、痉挛与并列》，载于《形而上学与道德期刊》（Marian Hobson, «Pantomime, spasme et parataxe», in Revue de métaphysique et de morale, n° 2, avril-juin 1984, pp. 197-213）。

[2] 玛丽安·霍布森（同前）论证到，侄儿的行为是一种征状，是一种符号。

[3] 德尼·狄德罗，《拉摩的侄儿与其他哲学对话》，第35、127页。

[4] 老加图（Caton l'Ancien）与小加图（Caton le Jeune）均为古罗马著名政客，"附庸先贤"（catoniser）一词则由此而来。——译者注

[5] 芙里涅（Phryné），古希腊高级妓女（hetaira；校书），以美貌著称，因肤色微黄而得名，为"蟾蜍""蛤蟆"之谓。据传，第欧根尼称其"为希腊所耽溺"，参见拉尔修，《言行录》，章二，60。——译者注

[6] 德尼·狄德罗，《拉摩的侄儿与其他哲学对话》，第45页。

一如侄儿蔑视拉摩；第欧根尼在自己的木桶边"寻人"未果，最终委身桶中。[1] 后世继承了犬儒者辛辣的措辞，也继承了他们论证矛盾的技艺，借以采取他们对手的立场，依次为两种矛盾的观点辩护，还继承了他们对罪恶与习俗的嘲讽，最终孕育出一种自然而放纵的道德，挑衅而无理。犬儒者的怪诞——如果暂且不称其疯癫——展现出理性的他者；身为习俗的外人，他贬低自己，却是为了让我们面对自己不可告人的他者性。因此，犬儒主义的高与低便彼此相连：高级的犬儒主义向往着人性纯粹的神秘，而低级的犬儒主义——为了抵达高级（此言或显累赘，可我们在专注于方法的同时，难道不常常忘记目的吗？）——揭露人的异化与堕落。狄德罗在写作《百科全书》"犬儒者"的条目时，常提及第欧根尼是一位需要认同的模范。[2] 可是侄儿却是假冒的第欧根尼：他的犬儒主义"肆无忌惮"，是一种摹仿，[3] 他嘲笑着第欧根尼特意选取的哲学高度，摈弃了古代犬儒

---

[1] 据传，第欧根尼曾白天提灯，四处漫游，说自己在"寻人"（anthrōpon zētō），盖其所见皆非"人"耳，参见拉尔修，《言行录》，章二，41。——译者注

[2] 参见让·斯塔罗宾斯基，《〈拉摩的侄儿〉中的第欧根尼》，载于《斯坦福法国研究》（Jean Starobinski, « Diogène dans *Le Neveu de Rameau* », in *Stanford French Review*, 1984, pp. 147–165）。对狄德罗而言，将自我投射于第欧根尼之上，"便是在同一个人的保护下，调和赤身裸体的倾向与道德训诫的喜好。"（同上，第155页）

[3] 此处"幻象"（simulacre）之意仅是让人信以为真的"幻觉"，或是带有戏谑意味的"摹仿"，而非20世纪法国哲人让·鲍德里亚（Jean Baudrillard）提出的"拟象"。——译者注

的德性，却用冲动、奉承、图利与物质享乐取而代之。侄儿是犬儒的犬儒：他考验着犬儒的修辞，并将其推至极点；他彻底脱身于道德身份之外，甚至不惜做犬儒道德的外人。就此意义而言，侄儿更类似于另一位犬儒者——此人因创造了一种新的讽刺文体，而在文体史中留名——伽达拉的梅尼普斯。[1] 除此身份外，梅尼普斯还是一名腐败的高利贷债主，最终受绞刑而死。狄德罗在"犬儒者"的条目中有所谈及："梅尼普斯 [……] 是古典学派最后的犬儒之一，让他更受赞誉的，是得名于他的写作方式，而或许不是他的品行或哲学。"对巴赫金而言，他创立的对话文体与修辞复调，是西方小说的鼻祖。[2] 不同于第欧根尼的道德英雄主义，要将自然人激情的奇特性屈从于某种道德律令，侄儿——同狄德罗一起——将这种苦行留给了卢梭；至于犬儒主义，他们只取其中可行的部分：文字游戏与逻辑暴力，不停地求知，却不停地摧毁，直到自己破灭。侄儿的哑剧，仅仅忠实于梅尼普斯的修辞，而非第欧根尼的德性。狄德罗从未如此极端地表明，他所处时代的道德，只能是某一

---

1 参见本书第 203 页注释 1。——译者注

2 巴赫金，《陀思妥耶夫斯基诗学问题》(Mikhaïl Bakhtine, *Problèmes de la poétique de Dostoïevski*, Seuil, 1970)。(译按：巴赫金，20 世纪俄国哲人、文学理论家，作者受其影响，将其引荐至法国学界。)

种语言:这种文化彻彻底底地关乎陌生性,既没有终点,也没有结论。

如此冲蚀显而易见的身份——不管是道德的身份,还是逻辑的身份——实则源于一种生物学的模型。奇特、异常却坦诚的人——在狄德罗的这部讽刺作品中,"直率"取代了对"真理"所有"附庸先贤"的辩护——其奇特性是在复调的修辞中展开的,而这种复调修辞,是神经系统痉挛、抽搐特性的可见一面。这种特性被与狄德罗同代的医学家发现,而狄德罗也加以采用。从阿尔布雷施·冯哈勒到怀特,从威廉·卡伦与约翰·布朗到卡乌-博尔哈夫,也不能忘记法国的医学家路易·拉家兹、博都、傅凯与梅努来·德·尚博(《百科全书》中的"痉挛"条目,即由德·尚博所写),狄德罗时代的医学界,遍处发现着痉挛。[1] 狄德罗本人也对此极为关心,由其《生理学基础》(*Éléments de*

---

[1] 自然的痉挛产生一系列作用/反作用,或者属于自然的紧张(tonus);反自然的痉挛则产生疾病:"一切神经疾患均可归结于瘫痪与痉挛,或是抽搐(convulsion);在自然状态下或是在瘫痪状态下,抽搐与痉挛类似,却更加迅猛。"引自塞缪尔·蒂索,《论神经与神经疾病》,载于《全集》Samuel Tissot, « Traité des nerfs et de leurs maladies », in Œuvres, 1855, p. 10)。(译按:阿尔布雷施·冯哈勒 [Albrecht von Haller],18世纪瑞士医学家。罗伯特·怀特 [Robert Whytt]、威廉·卡伦 [William Cullen] 与约翰·布朗 [John Brown],18世纪苏格兰医学家。亚伯拉罕·卡乌-博尔哈夫 [Abraham Kaau-Boerhaave],18世纪荷兰医学家。路易·拉家兹 [Louis La Caze,作者作 Louis de Lacaze]、泰奥菲勒·德·博都 [Théophile de Bordeu]、亨利·傅凯 [Henri Fouquet] 与梅努来·德·尚博 [Menuret de Chambaud 或 Jean-Joseph Menuret] 均为18、19世纪法国医学家。)

physiologie）可见一斑。他甚至认为，一切感觉均与"机体痉挛"相关。[1] 的确，当侄儿在哑剧中突发出直率的时候，他通过一种由痉挛、抽搐、颤动所组成的"语言"，揭露出自己的"思想"，而这些思想同时也是感觉。如果我们方才论述的奇特性是修辞性的（属于文化），那么它的本质也应当是神经性的（属于机体）："熬夜的医生与做梦的哲人，两者无任何差别"[2]——既然两者都探测着奇异。

私下里，奇特性同样也是政治的。侄儿，一位神经怪异的修辞学者，不会只置身一处、只站在一边、只居于一国。自一开始，他便悲叹道——即赞美道——日内瓦的居民"不知道身为公民的感受如何"[3]。他想模仿的正是这些人，他们所树立的榜样，不能被民众抄了去。这是一种怪僻的公民身份，而我们这位痉挛的羽管键琴演奏师，他表演的放纵的哑剧，又源自哪里？"他：我环顾四周；然后采取我的立场，或是取笑我看到别人所采取的立场。"[4] 他的立场

---

[1] 弗朗索瓦·汉斯特豪斯，《论人与其内在关联，附狄德罗评注》，第325页，引自 M. 霍布森，同前，第202页（François Hemsterhuis, *Lettre sur l'homme et ses rapports avec le commentaire inédit de Diderot*, Yale, 1964, p. 325, cité par M. Hobson, *op. cit.*, p. 202）。

[2] 德尼·狄德罗，《达朗贝尔的梦》，载于《拉摩的侄儿与其他哲学对话》，第184页（D. Diderot, « Le Rêve de D'Alembert », in *Le Neveu de Rameau, op. cit.*, p. 184）。

[3] 同上，第36页。

[4] 同上，第125页。

是暂时的、可动的、多变的——若是确定了,它则变得虚伪;因它总是转瞬即逝,游移不定。它是独到的(originale),却远离本源(origine),无根无蒂,漂泊着,陌生着:"在整个王国之中,行走的只有一人。这人便是君王。余下的统统站在各自的立场上。"奇怪的拉摩肯定不是君王。可是在对话发生的时候,君王还存在吗?"当有了一位贤王,我们才有祖国;若有的是暴君,便似国破家亡"[1],伏尔泰如是说。即使"我"总是决然地立刻赞同"他"的逻辑,却认为即使是君王,也会在他的情妇面前,或是在神面前采取立场("不论是谁,若他需要别人,那么他就是贫乏的,就持有立场"[2])。这样一来,难道就没有君王了?既然没了君王,那王国是否也不复存在了?所以什么都不再运"行",因为没有了君王,君主制也无从开始了?奇怪的、痉挛的、哑剧的人,或许居住在一个没有权力的国家,成为政治转型的社会征状。如果他要求获得奇特性,不惜到"荒谬"的境地("体制越久远,怪僻就越多;时代越悲惨,怪僻就倍增"[3]),这难道不也是因为危机中的政治

---

[1] 伏尔泰,《哲学辞典》(Voltaire, *Dictionnaire philosophique*)。

[2] 德尼·狄德罗,《拉摩的侄儿与其他哲学对话》,第 126 页。

[3] 同上,第 62 页。(译按:关于 idiotisme 一词的双重意味,参见本书第 202 页注 1。)

体制不再保证权力与个人的象征意义吗？哲人之"我"将人之不稳定性推而广之，因为他认为，依赖于他人的任何人都是不稳定的。然而，更加功利的侄儿却放出此言：为确保王国的存在，君王必须一直行走。不然——"我"更是确证了王室的贫乏——就没有可供栖身的王国。缺乏政治权力的人——持有立场的人，等同于没有王国的人。这种不惜怪异的直率，揭示出现代人在政治方面不过是无国籍者（apatride）。他在哑剧中所持有的立场，只能越过王国的界限才得以存在——越过摇摇欲坠的君主国家的边境。进入世界主义。

（2）傅吉列·德·孟勃朗，"心里毛糙"的世界公民

与此同时，一方"落魄知识界"开始显露在国家之上，[1] 拒绝归属于鬼魅一般的王国与憔悴溃败的国家（"国家"[pays]，源于pagus，与"农民"[paysan]、"异教徒"[païen]同源）。"世界公民"听上去像是一种挑战，甚至是一种嘲讽。在《百科全书》的条目中，晁固[2]写到，"世界公民"

---

1 落魄知识界（Lumpen-intelligentsia），来源于德语Lump（"破布"）与俄语intelligentsiya（"知识界"），指对社会无贡献或是缺乏品味与文化的知识分子，或以讽刺语调指代整个知识界。来源于马克思与恩格斯所创的"流氓无产阶级"（Lumpenproletariat）一词。——译者注

2 路易·德·晁固（Louis de Jaucourt），18世纪法国学者，编撰《百科全书》的主力。——译者注

一词有时有戏谑意味，用于指代"居无定所的人"或是"四海为家的人"。这个定义沿用了1721年《特雷武词典》（*Dictionnaire de Trévoux*）中的定义："世界公民"是"居无定所的人，或哪里都不是外人的人"。以《世界公民》为题的第一部作品，成书于1750年，则出自傅吉列·德·孟勃朗之手。[1]

孟勃朗是谁？狄德罗曾在歌剧院遇见他。

> 我们那时还未听说过佩尔戈莱西；吕利对我们而言已经是天大的名字。恰逢醉意上头，我攥紧邻座孟

---

[1] "世界公民"（cosmopolite）一词可上溯至16世纪。达梅斯特（Darmesteter）、哈茨菲得（Hatzfeld）与多玛（Thomas）所编的《词典》认为其由G. 颇斯待所创，其人为学者、游者，弗朗索瓦一世时期的皇家讲师与东方语言教授（参见本书第183–184页）。《法兰西学院词典》（*Dictionnaire de l'Académie*）直到1762年才收录该词。朗格莱·杜芬诺瓦（Lenglet du Fresnoy）1762年的《秘传哲学史》则认为该词出自炼金术士A. 赛同（A. Sethon）的一篇名为《世界公民》的论著，1604年出版于布拉格。从18世纪起，"世界公民"一词开始广泛流传：先是特雷武，再是傅吉列·德·孟勃朗，最后被法兰西学院收录。真正的智者应是一位"世界公民"，多提丢（Dortidius，即狄德罗）在《哲人》（*Les Philosophes*）中如是说（第三幕第四场）。（译按：《哲人》为喜剧，由18、19世纪法国剧作家夏尔·帕里索 [Charles Palissot] 所写。）参见保罗·阿扎尔，《世界公民》，载于纪念巴登斯伯格的《文集》（Paul Hazard, « Cosmopolite », in *Mélanges offerts* à Fernand Baldensperger, Paris, Champion, 1930, t. I, pp. 354-364）。斯多亚派的术语"世界的公民"（citoyen du monde）同样沿用。在杜贝莱那里，该词为贬义，参见《加来围城》（*Siège de Calais*）第四幕第二场；而拉封丹则自称"广袤宇宙的睿智公民"，圣西蒙尔将此称谓用于沃代蒙亲王（prince de Vaudémont）（《圣西蒙全集》, XV, p. 60）。参见F. 布吕诺，《法语源流考》（F. Brunot, *Histoire de la langue française des origines à nos jours*, t. VI, 1ʳᵉ partie, pp. 118–121）。（译按：让·德·拉封丹 [Jean de la Fontaine]，17世纪法国寓言作家；亨利·德·圣西蒙 [Henri de Saint-Simon]，17、18世纪法国思想家；沃代蒙亲王为17、18世纪的法国贵族、政客。）

勃朗的手臂，对他说：

——这曲子真美，先生，您也同意吧。

这男子面色泛黄，眉毛乌黑浓密，眼神阴郁无情，回了一句：

——我没感觉。

——您没感觉？

——没，我心里毛躁得很……

我一哆嗦，如见了老虎般倒退两步……[1]

人们常常暗示，启发了《拉摩的侄儿》的，或许就是这名在哲人面前自称"心里毛躁"的世界公民。[2]

《世界公民》文辞激愤，嘲笑所有国家的人（从英国人到土耳其人，当中还有西班牙人、意大利人等，自然不落下法国人），更是嘲笑一切信仰，鼓吹仇恨与自大，认为这才能化解四处弥漫的虚伪之风，看似漫不经心，实则不无见地。除了哑剧的艺术——这一点至关重要——孟勃

---

[1] 德尼·狄德罗，《讽刺文一》，论品性，载于《全集》（D. Diderot, *Satire* I, sur les mots de caractère, in *Œuvres complètes*, Garnier, 1875, t. IV, p. 305）。（译按：乔瓦尼·巴蒂斯塔·佩尔戈莱西 [Giovanni Battista Pergolesi]，18世纪意大利巴洛克作曲家；让-巴普蒂斯特·吕利 [Jean-Baptiste Lully]，17世纪法国巴洛克作曲家。）

[2] 参见傅吉列·德·孟勃朗，《世界公民》，后附《高卢首都或新巴比伦》（Fougeret de Monbron, *Le Cosmopolite ou le Citoyen du monde*, suivi de *La Capitale des Gaules ou la Nouvelle Babylone*, Bordeaux, coll. Ducros, 1970）。雷蒙德·图松（Raymond Trousson）引注，第15页。

朗的信条与侄儿的并无二致。因此，"凭着全世界最大的信念，我承认自己一文不值；他人与我之间的差异只在于，我敢于卸下自己的面具"；"我是漂泊者中的孤客"。循着四处周游的新斯多亚派精神，傅吉列从西塞罗处借来一句题词："哪里好，哪里就是家"（Patria est ubicumque est bene）（《图斯库鲁论辩集》[Tusculanae disputationes]，卷五），然而他却败坏了古代的世界主义，因为揭露每个国家的恶行才是其热衷旅行的动力。傅吉列笔下的世界公民尖锐乖戾、愤世嫉俗。这种愤恨——或是性格特点，或是修辞手法，或大概两者兼具——实在如炸药一般，一触即发，摧毁了国家的边界，也破灭了国家的神圣庆典。人们初读《世界公民》时，会因为书中过度的病态而怀有不适感。然而，再读此书之时，人们即使不同意如此愤怒的自我主义，却也不得不承认，古典时期的人，甚至是启蒙之后的人，需要动用大量的暴力与突发的偶像破坏，才能从最原始、看似最平庸的习俗中解脱出来——这种习俗便是对国家"宗族"的归属。"宇宙是一本书，当人们只看到自己的国家时，他们才只读到第一页，"1748年11月，傅吉列从拘禁中被释放时如此说道，"我翻阅了不少书页，却发现它们几乎一样低劣。对我而言，这场考验并不是没有成果。此前，我痛恨我的国家；然而，在我旅居各国时，却发现各族人民都蛮横无理，这反倒让我与祖国和解了。即使除此之外，我的旅行并未为我带来其他利益，我也不会因为花费与劳顿而感到遗憾。"[1] 在《恰尔德·哈罗尔德游记》的开篇，拜伦便引用了这些话的前几句。[2] 然而，这位浪子回头的世界公民，其"爱国主义"却是哄骗人的。回归自我，回归自身的伤痛，也因此赞扬专属自己的事物——就算是如此，这也肯定算不上爱国：因为信仰，即使是地域性的信仰，始终无法阻挡这位自知"心里毛躁"的否定论者。傅吉列成为世界公民，是因为对所有国家都不屑，也确实不认为自己属于任何国家。[3] 他写道，"我漂泊不定的想象力，无法容于任何条理次序"[4]，或是"我告诉你们，我固执的精神不认可任何规则，如同松鼠一般，跳窜在树梢之间，而不死守任何一根枝桠"[5]，这些语句实则也可以出于侄儿之口。主观的相对主义、对他人与自己的憎恨，还有空洞虚

---

[1] 傅吉列·德·孟勃朗，《世界公民》，第 35 页。

[2] 拜伦（Lord Byron），18、19 世纪英国浪漫派诗人，著有叙事长诗《恰尔德·哈罗尔德游记》（*Childe Harold's Pilgrimage*）。——译者注

[3] 因此，在登上一艘去往英国的船时，法国大使提醒傅吉列，"我们和英国还在打仗。我回复他说，[……] 我是世界的居民，对战争双方怀有绝对的中立。"（同上，第 122 页）

[4] 同上，第 45 页。

[5] 傅吉列·德·孟勃朗，《世界公民》，第 69 页。

伪的感受，主宰着这位世界公民无处容身的习性，主宰着他尖酸刻薄的讥笑。[1]

傅吉列的世界主义洋溢着怒火，固然具有讽刺意味，却实则揭示出世界主义主观一面的暴力与异常：这种世界主义，并不如哲学智慧一般中立而平静，凌驾于边境之上，而是一种痛苦的激情，震撼着那些不再在所处群体中认出自己的人，动摇着他们的身份。外人所处的矛盾，一面是伤痕累累的自恋，另一面是对他人的仇恨与迷恋，这场外人悲剧，便体现于这部尖酸的作品之中，而这部作品也使人想起十几个世纪之前芝诺的《理想国》与梅尼普斯的犬儒主义。这些作家的意图固然直率，却粗暴而出格，狄德罗的才华将其转化成另一种修辞。这种修辞虽然同样不受约束，写作这种修辞的艺术，却是用恰当的符号来表示欲力（pulsion）。在傅吉列的狂喜之上，狄德罗更是添上了

---

[1] "为了不冒犯任何一方，我们能说的最理智的话，便是此世的所有人都一样愚蠢荒唐，而事物之完美不过是人为的臆造罢了。"（同上，第52页）更有甚者："……我的旅行与漫游带给我的最大成果，便是用理智去痛恨那些我出于本性已经痛恨的事物[……]。我已完全确信，一切人类的所谓公正，都不过是约定俗成，而不以任何现实为根据；我也确信，所有人只为了自己而活，只爱自己[……]。说实在的，我还更磊落（fripon）些。"（同上，第59页）（译按：fripon为公然行骗、偷盗而不加犹豫之谓。）"在一切生物之中，我最爱我自己，却不认为我自己好到哪里去[……]。相反，凭着全世界最大的信念，我承认自己一文不值；他人与我之间的差异只在于，我敢于卸下自己的面具，而他们不敢像我一样。"（同上，第60页）"要知道，我是漂泊者中的孤客；宇宙不过是一出延绵的表演，让我免费消遣。"（同上，第61-62页）

（apposer）文化，而非以文化作对比（opposer）。然而，傅吉列的文风并不失精准、不失风味：《世界公民》确实是在揭示真理，即使它本质上仍是一部充斥埋怨与蔑视的作品。此书因而受到许多著名读者的推崇与化用：除拜伦之外，还有莱辛、伏尔泰、戈德史密斯[1]和斯特恩。[2]

与此同时，另有一种捍卫祖国的精神，生怕失去国家的特权，用"世界公民"一词加以贬斥的言论，大概正是与这种精神一脉相承的："不接纳祖国的人，不是好公民"，1762年《法兰西学院词典》"世界公民"条目如此写道。诸多观点与此呼应，卢梭写道："任何一个局部的社会，当它紧密而统一之时，便自然与更大的社会隔阂疏远。每一个爱国者对外人都很严苛：在他们看来，外人不过是碌碌庸流，不值一提。这种弊端虽不可避免，却并无大碍。关键还是要对自己的同胞善意相待。[……]切莫相信那些世界公民，他们在作品中自称去远方寻找的职责，是根本不屑于对同胞履行的。"[3]

---

1 奥利弗·戈德史密斯，《世界公民》(Oliver Goldsmith, *Citizen of the World*, 1762)。
2 劳伦斯·斯特恩，《感伤行记》(Laurence Stern, *Sentimental Journey*, 1768)。（译按：戈特霍尔德·埃夫莱姆·莱辛 [Gotthold Ephraim Lessing]，18世纪德国启蒙时期文人。戈德史密斯与斯特恩，均为18世纪爱尔兰-英国小说家。）
3 让-雅克·卢梭，《爱弥儿》(Jean-Jacques Rousseau, *Émile*, liv. I, in *Œuvres complètes*, La Pléiade, 1969, t. IV, pp. 248–249)。

然而，孟德斯鸠——正如上文所言——同沙夫茨伯里一起肯定到，世界主义实则具有积极意义，他们所生活的世纪亦不乏著名的世界主义者，如夏尔·皮诺·杜克罗（《现世风俗论》[Considérations sur les mœurs de ce siècle]，1751）、利涅亲王，亦如格林兄弟、伽良尼、博纳瓦尔、卡萨诺瓦、卡拉乔利[1]："即使人们必须热爱自己的国家，但是带着先入为主的优越谈论它，正如如此谈论自己的妻子、出身或财产一样可笑。虚荣心在哪里都如此愚蠢啊！"[2]"如果有知识有利于祖国，而有害于欧洲，或有利于欧洲，而有害于人类，我则视其为罪孽。"[3]

从傅吉列到孟德斯鸠，一面激愤、另一面慷慨的世界主义此后便表现为一种果敢，虽然这种果敢暂且看似空想，可是人们必须予以重视，才能意识到自己的限制，并且在社会关系与体制的组织中超越这些限制。

---

[1] 夏尔·皮诺·杜克罗（Charles Pinot Duclos），18世纪法国学者，参与编撰《百科全书》。利涅亲王（Prince de Ligne），18、19世纪奥地利文人、军官。格林兄弟（Frères Grimm），18、19世纪德国民俗学者。费迪南多·伽良尼（Ferdinando Galiani），18世纪意大利经济学家。克劳德·亚历山大·德·博纳瓦尔（Claude Alexandre de Bonneval），18世纪法国军官，后皈依伊斯兰教。贾科莫·卡萨诺瓦（Giacomo Casanova），18世纪意大利文人、旅行者。路易-安东尼·卡拉乔利（Louis-Antoine Caraccioli），18世纪法国文人，常为宗教辩护。——译者注

[2] 孟德斯鸠，《随想录》，第1286页。

[3] 同上，卷一，第981页。

（3）黑格尔的侄儿：作为奇特性的教化[1]

黑格尔认为，在辩证运动中，当精神世界与自己异化、对自己变得陌生之时，[2] 精神世界的两部分便彼此相遇：必然性（effectivité）与纯粹意识。"然而这个世界的存在，以及自我意识的必然性，取决于某种运动，通过这种运动，这一自我意识。"[3] 对黑格尔而言，这种运动正是教化（Bildung）——政治的、经济的、社会的、思想的……——而教化即自然存在的异化（extranéation）。[4] 正是通过教化，被思的实体便转化为必然性，一如被决定的个体性被反转为本质性（伊波利特注：在个体性成为普遍性的同时，普遍实体亦获得必然性）。

这种论证，即使我们无意在此探明其奥义，却成为17世纪与18世纪法国文化的界域与目的，在启蒙时期到达顶峰。黑格尔用《拉摩的侄儿》阐明其教化概念，即个体性异化至普遍性，反之亦然，用其教化概念解释《拉摩的侄儿》。狄德罗所依赖的奇特性，有三个方面：

---

1 黑格尔的教化（Bildung）概念，法文译作 culture，即文化。——译者注

2 G. W. F. 黑格尔，《精神现象学》（G. W. F. Hegel, *La Phénoménologie de l'esprit*, trad. fr. J. Hyppolite, Aubier-Montaigne, 1977, t. II, p. 54）。

3 G. W. F. 黑格尔，《精神现象学》，卷二，第54–55页。

4 异化（Entfremdung），法文译作 extranéation，为伊波利特新造词，现常作 alinénation。源于拉丁文 extraneus，为"外人"之谓。——译者注

——只有在普遍性中放弃自己，个体性才会变得稳定：这便是哲人之"我"的作用。若未完成这一步，便只有"对个体性的要求"，"个体性不过是被追求的彼在"，是"假装存在的存在"，对一个物种（espèce）而言。黑格尔特地使用法文的"他"（Lui）来解读《拉摩的侄儿》中的"他"的意义："['他'是]一切外号中最令人恐惧的，因为它意味着平庸，表达着最高程度的蔑视。"[1]

——黑格尔始终评述着侄儿的奇遇，尤其是贝尔丹家中的一幕，并从中寻找着主客之间贱斥的辩证逻辑；[2]与此同时，他对法国王朝的逻辑加以论述，认为它是异化的另一种形象。国家的权力被异化为一个个体，一个名字——"路易"（"[……]通过贵族意识的堕落，国家成为异化于自我的普遍性[……]，成为空名。"[3]）。随之而来的是"奉承的英雄主义"，这种语言从自身异化为一种纯粹的表象，从而确保自己具有某种空虚的权力，而实际上构成真正权力的，却是财富。文化的陌生化，便通过宫廷文化的历史现实显现出来：这种文化只是伪装、虚伪、表象，而侄儿的奇特性则与此对立，要求坦诚直率。

---

1 G. W. F. 黑格尔,《精神现象学》, 卷二, 第56页。狄德罗的作品当时仍未在法国出版，却已经由歌德译成德文。

2 G. W. F. 黑格尔,《精神现象学》, 卷二, 第77页。

3 G. W. F. 黑格尔,《精神现象学》, 卷二, 第73页。

——最后，"分裂的语言"是文化陌生化的主要表现。通过最终的倒转，它并不固定于自我的"正直意识"（conscience honnête）中——这种自我意识忽略了自己潜在的矛盾——而是取消了"高贵"与"下贱"的分别，将财富放在内在的深渊之前，表达出一种"抛弃着自身之抛弃"[1]的反叛，认识到自己的中立性、自己的奉承或自己的贱斥，简言之，在它的每一个时刻之后，它都添上了其反面。正如拉摩的侄儿的谈话，抵达"绝对普遍的堕落"的，正是"自我意识的本质"。然而，"纯粹教化"恰恰在于此[2]："相反，分裂的意识是堕落的意识，确切而言是绝对堕落的意识。"[3]

这种奇特性，黑格尔亦将其描述为"自我清晰的混乱"[4]或是"对自我与对他人的普遍欺骗"，成为"厚颜无耻的陈述"本身"最高的真理"。[5] 对侄儿而言，文化有一种犬儒的复调，令我们吃惊的是，黑格尔颇为忠实于这种复调[6]：他将

---

1 G. W. F. 黑格尔，《精神现象学》，卷二，第 78 页。

2 G. W. F. 黑格尔，《精神现象学》，卷二，第 78 页。

3 G. W. F. 黑格尔，《精神现象学》，卷二，第 80 页。

4 G. W. F. 黑格尔，《精神现象学》，卷二，第 81 页。

5 G. W. F. 黑格尔，《精神现象学》，卷二，第 80 页。

6 姚斯认为黑格尔的解读颇为确切，却更强调黑格尔与狄德罗之间的差异，尤其是《拉摩的侄儿》的对话与哲学辩证法之间的对比。参见 H. -R. 姚斯，《〈拉摩的侄儿〉：对话法与辩证法（或狄德罗——苏格拉底的读者，与黑格尔——狄德罗的读者）》，载于《形而上学与道德期刊》（H. -R. Jauss, « Le Neveu de Rameau, dialogique et dialectique [ou Diderot lecteur de Socrate et Hegel lecteur de Diderot] », in Revue de métaphysique et de morale, n° 2, avril-juin 1985, pp. 145-181 ）。

这种复调置于"对真与善的简单意识"之上，这种意识属于哲人之"我"，而"我"仍然是"沉默寡言的"，"仅仅是一种抽象"，刚好能够"以一种平淡的方式，简练地表达关于精神的话语之内容"。[1]然而，这种文化的奇特性，即使备受赞赏，在黑格尔看来也不过是一种"堕落"，而这种"堕落"，作为精神的闪烁，尤其是精神之言辞的闪烁，必须加以克服。黑格尔固然认真地阅读了狄德罗，可他的复调却让位于他辩证法的三元论。教化的世界将被道德的世界超越，才能最终进入宗教的世界与绝对精神的世界，因为只有绝对精神的世界才能用思想替换文化的堕落语言所使用的简单"表象"（représentations）。[2]实际上，黑格尔意义上的教化，本身便四分五裂，而且本质上是奇特的，通过不和与对立才得以进行，而教化正是在分裂的话语中才将两者统一起来。然而，这种话语却只能通过"在自我的枯燥之中，将一切还原成自我"来行使判断，而且不能把握住思想的实质内容。

文化会是法国的吗？

在上文中，我们反思了文化的陌生化，而这与道德和

---

[1] G. W. F. 黑格尔，《精神现象学》，卷二，第81页。

[2] G. W. F. 黑格尔，《精神现象学》，卷二，第84页。

宗教的调和（conciliation）截然不同。在这种反思的种种启发之中，我们可以选取一部分，用以谈论小说界、想象界，以及它们当前的形式——媒体界。一种堕落，让人类意指的对立面彼此相对，这种堕落便是18世纪法国的小说文化，具有复调般的意义。它依旧暗藏在19世纪宗教启示的想象合题之中，例如陀思妥耶夫斯基的对话，用荒谬摧毁了信徒的德性。

我们或许会问，法国是否未能继续成为以文化闻名的国度？——"文化"，即"教化"，黑格尔意义上的"堕落"。我们或许会问，法国是否并未认同于这种文化，而如此定义的文化是否不一定是法国的？的确，没有其他地方的政治权力令人感觉虚伪到如此程度——仿佛一种专制制度继续存在着，可它却是如此虚弱，乃至是徒有其表。人们只是出于惯例听任于它，治理它，或是服从它，可是它既没有盎格鲁-撒克逊政权的道德权威——他们总是准备着弹劾（impeachment）——又没有极权政体专制的铁腕。与此同时，媒体文化藐视它、支配它——一如别处，或许更加放肆——打出"多数"或是"少数"的牌，再根据哑剧的好坏，随时准备调换胜者与败者的地位，与《拉摩的侄儿》如出一辙。善即是恶，恶即是善，两者倒也同住……

种种伪装混居同住，相互对立，在这种背景下，"自身的外人"这一沉重的角色，却被中和了。实际上，文化（如上文的定义）让每个人都意识到一种价值以及它的对立面，同一以及他者，相同者以及它的陌生者。当价值的堕落建立起一种文化微妙的规范，而使这种文化意识到自己的可逆性时，人们便不能将"外人"这一单义的角色占为己有，不管是褒义（部落中隐藏意义的启示者）还是贬义（毁坏共识的闯入者）。不管是严肃的浪漫主义者，还是恐怖主义者，自身陌生性中的这两个身份消融在文化的闪烁之中，正是这种形态多样的文化，将每个人掷入自己的他者性或相异性中。然而，这样的文化却不再同化外人，它在消融同一与他者之间截然的边境的同时，也消融了自己的存在。唉！可是它不能总是抵挡那些怀有教条式企图的人们——他们或是在经济上，或是在意识形态上受到挫败，通过拒绝他人，才重构出自己所"特有的"事物，重构出自己的"身份"。然而，这些企图却立刻在法国被视为一种对文化的背叛，一种精神的丧失，而且更甚于别处。即使在历史的某些时刻，类似的有益文化的反应时常被人遗忘，但人们还是热忱地指望这些反应，从而继续让法国成为一处庇护之地。并非所谓收容之"家"，而是一片充满奇遇的地域。有些外国人渴望作为外人,迷失在法国文化的堕落之中,从而重获新生。他们想获得的,并不是新的身份,而是人类经验中这一费解的层面——怀着归属感,亦超越归属感——这便是"自由"(une liberté)。用法语说:"une culture"(一种文化)。

人权与公民权

1789年8月20日至26日,经反复磋议,法国国民议会发表《人权宣言》[1],即使是在两个世纪之后,《人权宣言》仍是一颗无人逾越的试金石,用以检验地球上任何人的自由。人们时常慨叹于此文的简练与明晰,寥寥几页,便足以预见种种威胁与流弊,并保证人们理性地行使自由。在签署人中,不乏时任议会主席穆尼耶、戴慕涅、米拉波子爵、比罗·德·普西、费代尔、南锡主教、埃玛尔教士,以及其他秘书。[2] 他们是启蒙时期的后人,继承了哲人关于

---

[1] 国民议会(Assemblée nationale),1789—1791年由三级会议中第三级的平民组成的革命性集会,后继下文提到的国民制宪议会。——译者注

[2] 让－约瑟夫·穆尼耶(Jean-Joseph Mounier)、让－尼克拉斯·戴慕涅(Jean-Nicolas Demeunier)、奥诺雷－加百列·里克蒂·德·米拉波(Honoré-Gabriel Riqueti de Mirabeau)、让－泽维尔·比罗·德·普西(Jean-Xavier Bureau de Pusy)、让－菲利克斯·费代尔(Jean-Félix Faydel)均为18世纪法国政客,在法国大革命中发挥了重要作用。任南锡主教(Évêque de Nancy)的安－路易－亨利·德·拉·法尔(Anne-Louis-Henri de La Fare)和让－弗朗索瓦－昂热·埃玛尔(Jean-François-Ange d'Eymar)为18世纪法国教士,同样参与政治。——译者注

自然人与政治人的种种思想，因而《人权宣言》并不在"社会集体"（corps social）之外讨论"神圣的、不可让与的自然人权"，恰巧相反，它旨在向社会集体的所有成员阐明"他们的权利与义务"。[1] 因此，写作《人权宣言》的目的，正是修缮现有的政治制度，从而使其尊重"简单而无可争议的原则"。所以，《人权宣言》根植于启蒙时期提出并尊崇的普遍人性，从"人"的普遍概念转向必须保证人权的"政治联合"（associations politiques），再确立"根本的政治联合"之历史事实——这种政治联合便是……国家。《人权宣言》写道（楷体强调为本书作者所加）：

第一条　人生来在权利上自由平等，并始终如此；社会赋予人的差别，只能以其公共效用为根据。

第二条　任何政治结合的目的均在于确保自然而不可侵犯的人权；这些权利即自由、财产、安全与反抗压迫。

第三条　任何主权的根本原则在于**国家**；任何团体、任何个人均不可行使未由**国家**明确授予的权力。

---

[1] 参见《人权宣言》引言部分。——译者注

因此，人是政治性的，人对国家的归属正是其主权的根本体现。那些想要将主权的特权占为己有的人——不管是君主，还是社会团体——真是羞耻！因此，在国家政治集体的义务前人人平等，这一原则的法律基础也就此奠定，而我们也不由得仰慕这种立场的果敢与慷慨。《人权宣言》所宣扬的远非一种自然的平等主义，而是直接将平等铭刻在人的"政治"与"自然"体制之中，尤其是在国家的范畴之中。国家政治集体的任何行动，应当照顾到所有人。[1]

这一原则的民主与进步特征，往往让评论者印象深刻，却又同时引人发问。实际上，国家集体一旦形成，其中的所有人都能够在权利上自由而平等。因此，自由而平等的人在事实上就是公民。况且，《人权宣言》第一条中的"人"一词，在第六条中就被"公民"所取代，在前几条逐渐明确地审视了人的社会性与国家性之后，"公民"一词便是

---

[1] 参见加布里埃尔·龚派雷为《人权与公民权宣言》所撰的引言（Gabriel Compayré, Préface à la *Déclaration des droits de l'homme et du citoyen*, Paris, Alcan, 1902）。实际上，国家立法主权的传统在当时亟须革新，虽然这一观念直接源于卢梭，对该观念的肯定实则可上溯至亚里士多德、圣托马斯·阿奎那、支持公会优先于教皇的若干神学家、腓力普·颇特（《普遍国家论》[*Discours des États généraux*, 1484]）、弗朗索瓦·霍特曼（《法兰克高卢》[*Francogallia*, 1573]）、英国法学家和斯宾诺莎。在大革命之后，这一观念尤其体现在康德的世界主义思想中（参见本书第250页起）。（译按：菲利普·颇特 [Philippe Pot]，15世纪法国贵族、军师、外交家；弗朗索瓦·霍特曼 [François Hotman，作者作 Holman]，16世纪法国文人、法学家；巴鲁赫·斯宾诺莎 [Baruch Spinoza]，17世纪荷兰哲人。）

不可避免的了：

> 第六条 法律为普遍意志的表现；所有公民均有权利亲自或通过代表促进法律的制定；所有人都应遵守同种法律，不论是受其保护，还是受其处罚。

起草者的巧思便由此体现：在"权利"意为公民"义务"的语境中，"公民"一词才出现：我们应当"促进"法律的制定，正是通过职责与享受的这种相互性，成为公民的人才受到保护，或是在违法的情况下受到处罚。国家所专属的普遍意志——再次源于卢梭——在此包括穷人、所有阶层的工人，不论性别与年龄……民主从未表达得如此明确，因为它不排除任何一个人——除非是外国人……

实际上，因为"自然"人立刻是政治的，所以也是国家的。随着西方社会的经济发展，这种论证的转变带来了民族国家的创立，也将衍生出或是偏离成19世纪与20世纪迸发出的民族主义思潮。然而，我们也注意到，从埃德蒙·伯克开始，[1]一些思想家便发出警告，应把国家公民与

---

[1] 埃德蒙·伯克，《对法国大革命的反思》(Edmund Burke, *Reflexions on the Revolution in France*, 1790)。（译按：伯克为18世纪爱尔兰政治哲学家，开现代保守主义[conservatisme]先河。）

普遍的自然人两种存在区分开来——虽然这种警告时常被指责太过抽象。法国的《人权宣言》将人归于自然，因而将人权定义为"自由""财产"与"国家主权"；而美国的《独立宣言》将人归于上帝，人权因而在于"生命""自由"与"幸福"。[1] 我们或许会惋惜到，即使是在对自由最高的要求之中，也还是存在着"人"/"公民"的二分。我们或许会批判到，人类平等的基础，竟然游移到"上帝"与"自然"之间，而不甚明确。然而，在经历了当代历史的种种灾难之后，我们或许只能赞叹到，这一伦理政治体制，超越了承认人的国家政治本性的历史要求，而保留了人不可让与的维度，无法约简为国家的政治意识与法律。然而，在继续讨论"人"与"公民"二分的优点之前，让我们首先指出其缺陷。

确实，理应独立于任何政府的人（参见第一条）成为一个国家的公民（参见第二至第六条等）。人与公民的等同将在此后的历史中带来种种问题，尤其见于汉娜·阿伦特的思想之中：人民若是失去了保护他们的政府，又会成为什么（例如拿破仑执政时的对外扩张）？失去了国籍的人民，又会成为什么（例如国家垮台后的俄罗斯人与波兰

---

[1] 美国的《独立宣言》于1776年7月4日签署。——译者注

人；或者举一个更彻底的例子——犹太人）？普遍而论，并不身为主权国家公民的人，又应该作何考虑？如果我们不是公民的话，那么我们是人并享有"人权"吗？

当法国大革命的思想盛行于欧洲大陆之时，人们便开始要求国家公民的权利，而非全体人类的权利。至于怪异的国家社会主义，人们或许会问，这是否只是"正常的"民族主义在经济发展的压力之下偏离而成的病态畸形，或者这与传统的民族主义之间还存在着某种演变关系？[1]这种畸形代表着思想与政治体制的断裂，汉娜·阿伦特在强调这一点的同时，也正确地察觉到，国家的遗产为纳粹的暴行提供了某种担保——至少是在初期——而人们以为自己的术语源于前人，根植于传统之中，便无法识破纳粹反人类的罪行。

因此，野蛮世界的极点，便是一个仅由国家构成的世界，只有在国家定居的人才有权利享有权利。"居所的丧失"——一种因"无法找到居所"而加剧的"社会网络的丧失"——便是这种新兴野蛮的代表，源于民族国家的系统内部。现代世界中的一些人——现代社会指的是纳粹及其遗患——不再被承认为主权国家的公民，因而不属于任何一个主权

---

[1] 国家社会主义（national-socialisme, Nationalsozialismus）即纳粹主义。——译者注

群体，不属于任何一个群体。[1] 如果国家并不需要他们，那么"即使他们受到压迫，也无人在乎"；"他们能想到的事情毫无价值"；[2]"失去人权，首先便是在世界中失去为观点赋予意义、为行动赋予效果的地位"[3]。

在敏锐地指出了这一点之后，阿伦特反思到，那些失去了居所的人在重建家园时，亦需要一种民族主义，而这种新生的民族主义却是情有可原的；她还暗示了对"人权"本身的谴责，因为这一概念将人局限于国家中，而排斥"无国家"的人："在人抽象的赤裸之中，世界没有看到丝毫的神圣[……]。仿佛仅仅身为人的人，已经丧失了一切资质，而不能被其他人视作同类。"[4] 因此，即使汉娜·阿伦特此前对伯克的思想持批判态度，却也暗自与他站在同一阵地，从而悲叹人权的"抽象"，或是将其对比于历史上的"世袭遗产"（伯克将法国大革命的权利与"英国的权利"作对比，前者"抽象"，而后者是"由我们的祖先传承下来的不可让与的遗产"），或是将其对比于人类原则超越的、

---

1 汉娜·阿伦特，《帝国主义》(Hannah Arendt, *L'Impérialisme*, 1951-1968, trad. fr. Seuil, « Points », 1982, p. 280)。
2 汉娜·阿伦特，《帝国主义》，第 281 页。
3 汉娜·阿伦特，《帝国主义》，第 281 页。
4 汉娜·阿伦特，《帝国主义》，第 287–288 页。

神性的担保。

然而，在18世纪的人文主义精神中，我们却能够将其原则与其内容区分开来。如果说其内容所采用的的确是人性的抽象概念，简化为"自由""财产"与"主权"，在今日早已过时，那么其原则却依旧存在，并且有两种面向。一方面，它融会了斯多亚派与基督教传统的普世，而将其内在性设立于此世的言在（être parlant）之中。[1] 另一方面，其功利的优势在于，它能够面向现实的政治体制，而不被简化为现实的政治体制。也就是说，它能够设立一种伦理价值，而不将其混同于历史的社会及其兴衰变迁。

人权之原则，是启蒙时期的信念——黑格尔将"信念"一词理解为"恐怖"的解药。

只有维持这种普遍尊严的原则——而不将其扩散至国家、宗教或私人的新兴地方主义之中——我们才能期望改善其内容，同时意识到人类的行为带给我们的对人性的启示。在关系与生活的社会倾向之外，我们还看到杀人的冲动、死亡的享受、分离与自恋的快感，还有种种浪潮，瓦解了社会的组织，也同样分裂了身体的整全，以及个体的精神空间。与摧毁社会的倾向相连的，还有摧毁自然、人类之

---

[1] 言在（être parlant），参见本书第62页注释1。——译者注

生物构成,以及个体身份的倾向。了解每个实体内部——不管是个体还是群体——对陌生化的猛烈动力,固然与18世纪的乐观主义渐行渐远,却并未质疑其原则。将言在的尊严保持为原则与目的,便能让人了解、照料,或许还能改善言在的瓦解。纳粹并未因"人"的概念或许包含着"抽象"而丧失人性("仅仅身为人的抽象的赤裸"[1]),相反,正是因为他们丧失了人性这一崇高、抽象却全然象征性的概念,而用对地区、国家或意识形态的归属取而代之,暴行才得以在他们身上实现,并且压迫那些没有这种归属的人们。他们抛弃了人性的概念,是因为它过于"抽象"以至于丧失了意义,或是反倒因为在这种所谓的"抽象"之中,存在一种象征性的价值,这种价值反对他们因将某种特定的意识形态、种族或国家的归属视为更高等而渴望统治他人、占有他人?如果将纳粹的民族主义与另外的民族主义相对比,那么我们可以发现,它们都无意识地屈从于同一种思想。相反,《人权宣言》在"人性"(究竟人性是"自然的"还是"象征性的",有待商榷)与"公民性"之间所作的区分,维持了对跨历史性的人类尊严的要求,之后便需要斟酌这种尊严的内容,以超越18世纪天真的乐观主

---

[1] 汉娜·阿伦特,《帝国主义》,第288页。

义。然而，这种改善不仅仅是法律的职能：它不仅牵连着权利，还包含着欲望与象征价值。它属于伦理学与精神分析。因此，如果说《人权宣言》注定是不可触碰的，那么继承它的精神来实现人权——而非照搬字面——似乎便包含两个方面。

一方面，法律中对公民与非公民权利与义务的规定，应当合理地逐步修订，从而尽可能平衡两者的处境。这种程序已经在发达国家的国际法中着手进行；而即使存在着争端与战争，这种程序也似乎注定是要在世界推广的。

另一方面（如第一方面的必然分身一般，无法分离而孤立存在），伦理应当解释、讨论并推广人类尊严的概念，这种概念应当与古典人文主义者的高涨情绪割裂开来，而要充盈着我们身为言在的异化、悲剧与绝境——这种伦理应通过教育与精神分析而加以实现。倾向于地方主义（particularisme）、渴望将自我晋升至某种私有的价值、攻击他人、认同或排斥某一群体，这些都是人类尊严所固有的特征——如果我们同意这种尊严包含了陌生性的话。那么，不管这种陌生性多么社会化，它都是可以调整的——调整它的社会应当是多方位而灵活的，既不囿于国家或宗教，又不似无政府主义一般分崩离析。伴随着国家之交融的，是对它们的政治体制与社会结构的解放——从自由竞争到自我治理[1]，这种解放始终根据"差异"来尊重"专属"。如此的调节，或许可被称作民族国家内部的世界主义，似乎就是民主社会业已采取的中间道路，它们由此畅想梦中的乌托邦——一个没有国别的社会。

大革命期间的外国人

（1）博爱与民族主义的诞生

世界主义的潮流，承袭着孟德斯鸠或卢梭的思想，盛行于法国大革命初期，而且通过许多法令或其他法律措施，得以在政治中实现。因此，主张温和的制宪议员塔捷于 1790 年 4 月 30 日主张，在法国侨居五年并拥有一定财产的所有外国人，应获得法国国籍。[2] 这一计划并未引起争论，而是被直接采纳，成为开创先河的自由主义法令。[3] 法令规定："凡生于王国之外、双亲为外国人、定居法国者，

---

[1] 自我治理（autogestion）指某群体或组织由其成员治理的体制，常用于指代工人自治，即工人参与政治经济决策的社会主义体系。——译者注

[2] 居伊 – 让 – 巴普蒂斯特·塔捷（Guy-Jean-Baptiste Target），18 世纪法国政客。国民制宪议会（Assemblée nationale constituante）为 1789—1791 年起草宪法的议会。——译者注

[3] 阿尔伯特·马蒂耶，《大革命与外国人》（Albert Mathiez, *La Révolution et les étrangers*, Paris, La Renaissance du Livre, 1928, p. 31）。

在王国定居满五年之后，如另购置不动产，或娶入法国妻子，或建立商业机构，或持有城民文书[1]，则可以法国人之名被承认，宣公民之誓，积极行使公民职权，而不顾任何其他［作为外国人］可能违反的规定。"这段文字后被收录于1791年《宪法》第二编第二条中。在当时，外国人或是根据国籍构成特殊的小社群，[2]或是融入法国的俱乐部。尼古拉·德·邦纳维尔的"社会团"便是其中之一，与"外国人集会"（Réunion des étrangers）这一共济会所有联系：[3]它的世界主义纲领便在于创设全世界"真理之友"的同盟，取缔国家、选择民主，从而废除战争。采取这一立场的还有比利时人普罗利[4]，他创办了一份明显有世界主义倾向的报纸，名为《世界公民报，或历史、政治与文学期刊》（*Le Cosmopolite ou Journal historique, politique et littéraire*；后更

---

1 城民文书（lettre de bourgeoisie）为证明某人市民身份的文书。——译者注

2 这些同乡会（clubs nationaux）中的一些会合并成一个更大的组织——外国人俱乐部（Club des patriotes étrangers），后在1792年8月10日更名为阿洛布罗基协会（Club des Allobroges）。（译按：阿洛布罗基源于高卢语Allobrogis，为"外邦人""境外人"之谓，后被用于指代铁器时代与罗马时代在罗讷河与阿尔卑斯山间生活的民族。）

3 邦纳维尔（Nicolas de Bonneville）为18、19世纪法国文人、书商，参与创办革命团体"真理之友会"（Amis de la Vérité），该会又称"社会团"（Cercle social）。共济会所（loge maçonnique）为共济会（franc-maçonnerie）的地方集会单元。——译者注

4 贝托尔德·普罗利（Berthold Proli），18世纪比利时政客，参与大革命。——译者注

名为《世界公民报，或全球外交报》[*Le Cosmopolite ou le Diplomate universel*]），该报创刊于1791年12月，于1792年3月停刊：它本尝试阻止战争，在宣战之后，它反倒被怀疑有叛国倾向，随即便销声匿迹了。

议会在初创时尚且主张和平，在1790年5月20日声称，永远不会征服任何地区，不会对任何人民动用武力。在这种精神下，国际精英对革命思想的拥护，自然是备受嘉奖的。在瓦雷讷出逃与《皮尔尼茨宣言》之后，吉伦特派为了抵抗反对革命者的欧洲君主国同盟，便将国际主义选作他们政治斗争的一张重要手牌，并以此希望人权的原则能够感染邻国的人民，从而挑起反对君主暴政的起义。[1]因此，难民与政治流亡者受到援助，而国民立法议会也颁布了组建外籍军队的法令。[2]

这种政策即使到了战争前夕也并未改变：外国人从未

---

[1] 瓦雷讷出逃（fuite de Varennes）指1791年6月20日深夜，法国国王路易十六与玛丽·安托瓦内特等人暗中出逃巴黎王宫，于瓦雷讷城被拦下，此事件令王室大失人心。《皮尔尼茨宣言》（Déclaration de Pillnitz）于该年8月27日由神圣罗马帝国皇帝与普鲁士国王签署，号召欧洲各国支持路易十六，警告革命者将权利交还王室。——译者注

[2] 国民立法议会（Assemblée législative）为1791—1792年的法国立法机构，前承上文提到的国民制宪议会。这里的外籍军队（légions étrangères）为1830年成立的外籍军团（Légion Étrangère）的前身。19世纪初，法国军队已有六个来自瑞士的军团以及四个来自葡萄牙与西班牙的军团。——译者注

像现在这样受到优待,即使法国正在准备向他们的原籍国开战。[1]因此,1792年8月24日,以玛丽-约瑟夫·谢尼叶[2]为首的一群文人向立法议会请愿,希望国家以"法国人民盟友"之名,接纳一批其作品已经"铲除了暴政的根基,而为自由铺路"的外国作家。显然,他们的言下之意便是选举这些"人类的恩人"为议员。在人类历史中,首次投票通过了一种——荣誉性的——融合政策,以"全体人类"之名,将那些为人类贡献最大的人承认为法国人。拉溯斯、图里奥与巴希尔投票反对,然而在顾亚岱的汇报之后,法令于8月26号通过,规定将法国公民的头衔赋予"在世界各地,使人类理性趋于成熟,并为自由开辟道路"的外国作者与外国学者。[3]在"被接纳者"的名单中,不乏如下大名:约瑟夫·卜利士力、托马斯·潘恩、杰里米·边沁、威廉·威尔伯福斯(黑人权益捍卫者)、托马斯·克拉克森(奴隶制反对者)、詹姆士·麦金托什、大卫·威

---

[1] 阿尔伯特·马蒂耶,《大革命与外国人》,第72页。

[2] 玛丽-约瑟夫·谢尼叶(Marie-Joseph Chénier),18、19世纪法国诗人,出生于君士坦丁堡。——译者注

[3] 本句内提及的四位人士均为18世纪法国政客。马可·大卫·拉溯斯(Marc David Lasource)与玛格丽特-艾利·顾亚岱(Marguerite-Élie Guadet)为吉伦特派;雅克-亚历克斯·图里奥(Jacques-Alexis Thuriot)与克劳德·巴希尔(Claude Basire)为山岳派。——译者注

廉姆斯、朱塞佩·格拉尼、安纳卡希思·克鲁茨、高乃伊·德帕乌、约阿希姆·海因里希·坎帕、裴斯泰洛齐、乔治·华盛顿、亚历山大·汉弥尔顿、詹姆斯·麦迪逊、弗里德里希·克洛普施托克、塔德乌什·柯斯丘什科、席勒。[1]

然而，随着事态的进展，尤其是革命战争的爆发，风云也发生了变化。显然，国际主义的思想，以及对这种思想的促进，未能让欧洲国家列队于革命的旗帜下。武装的时刻到来了，至于外国人，即使他们不是嫌疑犯，不是罪犯，也到底让人觉得碍手碍脚。一部分外国人大概已经受到敌人的"渗透"。于是一种普遍的怀疑逐渐蔓延到所有外国人身上，甚至到动用死刑的地步。许多人命丧断头

---

[1] 这些人士均活跃于18世纪和19世纪初期。约瑟夫·卜利士力（Joseph Priestley），英国化学家。托马斯·潘恩（Thomas Paine），美国政客。杰里米·边沁（Jeremy Bentham），英国哲人。威廉·威尔伯福斯（William Wilberforce）与托马斯·克拉克森（Thomas Clarkson）为主张废除奴隶制的英国政客。詹姆士·麦金托什（James Mackintosh，作者作Jacques），苏格兰法学家。大卫·威廉姆斯（David Williams），威尔士哲人。朱塞佩·格拉尼（Giuseppe Gorani），意大利贵族、旅行者。安纳卡希思·克鲁茨（Anacharsis Cloots），普鲁士政客、文人。高乃伊·德帕乌（Corneille de Pauw），荷兰哲人，为克鲁茨的叔叔。约阿希姆·海因里希·坎帕（Joachim Heinrich Campe），德国哲人。乔纳·海因里希·裴斯泰洛齐（Johann Heinrich Pestalozzi），瑞士教育家。乔治·华盛顿（George Washington）、亚历山大·汉弥尔顿（Alexander Hamilton，作者作Jean）与詹姆斯·麦迪逊（James Madison）均为美国政客、美国国父。弗里德里希·戈特利布·克洛普施托克（Friedrich Gottlieb Klopstock），德国诗人。塔德乌什·柯斯丘什科（Tadeusz Kościuszko），波兰军人、民族英雄。弗里德里希·冯·席勒（Friedrich von Schiller），德国诗人。——译者注

台。[1]

值得注意的是，在此之后，埃贝尔派成为外国人的保卫者，而他们同样宣称自己赞成对欧洲的同盟国家作殊死的斗争。精明的世界主义者们，便由此自相矛盾地进入"杜谢老爹"的极端主义阵营，其中的一些人也随着埃贝尔派的垮台而走向灭亡。

随着噩耗不断传来，这些"外国特务"便被指责为此中元凶。1793年3月18日，巴雷尔以救国委员会的名义要求法律镇压外国人，要求外国人受到共和国的放逐。[2] 康朋[3] 亦主张"所有外国人必须离开共和国的领土"。在每个市镇或城区内，设立起一个十二人的委员会，负责审批外国人的申报，从而决定哪些人应该"在24小时内离开市镇，

---

[1] 怀疑遍布的气氛，导致人们犯下如此出格的暴行而不一定有正当根据，《世界公民报》或许就是一个例子。该报由比利时人普罗利创立于1791年12月，主张和平：它反对吉伦特派的武力政策，捍卫法国与奥地利的同盟，刊登罗伯斯庇尔的反战文章……该报似乎大部分免费发放，却被怀疑为国王的政策效力；在该报未能阻止的战争爆发之后，便停刊（阿尔伯特·马蒂耶，《大革命与外国人》，第31页）。普罗利抛弃了之前的盟友，开始拥护埃贝尔派：这是为了表明自己的爱国主义吗？（译按：埃贝尔派 [Hébertisme]，大革命时期极左翼政治团体，反对吉伦特派，得名于记者雅克·埃贝尔 [Jacques Hébert]。埃贝尔创办的刊物《杜谢老爹》[Le Père Duchesne] 针砭时弊，反映民众利益，在民间大受欢迎。埃贝尔于1794年被送上断头台。）

[2] 贝特朗·巴雷尔（Bertrand Barère），18、19世纪法国政客，为政治立场中立的平原派（La Plaine）人士。救国委员会（Comité de salut public），1793年由国民公会创建，于1793—1794年"恐怖统治"期间担任执行政府的工作。——译者注

[3] 皮埃尔-约瑟夫·康朋（Pierre-Joseph Cambon），18、19世纪法国政客，山岳党人，曾于国民议会上公然反对罗伯斯庇尔。——译者注

并在 8 天内离开共和国的领土"[1]。这些委员会从外国人开始，很快便将其警戒延伸至有嫌疑的其他所有人。1793 年 4 月 5 日，罗伯斯庇尔要求雅各宾派人"将我们轻率地委托其指挥军队的外国将领驱逐出境"。

5 月 31 日的暴动使山岳党权力大增，而吉伦特派渐处劣势；在此之后，两派政党指责彼此为皮特或科堡效力，而外国人也必然成为政治计谋的嫌疑人。[2] 随着物资逐渐匮乏，康朋将越发动摇共和国的经济危机归咎于外国人（7 月 11 日对救国委员会的汇报）。人们立即开始组织针对外国人的报复行动，一如报复同盟政府。"让我们把英国人赶出我们的领土！"救国委员会呼吁道。"统统赶走！统统赶走！"代表们应声高喊。人们要求在巴黎的街头设置路障，防止外国人通行，排查一切可疑者。"共和国之敌对国家的公民，若非在 1789 年 7 月 14 日之前已在法国定居，则需即刻逮捕，同时查封其文件、财产、用品"，国民公

---

[1] 这条规定适用于任何外国人，如果"他不能在委员会前证明自己在法国定居，或是在法国有职业，或是购置不动产业，或是由六名在市镇内定居年满一年的公民证明他履行公民责任……"（阿尔伯特·马蒂耶，《大革命与外国人》，第 125 页）

[2] 1793 年 5 月 31 日暴动，由无套裤汉、雅各宾派与山岳党人发起，反对主导政治却无力应对危机的吉伦特派，"恐怖统治"酝酿而生。参见本书第 247 页注释 1。时任英国首相威廉·皮特（William Pitt）与奥地利军官科堡（Frédéric Josias de Saxe-Cobourg-Saalfeld）在反法同盟中担任领导。——译者注

会如此规定。[1] 人们将外国人禁闭在宾馆，或者是其他被政府调用的建筑内。人们同时提议城市政府开设"友好证明"，颁发给那些通过"公民审查"的外国人：这些人此后需要佩戴袖章，写明其国家，后加"友好"二字。法布尔·戴格朗汀[2]则坚持要求逮捕法国境内的所有外国人，没收其财产，为共和国所用。一位埃贝尔派者要求政府出于自由的道义，收留政治难民，却无任何成效。

似乎逐渐形成两派：一派为宽容派，主张对外国人采取更加严厉的措施，却要求和平；[3]另一派为埃贝尔派，捍卫热爱法国的侨民，却敦促针对欧洲的战事，毫不让步。法布尔·戴格朗汀自成一派，尤其热衷于揭露外国人的诡计。夏博与巴希尔的阴谋便被揭穿。[4]不少著名的外国人士

---

[1] 国民公会（Convention nationale），1792—1795年法国的单一国会，前承上文提到的国民立法议会，后启下议院五百人院（Conseil des Cinq-Cents）与上议院元老院（Conseil des Anciens）。——译者注

[2] 法布尔·戴格朗汀（Fabre d'Églantine），18世纪法国剧作家，雅各宾派人士，以为共和国历诸月份定名而闻名。——译者注

[3] 一些山岳党人主张缓解日趋极端的恐怖统治，形成以乔治·丹东（Georges Danton）为中心的"温和派"（modérés）和"宽容派"（Indulgents），与又名"极端派"（exagérés）的埃贝尔派形成对比。参见本书第252页注释1。——译者注

[4] 弗朗索瓦·夏博（François Chabot）与克劳德·巴希尔均为18世纪法国政客，山岳党人。1793年，法国东印度公司正进行破产前的清算工作。戴格朗汀指控夏博伪造该公司财务，贿赂负责清算的人员。夏博认罪，称该阴谋的背后主使是英国首相皮特，还称巴希尔是该阴谋的共犯。两人于翌年被送上断头台。——译者注

遭到逮捕：两名德国作家，朱尼乌斯·弗雷与埃曼纽尔·弗雷兄弟，以及他们的秘书狄德里施森；两名布鲁塞尔银行家，西蒙与杜罗亚；还有受雇于赫罗·德·塞舌尔的戴非欧、佩雷拉、杜布伊松、杜布歇等人，他们被证实为秘密特工。[1]

这一场对外国人的追猎，在战争时代或许情有可原，却有一件事尤其令人注意。一些外国人（如克鲁茨、普罗利等）是坚定不移的无神论者，而且积极地——甚至是粗野地——参与当时"去基督教化"的进程。这些出格的行为必然引起的反应，让某些人认为去基督教化运动是反革命的阴谋。与此同时，埃贝尔派与推崇"杜谢老爹"的无套裤汉开展起极端革命的报复行动，将共和党分裂开来，杀害大量共和人士，阻止政府居中调节的必要行动：[2] "我们只认同一种制止罪恶的方法，那就是在暴君的坟墓上，毫不留情地宰杀所有留恋暴政的人、所有意欲为暴政复仇

---

[1] 夏博的妻子正是弗雷兄弟（朱尼厄斯·弗雷 [Junius Frey]、伊曼纽埃尔·弗雷 [Emmanuel Frey]）的妹妹。由于夏博的罪行，两人与丹麦籍秘书让－弗雷德里克·狄德里施森（Jean-Frédéric Diederichsen）也以间谍罪和叛国罪被逮捕，与夏博一同受刑。山岳党政客玛丽－让·埃罗·德·塞舍尔（Marie-Jean Hérault de Séchelles）本为救国委员会委员，主要负责外交工作，也被牵扯入东印度公司丑闻中。同被卷入该丑闻的还有酒商弗朗索瓦·戴非欧（François Desfieux）、葡萄牙籍商人雅克布·佩雷拉（Jacob Pereira）、演员皮埃尔－乌尔里克·杜布伊松（Pierre-Ulric Dubuisson）等人。作者另举的"杜布歇"（du Busscher），译者未能确认其身份。——译者注

[2] 无套裤汉（sans-culottes）为18世纪法国社会底层的人民，以激进的方式投身革命，为埃贝尔派的主要支持力量。——译者注

的人、所有能使暴政在我们之间死灰复燃的人",圣茹斯特如此呼吁道。种种铿锵有力却自相矛盾的号召,使人们"合并"(amalgamer)出一种敌人。据称,这句命令亦出自圣茹斯特之口:"合并起来!"[1] 支持极端主义的人、造成饥荒的人、在监狱中煽动暴乱的人……如此种种均被"合并"到外国特务的阵营。

外国人俱乐部也由此解散。1793 年 12 月 25 日,罗伯斯庇尔写下《革命政府原则报告》(*Rapport sur les principes du gouvernement révolutionnaire*)一文,将一切危机归咎于外国人。[2]

显然,辨别外国人究竟是热爱法国还是效忠敌国,不是一件易事:十之八九,所有人一概被视作阴谋家。雅各宾派坚信,"串通外国的犯罪集团、串通外国的政党,渴

---

[1] 参见路易·雅各布,《埃贝尔、杜谢老爹、无套裤汉的领袖》(Louis Jacob, *Hébert, le Père Duchesne, chef des sans-culottes*, Gallimard, 1960, p. 333)。

[2] "他们,"罗伯斯庇尔写道,"竟然在我们的政府、在我们的城区议会中参加决议;他们竟然潜入我们的俱乐部里;他们竟然占据了代表国家的神圣地位 [……] 他们在我们周围游荡着,窃听着我们的秘密,平抚着我们的热情,甚至想方设法地左右着我们的意见,让我们作茧自缚。你们若是谨慎?他们则指责你们怯懦;你们的勇气,他们却称作鲁莽。若是待之以宽容,他们则策反于光天化日之下;若是训之以威吓,他们则密谋于黑暗之中、暗算于爱国主义的面具之后。昨天,他们杀害了自由的捍卫者;今日,他们挖掘着自己的坟墓 [……]。外国人主宰着社会的稳定,似乎有一些时日了。金钱的流通与消散,全凭他们的意愿。若是他们愿意,人民便有面包吃;若是他们不愿意,人民便在饥饿中度日 [……]。他们的主要目标,就是让我们自相残杀。"巴雷尔所言更为夸张:"当我们与欧洲的一部分开战的时候,没有外国人能够享有代表法国人民的荣誉。"(阿尔伯特·马蒂耶,《大革命与外国人》,第 172 页)

求着毁灭国民公会、毁灭雅各宾派。"

1794年3月12日，由于担心自己已被极端主义者包超，救国委员会决议逮捕埃贝尔派人士：恐怖之火吞噬了当初点燃它的人。[1] "埃贝尔、文森、莫莫罗［……］都是以无政府为幌子的外国特务"[2]——3月14日，雅各宾派特别大会以此为由，对这些人实施逮捕。

反对教权的世界主义者，究竟是被专横地"合并"到埃贝尔派阵营，还是说这两种思潮确实串通一气呢？人们说埃贝尔和克鲁茨无任何关联，[3] 确实，"杜谢老爹"认为"所谓先知安纳卡希斯·克鲁茨"不过是"堂吉诃德"，指望用战争获取自由。然而，埃贝尔的确对世界主义大加赞赏，认为在战争结束之后，需要建立"国际集社"（Société des nations）。[4] 总而言之，深孚众望的埃贝尔，发表了激烈

---

[1] 恐怖统治（la Terreur）发生于1793—1794年，期间雅各宾派掌权，政策激进，屠杀不断，大批人士在新设立的革命法庭（Tribunal révolutionnaire）上被判叛国而遭斩首。1794年7月，国民公会的一些成员发动"热月政变"，投票处决雅各宾派首领罗伯斯庇尔，恐怖统治就此告终。——译者注

[2] 弗朗索瓦-尼克拉斯·文森（Francois-Nicolas Vincent）与安东尼-弗朗索瓦·莫莫罗（Antoine-François Momoro）均为埃贝尔派领袖。——译者注

[3] 参阅阿尔伯特·马蒂耶，《大革命与外国人》，第347页。

[4] "在未来，我希望地球上的所有人民，在消灭了各自的暴君之后，能如手足兄弟一般建立起唯一的家庭。或许有朝一日，我们能看见土耳其人、俄罗斯人、法国人、英国人、甚至还有德国人，在参议院中齐聚一堂，组成属于欧洲各国的国民公会。这一场美梦，却是能够实现的……"（阿尔伯特·马蒂耶，《大革命与外国人》，第304页）

的言辞，似乎比空想家克鲁茨更具理性，他们却大概秉承着相似的世界主义：比利时人普罗利与他的友人戴非欧，也算作埃贝尔派的领袖。此外，就"世界公民"这一古怪的定义而言，难道不是倾向于极端主义的吗？"杜谢老爹"的无政府主义并不能激怒这些精明——却反叛——的敌人，他们的身份与价值，在无套裤汉先锋的层层浪潮中，或许能够找回侄儿令人为难的激情，找回傅吉列的刻薄。

断头台宣告了世界主义者们命运的终结，而民族主义——或许是"勉强地""违心地"——纳入了"法的精神"中。1794年4月25日，历经重重疑虑后，救国委员会针对外国人制定了一条新的法律。法律禁止所有"前贵族"与外国公民在战争期间居留于巴黎、军事要地以及港口城市（除了军械工人、国民的外籍妻子，以及其工作被认为有利于共和国的其他人）。至此，前贵族与外国人便被排除于国民社团、监察委员会、市镇或城区的议会之外。[1] 之后通过的修正案，则为侨居二十年以及其他类别的外国人破例。总之，英国人被关押；其他人，禁止居留。英国人与西班

---

[1] 国民社团（société populaire）为大革命间兴起的政治俱乐部（club politique）的别称，如雅各宾俱乐部（Club des jacobins）、高德烈俱乐部（Club des cordelier）等。公民聚集于社团中谈论政事。——译者注

牙人的财产被充公，外籍军队被解散，逃兵被发配至农场。所有人被排除于公共职务与公共权利之外。任何好事的外国人，则会被视为嫌疑对象，进而被移交至革命法庭。

然而，我们也注意到，这些措施的严重性远不及1914年战争期间的规定……

（2）安纳卡希斯·克鲁茨：反对"外国人"一词的"人类的演说家"

得益于国民议会通过的法案，两名外国人因自己的普世精神而获得法国国籍——他们的命运值得被提及。

圣宠谷的让-巴蒂斯塔·冯·格纳登泰尔，克鲁茨男爵[1]——普鲁士人，生于荷兰，受耶稣会教育，支持《百科全书》思想，自称"耶稣基督的宿敌"，于大革命伊始，来法国参加雅各宾俱乐部。1790年6月19日，他向制宪议会引见由36个外国人组成的"人类使团"，声称全世界都拥护《人权与公民权宣言》。这位"人类的演说家"，因拒斥基督教而采用斯居泰首领安纳卡希斯之名，与吉伦特派结盟。[2]

---

[1] 克鲁茨（Jean-Baptiste du Val-de-Grâce, von Gnadenthal, baron de Cloots），参见本书第241页注释1，也可参见下文。——译者注

[2] 安纳卡希斯（Anacharsis），公元前六世纪思想家，本为斯居泰（Scythe）外邦人，后移居雅典，成为迁客（métèque）。——译者注

在立法议会前，他用激昂的言辞颂扬吉伦特派的政策，主张将人权扩展至外国人民身上，以此帮助他们在法国的庇护下反抗各自的暴君："天下二十种被解放的人民，都将以三色标志为荣，以《会好》之曲为乐[……]。[1] 装配有《宪法》之书的法国，将所向披靡。"（1791年12月13日）身为国民议会中瓦兹省的代表，他将不停地发表世界主义的思想，并出版多部著作。[2]

然而，随着雅各宾专政的来临，相互监视的政治风气日益萌生，吉伦特派的精神也随之消亡。此时，克鲁茨不但不反对针对外国人的举措，甚至断然与吉伦特派的旧友划清界限，见风使舵地控告他们与"普鲁士、荷兰与英国的暴君"结盟。究竟是这位反复无常的先知突然变了脸，还是说他是在战略性地寻找一个新的政党，以容纳他世界主义的思想？不变的是，克鲁茨在成了埃贝尔、肖梅特和巴什的好友之后，仍不停发表意见，主张成立某种国际的

---

[1] 《会好》（Ça ira）为大革命期间流传于民间的革命歌曲。——译者注

[2] 安纳卡希斯·克鲁茨（Anacharsis Cloots）出版了《人类的演说家，或普鲁士人克鲁茨致普鲁士人赫兹堡函》（L'Orateur du genre humain ou Dépêche du Prussien Cloots au Prussien Herzberg, Paris, 1791）和《普世共和国》（La République universelle, Paris, 1792），他在书中论述称"人民是世界的君主，而非上帝；法国是人民－上帝的摇篮与集合地；只有愚人才惧怕至高无上的存在；如此种种"；他还出版了《人类共和国的宪法基础》（Bases constitutionnelles de la République du genre humain, Paris, 1793）。（译按：瓦兹省[Oise]位于法国北部。）

共和国，甚至否认"外国人"的概念本身："'外国人'，这个野蛮的概念逐渐让我们赧颜，我们还是把它留给凶残的游牧部落去享用吧，毕竟开化民族的耕犁不费吹灰之力就可以将它消灭。"（1793年4月16日）[1]这样的谴责或许是历史上第一次对"外国人"概念的批判，却在当时不无反讽的意味。

不过，克鲁茨出格的言辞巩固了罗伯斯庇尔与救国委员会反对阴谋的政策。值得注意的是，在安纳卡希斯、佩雷拉与肖梅特顺利说服巴黎主教戈贝尔在国民公会面前放弃职务（雾月17日）的后一天，夏博便指责外国人为"外国特工"。[2]不久便是去基督教化运动的高潮"理性节"（雾月20日）——即使罗伯斯庇尔因害怕遭到激烈的反对，一直想要抑制这一运动。

克鲁茨趁着狂热加入埃贝尔派，而这些党徒的越轨言行又妨碍着政府，由此一来，克鲁茨便成为反埃贝尔斗争

---

[1] 皮埃尔·加斯帕德·肖梅特（Pierre Gaspard Chaumette）和让-尼克拉斯·巴什（Jean-Nicolas Pache）均为18世纪法国政客，与埃贝尔一同反对吉伦特派。——译者注

[2] 雅克布·佩雷拉（Jacob Pereira），参见本书第245页注释1。主教让-巴普蒂斯特-约瑟夫·戈贝尔（Jean-Baptiste-Joseph Gobel）在政治上反对教权，宣称自己是出于对人民的热爱与对自己誓言的尊重而辞去教职，后被罗伯斯庇尔指控为无神论者。——译者注

的靶子。"克鲁茨是普鲁士人,和备受谴责的普罗利是日耳曼族的表兄弟。"霜月20日,卡米耶·德慕兰在《绳带老僧报》(*Le Vieux Cordelier*)第二期中如此写道,他坚信外国人的身份是对旧友定罪的主要理由。[1] 安纳卡希斯为自己辩护道:"我出生的普鲁士,是未来法兰西共和国的一个省份。"然而这远远不够,在雅各宾派面前,罗伯斯庇尔下了定论——他的主要理由也在于克鲁茨的外国出身——"德国的男爵,我们难道能视他为爱国者吗?岁入十万镑的人,我们难道能视他为无套裤汉吗?[……]不,公民们!让我们提防那些想比法国人还要爱国的外国人。克鲁茨,你毕生周旋在我们的敌人当中、在外国政府的特务和间谍左右,你和他们一样,是需要警戒的叛徒。"[2] 罗伯斯庇尔之后更是强调,克鲁茨比起"法国公民"更偏好"世界公民"的头衔,从而总结道:"由此,必然导致雅各宾派被外国的爪牙所占据。没错,外国政府在我们之中

---

[1] 卡米利·德慕兰(Camille Desmoulins),18世纪法国政客,与丹东、马拉与埃贝尔同属亲民的"高德烈俱乐部"(Club des cordeliers,或译"哥德利埃俱乐部")。该俱乐部的成员于巴黎方济会修道院集会,因方济会修士又称"绳带僧"(cordelier)而得名。恐怖统治期间,高德烈俱乐部分裂为更极端的埃贝尔派与更温和的丹东派(参见本书第244页注释3),前者出版《杜谢老爹》报,后者出版《绳带老僧》报相互抨击。1794年,两派领导人先后被处决。——译者注

[2] 参见阿尔伯特·马蒂耶,《大革命与外国人》,第169–170页。

安插了他们的间谍、他们的阁员、司库、警察[……]。克鲁茨是普鲁士人[……]，我已经把他的政治轨迹勾勒清楚了[……]。宣判吧！"

克鲁茨试图为自己去基督教化的思想辩护，但徒劳而终。此后，埃贝尔派的报刊也对他的主张日渐淡漠。克鲁茨越发受到孤立。[1] 国民公会同样决定，所有出生于外国的成员应停止参会：此后，克鲁茨与潘恩被开除、逮捕。克鲁茨于雪月8日被囚禁，等到风月30日，他被指控与埃贝尔派勾结。1794年3月14日，他与埃贝尔派成员一起踏上断头台。直至死前，他依旧捍卫无神论，阻止囚友呼唤祭司，反而向他们布讲唯物主义。

克鲁茨的热忱、激情，或是空想或是先知的举止，让一些人对他表以同情，[2] 让另一些人对他加以怀疑与拒斥。就其激昂的品性与言辞而言，安纳卡希斯让人联想起侄

---

[1] "和先知安纳卡希斯·克鲁茨不同，"杜谢老爹称，"我不认为我们应该如堂吉诃德一般在全世界发动战争，要让那些不曾认识自由的人转而信奉自由。如此的奇迹应交给时间与理性。"（路易·雅各布，《埃贝尔、杜谢老爹、无套裤汉的领袖》，第304页）

[2] 对其最热衷的是乔治·爱文内尔（Georges Avenel）。若干年后，他为克鲁茨写下了第一篇传记——传记本身亦属先知先觉，始终让史学者着迷。参见 G. 爱文内尔，《安纳卡希斯·克鲁茨，人类的演说家：巴黎！法兰西！世界！》（G. Avenel, *Anacharsis Cloots, L'Orateur du genre humain, Paris! France! Univers!* 1865, réédité par les éditions Champ Libre, Paris, 1976）。

儿——异乎寻常的世界公民,引人议论、毫不屈服,他们所属的传统中,优者有芝诺与第欧根尼,劣者如傅吉列。只是世界主义的洋溢、奇特与狂热终究活不过大革命的刃口。

（3）托马斯·潘恩：欲救国王的"世界公民"

同样意气风发的托马斯·潘恩,出生于英国平民阶级的贵格会士,是一位决绝的革命家、一流的笔战者。[1]这位紧身衣裁缝的儿子——他在早年亦承父业——先是与美国独立革命发生联系,作为独立革命的先锋之一,他是富兰克林、杰斐逊、华盛顿的好友。[2]1775年,他以"Humanus"之名发表一篇文章,该文后被收编成册,得名《常识》,抨击英国官方,号召美国独立于英国,要早于《独立宣言》。[3]该文猛烈斥责贵族与王室,将乔治三世骂作"皇家暴徒""毒父食子"等。英国人大怒,下令逮捕作者。美国人便授予潘恩美国国籍;于是,潘恩以"常识"的名号成为民族英雄。国籍的变更只不过是这位人物历险的开端——他（据传记

---

[1] 贵格会（Quaker）,基督新教派别,成立于英国,后流传至美国。其政治主张有反战、废奴等。——译者注
[2] 本杰明·富兰克林、托马斯·杰斐逊、乔治·华盛顿均为美国国父。——译者注
[3] Humanus,拉丁文"人性的""人的"之意。官方（Couronne, Crown）,在英联邦普通法中与国家相等,现美国若干州原属大英帝国直辖殖民地（Crown colonies）。——译者注

所称）不修边幅、不讲卫生、嗜酒成瘾、猜忌成性、喜怒无常、忘恩负义，却又慷慨、友善、宽容、公正：实在难以归类。

受法国大革命的思想吸引后，潘恩赴法国，对伯克的《法国革命论》（1790）展开猛烈的反击，发表《人权论》一文（1791—1792）。[1] 他以简洁明了的文笔，对伯克自由主义的观点与其抒情的风格加以嘲讽。如记者一般，潘恩叙述他在法国的见闻，并由此阐发自己对政府与教育的社会与民主理论。他以智慧之名，抵抗"腐朽的城镇"（bourgs pourris），[2] 反对宗教狂热与贵族政治，深信人性与自己对法国大革命的乐观态度。潘恩此后便成为法国激进派的"旅友"（fellow-traveller），而支持他论文的只有几位英国的激进人士——普莱斯、斯坦厄普、玛丽·沃斯通克拉夫特。[3] 然而，他的著作一经翻译，便在法国取得极其热烈的反响：

---

1 埃德蒙·伯克（Edmund Burke），18世纪爱尔兰政治哲学家，在其杰作《法国革命论》(*Reflections on the French Revolution*)中批判法国大革命，并与英国的革命者展开论战。潘恩的《人权论》(*Human Rights*)则为对此文的回应。——译者注
2 该词在英国指选举舞弊的选区，尤其是使代表人数超出比例的城镇。
3 理查德·普莱斯（Richard Price），18世纪威尔士哲学家；查尔斯·斯坦厄普（Charles Stanhope, 3rd Earl Stanhope），18世纪英国政客；玛利·沃斯通克拉夫特（Mary Wollstonecraft），18世纪英国作家。——译者注

孔多塞与拉法耶特对此尤为热忱。[1] 与潘恩交好的有其译者兰特拿,还有尼古拉·德·邦纳维尔——后者参与创建共和主义的"社会团",创办其短命的刊物《共和者》(*Le Républicain*)。[2] 即使是在此后潘恩受迫害之时,邦纳维尔也对他不离不弃。他家庭的住处成为潘恩的庇护所,而潘恩则在晚年离开法国,荣归故里。

然而,在眼下,信奉君主立宪制的拉法耶特下令追赶瓦雷讷的逃客——而潘恩却……执意拯救国王的性命。[3] 这位著有《常识》的尖锐的反帝制者,这位以民主之名捍卫民众暴行的好事的革命家,却突然给法国革命者上了一课,以这一典型事件告诫他们反恐怖主义的意义。他深知民众应将仇恨化作革命的动力,而这种动力正是所有人的人权,国王也不例外。布里索·德·瓦维尔,还有他吉伦特派的好友孔多塞、兰特拿与邦嘉·德·伊萨,替他做翻译。[4] 在

---

1 尼克拉斯·德·孔多塞(Nicolas de Condorcet),18世纪法国政治哲学家;吉尔伯特·杜·莫提耶,拉法耶特侯爵(Gilbert du Motier, marquis de La Fayette),18世纪法国政客、军人,先后参与美国革命战争与法国大革命。——译者注

2 弗朗索瓦·兰特拿(François Lanthenas),18世纪法国政客;尼古拉斯·德·邦纳维尔(Nicolas de Bonneville),18世纪法国文人、记者。——译者注

3 指从巴黎出逃,后于瓦雷讷被捉的法国王室。——译者注

4 布里索·德·瓦维尔(Brissot de Warville),18世纪法国政客,吉伦特派领袖;让·亨利·邦嘉·德·伊萨(Jean Henri Bancal des Issarts,作者误作"Baucal"),18世纪法国政客。——译者注

潘恩与其他外国人一同受到晋升之后，他成为加来海峡省的代表，为国王辩护：国王应当被囚禁放逐，没错；要求送他上断头台，这可万万不得。

潘恩并不主张王室应受豁免；相反，他尤其强调君主人性的弱点。他认为，要是一个民族能对君主网开一面，这恰恰是宽宏大量的表现："可我对身处苦难之人的怜悯——即使是我的敌人——也同样急切诚恳。"他希望人们至少看在被告人支持美国独立革命的分上，三思而行……国民议会决定处死国王。"公会对死刑的宣判，使我的心中充满悲怆"，不谙法文的潘恩借译员邦嘉之口如此宣告。潘恩自1792年便成为法国公民，而这位亲法人士却并不熟习自己第三故乡的语言。蓦地，马拉愤然起身："我认为潘恩无权对此议题加以表决。他是个贵格会士，他的宗教信仰有悖于我们处以死刑的意志！"

就这样，行刑的丧钟同时敲响了对国别与宗教的歧视。这一风潮不减反增，越来越多的外国人被怀疑有叛国之嫌。吉伦特派垮台、受刑之后，潘恩也危在旦夕。奇怪的是——不知是否是因为有威望的好友加以照顾——潘恩要到1793年12月28日才被逮捕，与克鲁茨和其他人一同囚禁在卢森堡监狱。然而——不知是因为其身患重病，还是有人暗中斡旋——他在断头台前逃过一劫。囚禁满十月后,潘恩于1794年11月4日获释。体弱多病的"常识"重返国民公会,参与宪法的制定。然而,他对这一计划怀有批判态度,因为他认为与《人权宣言》相比,法国宪法显得保守退步。可是,孤立无助的潘恩在公会中不再有分量。在新一届选举中,潘恩不受任何省份提名,他的代表生涯于是就此告终……他向华盛顿写了一封通篇谩骂的信件,信勉强被截取退回之后,他索性转交美国总统;他成为拿破仑的顾问,后被其革职;他笔耕不辍,写下关于经济、政治、技术问题的作品……1802年,潘恩离开法国时,已是体弱多病、酗酒成性。他的政敌趁机出版了几本诽谤他的书籍,他便越发沉湎于酒精与愤懑之中。四处树敌,郁郁寡欢,烂醉肮脏,令人作呕——孤立无援的潘恩死在美国,只有邦纳维尔的家庭出席了他的葬礼……

是"嬉皮士的始祖",还是"去国籍者",一如20世纪的马克思列宁主义者?[1]这位"世界公民"是基督教的仇敌:他的《理性时代》(*The Age of Reason*, 1794—1796)一书

---

[1] 参见让·莱塞,《国民公会中的美国人:托马斯·潘恩,革命倡导者》(Jean Lessay, *L'Américain de la Convention, Thomas Paine, professeur de révolutions*, Perrin, 1987, pp. 236 et 242)。

既斥责教士,亦抨击宗教,认为宗教是与理性相悖的迷信,即使他忠实地认为,一切宗教还需被某种精神联结所超越。潘恩热衷煽动,继承反抗神圣价值的世界主义自由思想家的传统,却不够明确,满足不了罗伯斯庇尔。这部作品令法国革命者大为失望,而在美国这片宗教思想根深蒂固的土地上,也只有寥寥几位激进的追随者。

潘恩在哪里都是外国人。在今日,现代史学家们重新发现他的时候,他们惊讶地发现潘恩在法国竟然也受到如此的忽视——即使他把自己混沌的激情与才华全部奉献给了这个国家。我们或许希望能在巴黎看到一条街道,以他的名字命名。可是,身为街头某某,汤姆·潘恩属于哪个特定的地方吗?要是没有危机、没有分裂、没有革命,他又会归属于哪里?不得安稳,无所归宿,他是"世界公民"——一场永恒的昏厥……[1]

---

[1] 昏厥(sidération),医学上指身体机能骤停、暂时陷入假死的状态。——译者注

普遍性难道不是……我们自己的陌生性吗?

在历经大革命的考验之后，伴随着康德对普遍和平的理性诉求，启蒙时期道德的普世主义也更加精湛地被论述出来。与此相对，有浪漫主义的倒转、德国民族主义的出现，尤其是赫尔德"民族精神"（Volksgeist）的概念，但更为重要的是黑格尔的否定——同时恢复并整合、释放并束缚他者的能力，与同一相反却也在同一的意识之中——以上种种，都可以被视为弗洛伊德提出无意识之前的先导步骤，酝酿出这一场"哥白尼式的革命"。关键并不在于梳理哲学发展的这段流程，清算弗洛伊德之前的这条脉络对他有何影响。虽然黑格尔这片广袤的大陆推进并完成了对于他者的思想，但我们将只选取其中的一隅，讨论其与文化内在的陌生性相关的内容，这部分理论是黑格尔天才一般地从狄德罗那里发展来的。[1] 然而，为了更好地阐明弗洛伊德的思想对政治与伦理的影响，或者说为了勾勒出一个空间，让其他人、让对这本书陌生的人也能在此思考这种影响，让我们直接画出一条虚线，连接起康德、赫尔德与弗洛伊

---

1 参见本书第 214 页起。

德——眼下的这几页书，或许算不上论证或教导，只能算是零碎地写下展望，不免"主观臆断"，这都是有意为之。以弗洛伊德为终点，是因为在弗洛伊德那里，怪怖渗透在理性本身的安宁之中。它并不局限于疯癫、美或是信仰，也自然不局限于族裔，滋养着我们的言在（être-de-parole）本身，远离其他一切逻辑，包括生理构造的异质性……此后我们明白，我们是自身的外人。只有在这一点的基础上，我们才能够试着和他人共同生活。

康德，普遍主义的和平主义者

随着大革命的风云演变，普世主义时而盛行，时而泯没。此后，是康德以哲学、司法与政治的术语，重新阐述了启蒙时期的国际精神。

因为人寻求自己由理性而创造的幸福是出于"人性"，人便不得不面对自己"非社会的社会性"——这一点贯穿这位哲学家的整体思想。[1] 少有提炼得如此恰到好处的术语，康德借以指出的，不仅是我们创造社会的倾向，也是

---

1 参见 E. 康德，《世界公民观点之下的普遍历史观念》，载于《全集》（E. Kant, « Idée d'une histoire universelle au point de vue cosmopolitique » [1784], in Œuvres complètes, Gallimard, 1986, t. II, p. 192）。

251 我们对此持久的抵抗——我们不停地用分裂来威胁自己的社会倾向：协和是理性人的希望，不和是大自然的定则。因此，"自然迫使人类解决的最大问题，便是建立起一个普遍法治的公民社会。"[1]面对毫无束缚的自由和苦恼，人们用一个满是限制的国家与之抗衡：他们对自己的非社会性施加规训，让人想到艺术的起源。[2]就司法与政治层面而言，这条普遍律法只有"通过国家之外的法律关系"才能得以实现。[3]采用平和的论证与精确的逻辑，康德像是大革命时期狂热的世界公民。轮到他宣扬"国际联盟"了，他设想联盟中的"各国，即使是最小的国家，也能够确保自身安全[……]与权利，其基础并非国家自己的力量或国家对法律的重视，而仅仅是这个庞大的国际同盟（Foedus Amphictyonum），换言之，是统一的力量与统一意志的法律决策"[4]。

康德明白，此想法看似不切实际——"荒诞"，他提

---

[1] E.康德，《世界公民观点之下的普遍历史观念》，第193页。

[2] E.康德，《世界公民观点之下的普遍历史观念》，第194页。

[3] E.康德，《世界公民观点之下的普遍历史观念》，第196页。

[4] E.康德，《世界公民观点之下的普遍历史观念》，第197页。（译按：Foedus Amphictyonum[法语：Amphictyonie，希腊语：Amphiktyonía]原指在古希腊城邦崛起之前，相毗邻的诸地区所建立的同盟，或译作"邻国同盟"。）

及圣皮耶与卢梭的时候如是说。然而，在他看来，这却是"苦恼不可避免的出路"，是当下的必然命令，其重要程度并不亚于从前的野蛮人放弃原始自由，在原始法律的制约下建立起的安全保障。[1] 即使这种倾向是自然的，也同样必须"采用联合的力量来加强这条定律，因而带来一种保卫国际公共安全的世界公民状态"：并不是要将危险完全排除，因为这或许会导致国家停滞怠惰，而是对其中摧毁性的风险严加规避。康德并没有忽略，在内若要有国民的成熟，在外有国际的协和，两者则都需要时间：这或许是宇宙的时间，康德旋即将此与行星的周期作比较。可是他始终强调，对人类而言，"在未来创造一个庞大的、此前从未有过先例的政治机体"有一种不可避免的必然性：[2] "自然的最高目标在于建立[……]一种普遍的世界公民状态，使人类的一切原始禀赋以此为中心茁壮发展。"[3]

康德的文本承孟德斯鸠与卢梭的传统，也同时呼应克鲁茨——上文已经提及，克鲁茨以一种远见的修辞重新论述普世共和国的思想，甚至将"宪法基础"赋予"人类"——

---

[1] 法国思想家圣皮耶（Abbé de Saint-Pierre）与卢梭均有关于国际联盟与持久和平的论述。——译者注
[2] E. 康德，《世界公民观点之下的普遍历史观念》，第202页。
[3] E. 康德，《世界公民观点之下的普遍历史观念》，第202页。

他在政治道德与法律现实的原则中提出一种普世主义的设想，设想人类终于实现没有外人的状态，却始终尊重彼此差异的权利。由此，通过康德与统一相联系的分离概念，这个由自然预见、由人类实现的务实的普世主义便愈加清晰：康德大概进而研习了大革命期间民族主义与普世主义之间的冲突，并在十年后的《永久和平论》（1795）中发展了自己的学说。这是如何发展的？通过区分公民法（jus civitatis，属于一国公民）与国际法（jus gentium，处理国际关系），他提出了世界公民法（jus cosmopoliticum）："个人与国家都是人类之国的组成部分，被认为是相互影响的。"[1] 个别国家出于私利，发起战争，为避免这种战争状态，康德提倡"联盟思想"，并认为它"会无声无息地蔓延至所有国家，并由此达成永久的和平"[2]。这个"诸国之国"（civitas gentium）、这个普世的共和国将会包含地球上的所有人民。[3] 我们已经看到，就吸收外国人的问题，大革命时期的世界公民们已经勾勒出一种思想，而正是在

---

1 即世界公民法处理个人与国家在人类之国中的相互关系。——译者注

2 E.康德，《全集》，卷三，第348页。

3 中文难以简练地译出此处拉丁文的差别。Gens 指"民族"或"民族"，康德或在"民族国家"的意义上使用该词；而 civitas 意为"公民"，引申至"全体公民"或现代的"公民国家"。故此处"诸国之国"意为由诸民族（即民族国家）组成的国家（即成员依循某种律法而享有相应权利的国家，与公民国家相类）。——译者注

康德的上述精神中，这种思想用类似的词句被重新论述："因此，任何外国人都有权在别国不被当作敌人，而'好客'仅仅意味着这一权利。"这种慷慨源于何处？仅仅是源于……地球是圆的这一事实：源于自然，不可避免。[1]

然而，欧洲国家却远不能达到这一理想，而是将新发现的国家视作"无主产业"，对外国人的不公也因此倍增。为了将这种戏剧化的局势转变为康德提出的诸国之国，他只能诉诸实践理性，仅仅让实践理性实现自然本身的内在目的。[2]

在普世共和国中，对差异的承认就在于此。首先，与诸国"在高等权利之下联合"相比，国家的共存能更加确保它们的生机与民主，因为这种联合或许会沦落为普世的君主制——无政府主义的潜在根源。其次，受实践理性尊重、由它实现的自然，"通过两种方式阻碍不同人民的混合，即语言的多样性与宗教的多样性"[3]。因此，分离与统一将确保在这种普世主义中的普遍和平，因为这种普世主义被

---

[1] "我们只讨论要求外国人进入自己的社会这一全体人类都有的权利，这个权利基于共享地球表面的权利之上，而这个球面迫使人们毗邻着相互扶持，因为他们无法散落至无穷远处，而且原本而言，某个地区的一个人并不比另一个人拥有更多的权利"（E.康德，《全集》，卷三，第350页）。

[2] "只有实践理性才能为自由的存在立法，而不限制他们，这同时表明，立法的是自然本身，不管是否出于我们的意愿"（E.康德，《全集》，卷三，第359页）。

[3] E.康德，《全集》，卷三，第361页和第362页第3节。

理解为差异的共存，一方面受制于国际关系的技术，另一方面由政治道德所要求。总之，正因为政治只能是道德的，人之实现与神意（Providence）目的之实现便要求政治成为"世界公民的"。

这一首普世主义的理性赞歌，继承自启蒙与大革命时期，贯穿了康德的思想，可似乎只是理想主义的乌托邦，即使在今天也不免让人有此感受。然而，它同样也是我们无法回避的必要现实，因为当下的世界统一了不同国家的生产与贸易，却同时在它们之间延续着既属于物质又属于精神的战争状态。

再一次，似乎只有道德决策才能够超越国家政治的狭隘需求。宗教曾自称是维系家庭、语言与国家的纽带，那么，作为道德律令的普世主义是否是这种纽带的世俗形式呢？它在宗教之外：是否当且仅当全人类开始保障所有地方所有人的权利时，个体才能为自己实现这种信仰？……

在"常识"与"民族精神"之间的爱国主义国家

然而，正是在民族意识与爱国主义，或是民族主义的基础上，我们才能理解外国人在当下的境遇。不过，就现代民族主义而言，即便其根源在古代，其出现却不早于18

世纪下半叶,正是在法国大革命期间,它才更加坚决地被表现出来。[1]法国的启蒙时期既具世界格局、重理性主义,又提出了民族国家的概念,继承了文艺复兴以来人文主义者的长久准备(尤其是伴随着各国语言与文学的觉醒),而君主专制也已经为此概念提供了中央集权的政治结构。在接下来的17世纪,宣扬皇家权威的政治思想逐渐转变为肯定人民与国家最高权力的政治体系。虽然"民族情感"尚未存在,在此时期以后,英国却形成了一种钟爱英国地理特征与道德价值的公共舆论(《统治吧,不列颠尼亚》,1740),即使"爱国主义"一词在当时仍具有讽刺意味。[2]在政治理论中,伯灵布洛克提出了"特殊法"(loi particulière, particular law)这一概念,认为其虽由神所授、有普适性,却也应当着重关注不同民族群体的福祉。[3]他的著作——《论爱国主义精神的书札》(*Letters on the Spirit of Patriotism*,1736)与《爱国之王的观念》(*The Idea of a Patriot King*, 1738)——为"爱国主义"一词赋予了新的意义,并很快在法国流传开来。伏尔泰与孟德斯鸠强调每个民族

---

[1] 汉斯·科恩,《民族主义的观念》(Hans Kohn, *The Idea of Nationalism*, The Mac-Millan Company, New York, 1951)。

[2] 《统治吧,不列颠尼亚!》(*Rule, Britannia!*),18世纪英国爱国歌曲。——译者注

[3] 亨利·圣约翰·伯灵布洛克(Henry St. John Bolingbroke),18世纪英国政治家。——译者注

所具有的情感与特性；杜尔哥区分"国家"（État）与"民族国家"（nation），认为后者建立在语言共同体之上；译本的出版带来了法语的扩张；通过扎根在感情、风景与社会个体中的风俗文学，"第三等级"更加自信地表达自己（从《玛侬·莱斯考》到《新爱洛伊斯》）……[1] 如此种种，或许都可被算作在民族观念形成之前的预兆。在一个文化、社会与政治的团体投身于革命本身之前，是卢梭（1712—1778）做出了最精妙的表述：至上的人民斩去了王权的头颅。

卢梭的这种思想是启蒙时期最主要的气韵，热爱国家而忠于民族，与他的普世精神并排而行，时有抵牾。虽然卢梭的思想依旧潜藏在现代民族主义之中，民族主义却只是其中的一个组成部分。卢梭对日内瓦故居的乡愁，让他对自己出生的家庭与风土尤为牵挂；他关心个体，希望将其保护在其最亲近的集体之内；他强调自由意志，认为应该只凭借它建立起民族共同体：这些是卢梭爱国主义的几

---

[1] 安·罗伯特·雅克·杜尔哥（Anne Robert Jacques Turgot），18世纪法国政治家、经济学家。风俗小说（roman de mœurs）是描述社会现实问题的文学流派，以福楼拜的《包法利夫人》（Madame Bovary）与莫泊桑的《俊友》（Bel-Ami）为代表。第三等级（tiers état）为法国旧制度社会中除了教士与贵族之外的公民组成的阶级。《玛侬·莱斯考》（Manon Lescaut）为法国作家普雷沃（Abbé Prévost）的小说，出版于1731年。《新爱洛伊斯》（La Nouvelle Héloïse）则出于卢梭笔下，出版于1761年。——译者注

个特征；这种爱国主义感伤与理性兼备，时有出于激情的退闭，时有对正义与自由的要求，既沾染潜在的浪漫主义色彩，又具有清醒的政治眼光，这种政治眼光建立在意识到自己平等、自己有权享有幸福的公民所签订的契约之上。[1] 如果撇开卢梭文字的敏感色调，他民族观念的基石正是一种政治的理性主义，将奠定民族契约的爱国自豪感放置于受"自由意志"（libre arbitre）与笛卡尔式我思启发的"常识"之上。让我们首先聆听他的心声："经过日内瓦时，我没打算见任何人，可我已经知道自己在过桥的时候会乱了心神。这座幸福的城市呵，每次当我看见它的城墙，当我走进它的时候，我无一例外地都会因为过于感动而觉得心脏衰弱。"[2] 然而，如果说自我必须融于民族共同体中[3]，那么这一共同体只有在服从其成员的幸福的情况下，才可能

---

[1] 退闭（repli, repli sur soi）在心理学上指对世界漠不关心并将情感与利益都简化为以自我为中心的现象。——译者注

[2] J.-J. 卢梭，《忏悔录》，卷四，载于《全集》（J.-J. Rousseau, *Les Confessions*, liv. IV, in *Œuvres complètes*, La Pléiade, 1959, t. I, p. 144）。

[3] 因此："公民不过是分数似的整体，依赖着它的分母；它的数值取决于他与整体的关系，也就是他与社会集体的关联[……]。好的社会制度最会扭曲人的本性：夺去他绝对的存在以赐予他相对的存在，再将他的自我转移至公共整体之中；以至于每一个体不再认为自己是统一的，而只是整体的部分，并且只有在整体之中才有所感觉"（J.-J. 卢梭，《爱弥儿》，卷一，载于《全集》[J.-J. Rousseau, *Émile*, liv. I, in *Œuvres complètes*, La Pléiade, 1969, t. IV, p. 249]）。

是宽容的。[1]

这种契约概念是全然政治的，理性地、因而自然地建立在每个人享有自由的权利之上，也已经与法国民族情感的最初迹象有了显著差别——王室向来将这种情感扎根于土地与前人的遗产中。比方说，与瓦蒂尔论及功绩时所表现出的"个人主义"的民族主义相比，我们更加欣赏卢梭的民族主义。[2]

民族自豪感向来不乏《方方郁金香》式的狂热与"吹擂"（gasconnades），在大革命时期更是具备了恐怖主义的特征。[3] 我们或许应该思考，这究竟是对卢梭式的民族主义彻

---

[1] "警备虽好，自由价高"（J.-J. 卢梭，《对波兰政府的一些反思》，载于《全集》[J.-J. Rousseau, « Considérations sur le gouvernement de Pologne », in Œuvres complètes, La Pléiade, t. III, p. 983]）。"公众的自由是最宝贵的财产；任何人均有权以其祖国之名，将它从篡夺者的手中夺回来：这个死罪的仇，每一个体都应该报；将这些真理传授给所有人，当它们流注至公民的最底层"（《书信全集》[Correspondance générale, Paris, éd. Dufour-Plan, A. Colin, 1934, t. XX, p. 346]）。

[2] "此后的两百年间，我们的后人要是在历史中读到我们，要是他们看到，在他的领导下，法国的邻国之中没有不被法国赢得战役与土地的：要是他们的血脉中流着几滴法国人的血，不管他们对祖国的光荣有多少热爱，他们怎么可能读完这些事迹，而心中毫无对他的仰慕之情？"（文森特·瓦蒂尔，《作品集》，第 272 页，引自汉斯·科恩，《民族主义的观念》，第 203 页 [Vincent Voiture, Œuvres, Paris, Charpentier, 1855, vol. I, p. 272, cité par Hans Kohn, op. cit., p. 203]）。（译按：文森特·瓦蒂尔，法国作家、诗人，受路易十三枢密院首席大臣黎塞留 [Cardinal Richelieu] 赏识；后者于三十年战争时，通过精明的外交政策，巩固了法国的利益。）

[3] 《方方郁金香》(Fanfan la Tulipe) 为 19 世纪法国歌曲，以农民方方的视角，叙述其参军始末，赞颂法国军队的勇猛。——译者注

底的歪曲，还是它的必然后果。无论如何，《爱弥儿》与《社会契约论》的爱国主义是从属于人权的普遍性之下的。因此，在卢梭的《致达朗贝尔书》（1758）的引言中，他自称"日内瓦公民"，却同样写道："自由与真理，这是人的首要职责。人性、祖国，这是他首先所爱的。如是有任何特殊的考虑让他改变这个顺序，他便犯下过错。"[1] 这便让卢梭在圣皮耶的《永久和平方案》（*Projet de paix perpétuelle*, 1713）之后，也设想出一种遏制战争的国家联盟（1756—1760年《文选》[*Extrait*]与1782年《论〈永久和平方案〉》[*Jugement sur le « Projet de paix perpétuelle »*]）——康德正是延续了这一思想传统，并加以发展。[2]

在这种尊重个体、严守法规的理性民族主义之上，还要再加上另一派思想，才能最终确定现代民族主义的色调。另外的这种民族主义，同样源于更加晚近的德国启蒙运动，却不扎根在主权国家的政治与司法观念之中——是国家的法律确保了自由与正义的施行——而是在体格相近、语言相同这一更加封建而精神论（spiritualiste）的观念之中。

---

[1] 《致达朗贝尔书信集》(*Lettres à d'Alembert*, Garnier-Flammarion, 1967, p. 43)。（译按：让·勒朗·达朗贝尔 [Jean le Rond d'Alembert]，法国数学家，与狄德罗共编《百科全书》。）

[2] 参见本书第250页起。

英国忧郁的感伤主义对它的出现并不陌生——理查森的《克拉丽莎》（Clarissa，1748）、爱德华·杨的《夜思》（Night-Thoughts，1742—1745）与詹姆斯·麦佛森将凯尔特传说之精神理性化的《古诗残篇》（Fragments of Ancient Poetry，1760）均属于这一流派。[1] 然而，正是在德国，民族的神秘概念才大行其道。

可以说，在帝国瓦解后，中欧与东欧并未建立起一个有足够权力与秩序的专制国家，以促进政治意志的发展。[2] 也可以认为，在法国带来对社会利害的公众常识的此种精神，在英国也创造出渴望政治主权的民主舆论，在德国却被路德的新教扭转成注重个人成就的务实而神秘的信念。大概是种种因素——从克洛普施托克，到摩瑟，再到尤为重要的赫尔德——缔结成民族共同体的概念，"Gemeinschaft"：不属于政治，却同时是机体一般的、不断演化的、有生命的、形而上的，几乎是一种非理性的、捉摸不透的精神之表现，被概括在"公众意识"（Gemeinsinn）

---

[1] 塞缪尔·理查森（Samuel Richardson）与爱德华·杨（Edward Young）为18世纪英国文学家，詹姆斯·麦佛森（James Macpherson）为苏格兰文学家。——译者注
[2] 指1806年，在拿破仑的进攻下，神圣罗马帝国瓦解为莱茵联邦，后成为德意志联邦。——译者注

一词中。[1]在赫尔德那里，这种名为 Volksgeist 的民族精神，虽然作为至上的价值，却并不关乎生物、"科学"乃至政治，而在本质上是道德的。只有在1806年之后，这个有关"民族"的文化概念才转变为政治概念，并参与到民族政治的斗争之中。就好像法国的启蒙时期一开始便在新教徒约翰·戈特弗里德·冯·赫尔德（1744—1803）心中猛然唤起一种民族精神，而这种精神根植于语言之中，在普世的人文主义中尊重着每个民族的不同价值。也好像接下来革命战争的反响将这种民族宗教变为民族主义的政治，这种政治更为应激，为了对抗普世主义的抽象，尝试以一种浪漫主义的方式退闭到历史的神秘中、民众的特性中，或是退闭到民族与个人的天才之中——所有这些退路都是无法化约的、倔强不屈的、不可想象的、时刻再生的。[2]在这个非理性的、家庭似的领域中，既有民族的退闭——在战败的困境中，这一结构依旧保证先前的（archaïque）整全，不可或缺地

---

1 参见汉斯·科恩，《民族主义的观念》，第429页。（译按：弗里德里希·戈特利布·克洛普施托克 [Friedrich Gottlieb Klopstock] 与约翰·戈特弗里德·冯·赫尔德 [Johann Gottfried von Herder] 为德国诗人；约翰·雅客布·摩瑟 [Johann Jakob Moser，作者误作 "Möser"]，德国法学家，被誉为 "德国宪法之父"。德语 Gemeinshaft 意为 "团体" 或 "共同体"，由 "共同的" [gemein, gemeinsam] 与名词后缀 -schaft 构成 [后 Gemeinsinn 一词同理]，后为社会学家费迪南德·滕尼斯 [Ferdinand Tönnies] 与马克斯·韦伯 [Max Weber] 使用，与 "社会" [Gesellschaft] 相对。）
2 应激（réactionnel）指精神在创伤之后所做出的系列反应。——译者注

担保家庭的延续；又有民族的自豪——在进攻的阶段中，这一情感又率先引导经济与军事的扩张政策。

由此一来，最高的善不再是卢梭式的个体，而是民族的整体。即使在赫尔德那里，这种民族至上的精神被基督教伦理所抑制——因为基督教伦理让他对一些民族自以为的优越感嗤之以鼻——通往反理性主义的道路却由此敞开了。对民族语言的狂热崇拜充满着模棱之处。

内心的民族主义：从赫尔德到浪漫派

一本译作，《圣经》的译本，奠定了德国对"教化"（Bildung, culture）的现代概念。确实，当路德（1483—1546）用德语白话翻译《圣经》（"家妇凡夫皆操此言"，他如此捍卫自己的作品）而对德语"去拉丁化"之时，他所反对的不仅是罗马的权贵。他的雄心更加远大，因为他奋力建立的是一种民族文化，这种文化在一种双重的运动中——既忠实于典范，又放大民族特有的语体，如路德最初所厘定的语言——延续至浪漫时期，并在此达到高潮。[1] 在 1800 至 1830 年，浪漫派对民族精神（Volksgeist）

---

1 语体（registre）指人们在不同环境下使用的词汇、句法等。——译者注

尤为热衷；然而，这并不能让我们忘记，这种文化民族主义始终以一种必要性为基础：它必须发扬自己所特有的（propre），将其与宗教或文学经典做比较，从而对其加以修缮：民族特征因而奠定在一种扩充了的可译性之上，这种可译性与教化的观念相交融，首先在于民族语言的形成。[1]

在当时，人们已经认为启蒙时期理性主义的普世主义过于空洞。赫尔德的态度因而是截然不同的，他以最为直白的语言，首次描述出文化在语言精神中的根基。这位新教牧师始终忠实于某种基督教的普遍主义——关于人类的第一部普世主义的历史，难道不是圣奥古斯丁的《上帝之城》吗？——他也真正地奠定了让浪漫派如此珍视的、对民族精神的狂热崇拜。

自《论德国新文学》残篇（*Über die neuere deutsche Literatur*，1767）起，赫尔德便赞扬德语的原创性，却强

---

[1] 参见安托万·白尔曼，《外人的考验：浪漫时期德国的文化与翻译》(Antoine Berman, *L'Épreuve de l'étranger. Culture et traduction dans l'Allemagne romantique*, Gallimard, 1984)。德意志民族在与外人的接触中逐渐形成，这种过程可以与 A. W. 施莱格尔(A. W. Schlegel)在法国的见闻相对比："别的民族在诗歌中采取的是一种彻底合乎习惯的措辞，以至于在他们的语言中作出诗意的翻译是完完全全不可能的。这样的语言例如法语[……]。仿佛他们要求，在他们那里，每一位外国人的言行与衣着都要符合他们的习俗。这样便导致他们永远学不会确切地谈论外国人"。引自安托万·白尔曼，《外人的考验：浪漫时期德国的文化与翻译》，第 62 页。（译按：A. W. 施莱格尔为德国浪漫派诗人、翻译家。）

调语言的改良应通过与古今语言的持久竞争，而非对经典范例的简单顺从。在《论语言的起源》（*Abhandlung über den Ursprung der Sprache*, 1772）之后，他在《历史哲学别论》（*Auch eine Philosophie der Geschichte*, 1774）中迅猛地开展了爱国的论战，指责普世主义与"启蒙"的专制，也同时抨击启蒙时期"抽象"的理性主义。每个民族——在作者看来，每个民族的原创性首先体现在其语言与文学之中，之后才关乎习俗、政府与宗教——都依照其存在时间之长短而被衡量、放置在各民族彼此竞争的文明巨链之中。秉持这种精神，赫尔德的"民歌"赞颂了德国中世纪的历史以及德国民俗诗歌的魅力。[1]

然而，在赫尔德把自己的人类历史理论与生物学相联系之后，最终写下皇皇巨著《人类历史哲学论纲》（*Ideen zur Philosophie der Geschichte der Menschheit*, 1784-1791），比起1774的路德主义，更接近于一种启蒙的人文主义。赫尔德不再如此关心风土或习俗的差异，即使他认为黑人存在缺陷，这些缺陷也只是归咎于恶劣天气的影响。不过，他主要关注的是神的"不同人民"（赫尔德并不接受"人种"的观念），他们就生理构造而言如兄如弟，可

---

[1] "民歌"（Volkslieder）为德国民俗音乐，赫尔德曾汇编为《民歌》一书；在此处或亦有"对民族的讴歌"之谓。作者误作为 Volklieder。——译者注

是在各自的语言与文明中彻底分化。

他或许的确创立了对"原始民族语言"的狂热崇拜,因为对赫尔德而言,正如对克洛普施托克而言,这种语言不应受翻译玷污而应维持"贞洁",它是"一种宝库,储蓄着人民最原始的概念";然而,他只能说是间接地影响了后来将这种崇拜占为己用的民族主义政治家。即使是在近几年,人们还是执意将他看作地方主义者。可不管怎样,他是一名译者:他翻译西班牙"浪漫诗",萌发对英国文学与古代希腊罗马的兴趣,时常思考"自有的"与"陌生的"之间的平衡:"我遵守外国的习俗,是为了将我本来的习俗献给我祖国的精神,正如这么多成熟的果实享受着他乡的阳光";在一种离心运动中,被翻译的作品需要"按其本来的面貌"呈现出来,却也需要符合它"在我们看来的样子"。[1]这种民族精神所扎根的语言,被看作一个不停变

---

[1] 参见安托万·白尔曼,《外人的考验:浪漫时期德国的文化与翻译》,第70页。从赫尔德对《雅歌》的翻译到他汇编的《民歌》,期间还有著名的圣经集注《论希伯来诗歌的精神》(*Vom Geist der Ebräischen Poesie*),赫尔德同化着陌生,却始终注意保留它的特性,从而充实这门身处扩张与改革之中的德语。中欧各民族便汲取他的思想,为斯拉夫的语言与文化带来了迅猛的发展。然而,我们能够注意到,德国教化与外国文化的并行——尤其是与希伯来文化的并行——却在浪漫主义晚期达到了临界点。而且他自己也在一种强调政治的翻译法中变得无比强硬,这种翻译法一开始还能带来诸多成果,之后却将他者要么视作彻底拒斥的对象,要么视作同化的对象,以促进德国的"原创性"。(译按:浪漫诗 [romance],西班牙文体,为叙事或抒情短诗。《雅歌》[Cantique des Cantiques],《圣经·旧约》篇目。)

更、始终超越自身的过程；可是，当民族精神脱离了教化的运动，或是为了因其原始的贞洁而大受赞扬，或是为了被进献给不可言说的存在，民族精神便沦为保守而应激的概念。然而，就其本身而论，将语言同化于教化之中，以及相反地（vice versa），强调民族的白话（parler）[1]，认为它是公民身份的最小公约数，这两种行为都为这种基督教或人文主义的普世主义抹去了它们在宗教、自然或契约上的含糊。此外，在这两种行为的作用下，人们得以在语言与文化逻辑的、熟悉的一面中考虑"陌生的"究竟是什么。

从那时起，人们便必须以一种特定的逻辑驯服陌生性，让这种逻辑茁壮发展的，是语言学与文学对民族语言与民族文学的兴趣。这一态度既体现在浪漫派的地方主义中——他们热爱着自己民族在种种细节中所彰显的尊严，又体现在歌德的普遍主义中——他拥护着某种"世界文学"（Weltliteratur）。

就这样，陌生性得以被承认，甚至被认作是积极的。将这样的陌生性放置在民族的语言与文化之中，这种行为之后会在弗洛伊德的无意识中重新出现。谈及自己的无意识理论时，维也纳的这位大师表明，自己所依循的是每一

---

[1] 德文"语言"（Sprache）一词与"说话"（sprechen）同源。——译者注

个民族的语言逻辑。我们甚至也能在海德格尔的哲学语文学主义中看到这一点。[1]他用希腊词汇的回响来阐释希腊思想的诸多概念,似乎是在呼应受赫尔德启发的这种民族精神的语言学。

不过,赫尔德之后的几代却扩充了这种文学自足的观念——这种观念诚然出自这位先师,可他的这种观念却服从于人类文化的整全性——从而证明并颂扬"德国文学品味的普世性"。这种普世性因而被理解为一种优越性,彰显着文化绝对的彻底实现,也因此要置于其他民族、语言与文化之上,从而论证德国要求拥有文化霸权的合理性。人们此前注意提升的民族"优越感",现在却支配着普世主义的观念,使其堕落,我们知道,出于民族主义的角度败坏普世主义,正是纳粹意识形态的基础。[2]

---

[1] 语文学主义(philologisme),或是依照"滥用哲学""哲学主义"(philosophisme)而新造的词,或语出意大利哲学家贝内德托·克罗齐(Benedetto Croce)。克罗齐曾使用"语文学主义"(filologismo)来指代对历史材料的无序累积,与以历史的方法整理、诠释材料的语言学(filologia)相区别。——译者注

[2] 就赫尔德而言,贯穿其前后矛盾的立场的,实则是对此的戒备:"德国人通常以表现出君子一般的谦逊为荣耀,曾经冷静而公正地衡量外国人的功勋,可现在竟然无理而粗鲁地蔑视其他民族,尤其是他们曾经模仿借鉴的民族——他们究竟是怎么落到这步田地的?"(引自马克斯·胡燮,《引言》,载于赫尔德,《人类历史哲学论纲》[Max Rouché, Introduction J.G. Herder, *Idées pour la philosophie de l'histoire de l'humanité*, Aubier, 1962, p. 33])。他还写道:"那些研究他们的习俗与语言的人,需要着重关注这些习俗与语言最为显著的时刻,因为欧洲的一切都倾向于逐渐削减民族的特性。不过,做此种工作的人类史家仍需警惕,不能特别选取自己所偏好的某个民族,而由此轻视那些未受时运与荣耀眷顾的族系"(同上,卷16,第309页)。

赫尔德将特殊根植于普遍人性（人类的语言天赋）的多样性（各种民族语言），而浪漫派与其相辅而行，认为普遍可见的自然拥有不可见的基础。他们设想，既属于自然本身，又属于人类灵魂的这一根基（Grund），比起理性求知，更容易通过感性的、直观的、内心的寻求而抵达——通过性情（Gemüt）而抵达。浪漫派关注超自然、心理玄学、疯癫、梦境、命运（fatum）的费解动力，甚至是动物心理学，种种兴趣都源于对把握奇异的渴望。[1] 他们还渴望通过驯服奇异，能够将其融入人性之中。对差别和奇异的移情（Einfühlung）——对其带有认同的同意——因此成为高贵而有教养之人的专属特点："完美的人应该能以同一种方式生活在不同地区、不同民族中"，诺瓦利斯写道。[2]

就这样，浪漫主义英雄的奇异性便具备了形体。在这样的温床中，无意识这一不合常规的概念也将横空出世——它是人与自然隐晦基础的深层联系（卡卢斯与舒贝特），是潜藏在诸表象下的意志（叔本华），或是黑格尔

---

[1] 心理玄学（parapsychologie），或译超心理学，指对无法通过科学知识解释的心理现象的研究。——译者注

[2] 《新残篇》，第146篇，载于《作品与书信集》，第452-453页，引自亨利·E. 艾伦伯格，《无意识的发现》，第170页（*Neue fragmente*, n° 146, in *Werke und Briefe*, Munich, Winkler Verlag, p. 452-453, cité par Henri E. Ellenberger, *A la découverte de l'inconscient*, Simep-Éditions, 1974, p. 170）。（译按：诺瓦利斯 [Novalis]，德国浪漫派诗人。）

式的具备智能的动力，在表面的世界之下盲目地行动着（哈特曼）。[1]

就弗洛伊德而言，虽然他只介入精神病学的领域，可是如果我们忽略他与人文主义和浪漫主义的关联，便无法了解他的贡献。通过弗洛伊德的无意识概念，内蜷于心理之中的奇异不再被视作病症，而是在人类假定具有的统一性中融入一种既属于生理又属于象征的他者性，而成为同一的一部分。此后，"外人"不再是种族，也不再是民族国家。"外人"不再被颂扬为隐蔽的民族精神，也不再被贬斥为理性礼仪的搅乱者。怪怖就在我们身上：我们是我们自己的外人——我们是分裂的。在浪漫派的影响下，在内心中对奇异的恢复，大概也融汇了《圣经》对作为外人的神与启示神意的外人的强调。[2] 弗洛伊德的个人经历——他本是加利西亚的犹太人，后漂泊至维也纳，终定居伦敦，期间暂住巴黎、罗马与纽约（在文化与政治陌生性对他的考验中，这些只是几个关键阶段）——促使他从我们身上

---

[1] 保罗·卡卢斯（Paul Carus），美籍德裔哲学家。戈特蒂尔夫·海因里希·冯·舒贝特（Gotthilf Heinrich von Schubert），德国医学家、博物学家。亚瑟·叔本华（Arthur Schopenhauer），德国哲学家。卡尔·罗伯特·爱德华·冯·哈特曼（Karl Robert Eduard von Hartmann），德国哲学家。——译者注

[2] 参见本书第 95—111 页。

"另一现场"的内在性出发，面对他人带来的不适感，即"不自在"（mal-être）。[1] 我与他人共同生活的不适感——我的陌生性、他的陌生性——建立在一种被扰乱的逻辑之上，而这种逻辑所调节的这一组对象，包括欲力与语言、自然与象征，正是始终已被他者塑造的无意识。只有解开这种迁移——他者性的主要动力、对他人的爱/恨的主要动力、构成我们心理的陌生性的主要动力——我才能通过他者同我自己的他者性-陌生性和解，才能化用它，才能靠它生活。[2] 精神分析便显现为在他人与自身的陌生性中的一场溯游，向着一种尊重不可调和者的伦理游去。我们要是不知道自己就是自己之外的人，怎么可能还会容忍外人？横穿乃至反抗宗教齐一论（uniformisme）的这一小条真理，竟然需要这么久才会启迪当下的人们！在它的引导下，有欲望的、可欲望的、终有一死的、致死的，因而是不可化约的人们是否能够彼此容忍？

---

[1] 加利西亚（Galicie），中欧历史地名，今属乌克兰与波兰。弗洛伊德的父母来自加利西亚，他自己却是在当时奥地利帝国摩拉维亚（Moravie）的弗莱堡（Freiberg，今属捷克）出生。另一现场（autre scène, audere Schauplatz），弗洛伊德术语，用以描述梦境发生之处。——译者注

[2] 迁移（transfert），指在精神分析治疗中，主体将对他人（往往是其父母）怀有的爱意或敌意，迁移至对精神分析师的爱意或敌意的行为。在此所指的，大概是我将对我自己陌生性的爱或恨迁移至外人身上的"动力"（dynamique）。——译者注

弗洛伊德："heimlich/unheimlich"——怪怖

从一个明显属于小范围的论题出发——毕竟文章首先关注的是美学问题，而且着重分析霍夫曼的文本——弗洛伊德的《怪怖论》（*Das Unheimliche*, 1919）却在不知不觉中越过这一限制，不再局限于"怪怖"这一心理现象。[1]总体而言，它研究的是焦虑（angoisse）；在一种更普遍的视角下，它研究的是无意识的动力。实际上，通过对德语形容词 heimlich 与其反义词 unheimlich 的词义考证，弗洛伊德首先想证明，反义词所具有的负面含义已经暗含于正面词语 heimlich 之中，因为后者意为"熟悉的"，却也有"秘密的""隐蔽的""幽暗的"与"被掩盖的"之意。由此，在 heimlich 一词中，熟悉与私密的已经颠倒成它们的对立面，直指其反义"怪怖"，而这便是 unheimlich 的意思。因此，奇异内在于熟悉之中，这算是词源学上的论

---

[1]《怪怖论》一文重点分析德国作家 E. T. A. 霍夫曼（E. T. A. Hoffmann）的小说《沙人》（*Der Sandmann*），该书主角纳塔内尔（Nathanael）小时候极为害怕偷人眼球的传说生物"沙人"，而一名被他认作"沙人"的男子间接导致了他父亲的死亡，这种童年创伤持续影响着他的人生与爱情。Unheimlich 一词德文意为"可怕的""令人恐惧的"。因弗洛伊德强调其反义词 heimlich 的"熟悉"的义项（参见下文），故翻译此词时，应需体现"怪异"之意（故法语意译为"令人不安的奇异性"［inquiétante étrangeté］）。我拟了几种译法皆不满意，见一译文体"暗恐"，似体现不出"奇异"之意，见另一译文作"怪怖"（该词亦见于唐李景亮传奇《李章武传》），自觉颇为合适，因此沿用之。——译者注

据，用以证明"怪怖是一种特殊的骇人之物，追溯到长久以来就受人认识、为人熟悉的事物"这一精神分析的假设。[1] 在弗洛伊德看来，谢林的说法亦应证了这一点，他称"unheimlich"为"一切必须保持隐蔽、神秘，却泄露出来的事物"[2]。

因此，现在给人以怪怖之感的事物，应该也是曾经（注意过去式）为人熟悉的事物，却在某些条件下（哪些条件？）表现出怪怖。这是关键的第一步：怪怖从被恐惧所固定的外在性转移到属于熟悉的内在性里，而这种熟悉并不是专属于自己的（propre），而是可能受奇异玷污，退回（越过它想象的起源）某种不合适（impropre）的过去之中。[3] 他者，是我（"自己"）的无意识。

何种"熟悉"？何种"过去"？为了回答这些问题，弗洛伊德的思想以一种奇特的方式削弱了最初提出的"怪怖"这一美学与心理学概念，进而从中发掘出对焦虑、分

---

[1] S. 弗洛伊德，《〈怪怖论〉与其他论文》(S. Freud, « *L'Inquiétante Étrangeté* » et autres essais, Gallimard, 1985, p. 215)。

[2] S. 弗洛伊德，《〈怪怖论〉与其他论文》，第 222 页。（译按：弗里德里希·威廉·约瑟夫·冯·谢林 [Friedrich Wilhelm Joseph von Schelling]，德国哲学家。）

[3] impropre 在词形上为 propre 前加否定前缀，本意为"不合适""不适用于（某场合）"，因此可用以描述用词"不合文法"，乃至"不雅"。"不雅""下流"之义项在英语 improper 一词中更为常见，在此形容被压抑至无意识的过去，或许亦行得通。——译者注

身（double）、重复与无意识的分析概念。父亲的形象及其替代物，以及对眼睛的暗示，在纳塔内尔心中引起了怪怖感（霍夫曼《沙人》一书中所写），而与这种奇异有关的是他在儿童时期所遭受的阉割焦虑，在他的无意识中留下印记，受他压抑，却最终在他的爱情中重新浮现。[1]

他者，是我（自己）的无意识

弗洛伊德还写到，当先前的、自恋的自我尚未被外在世界划清界限，它便将自己在自身中体验为危险的或讨厌的事物并投射到自身之外，从而将其塑成一个陌生的、令人不安的、魔鬼般的分身。于是，奇异便像是一种防御机制，保卫着不知所措的自我：自我为了保护自己，便用一种怀有恶意的分身形象来取代之前用以保护自我的、怀有善意的分身形象，通过恶之分身，自我所不能抑制的毁灭性的一面便可以被驱逐出去。

时常伴随怪怖感的重复，将这种怪怖感与无意识专属的"重复之迫动"联系起来，而这种迫动"来自欲力之动"——"大概取决于欲力本身最内在的本质，强大到足

---

[1] 印记（engramme）指某事件在脑中留下的痕迹，有被重新唤起（即记忆）的可能。——译者注

以超越快乐原则"[1]。

此后,读者便能够将怪怖认可为焦虑的一种情况——"这种令人焦虑的事物,是某种先前被压抑,现在却回归的事物"[2]。可是,因为显示出绝对压抑的心理状况非常罕见,被压抑的事物回归为焦虑——更确切地说,被压抑的事物回归为怪怖——便像是心理机能本身的一种突发(paroxystique)的比喻。实际上,构造这种机能的正是压抑,以及对压抑的必然穿透,于是他者的建造者——归根结底也是怪异的建造者——不过是压抑本身,以及压抑的可透性。"[……]我们明白,语言的运用将'熟悉的'转变为它的反面'怪怖的'[……],因为这种怪怖实际上并不是什么新的、陌生的[原文如此!]事物,它向来为心理生活所熟悉,却只因为压抑的过程而变得奇异。"[3]

也就是说,被心理工具所压抑的过程与所指(contenu)有所象征(représentatif),可是对快乐、对自我的维持、对言说主体与有生机体适应性的发展而言,却不再必要。[4]

---

[1] S. 弗洛伊德,《〈怪怖论〉与其他论文》,第 242 页。(译按:迫动 [compulsion] 指在某种焦虑下,迫使个体作出某种行为用以自我抵御的内在强制力。"欲力之动" [motion pulsionnelle] 等同于"欲力",只是更强调它动力的一面。)

[2] S. 弗洛伊德,《〈怪怖论〉与其他论文》,第 245–256 页。

[3] S. 弗洛伊德,《〈怪怖论〉与其他论文》,第 246 页。

[4] 此处的 contenu 应与 signifié("所指")同义,与下文的"能指"(signifiant)相对。——译者注

然而，在某些情况下，这个"本应始终被遮盖的"被压抑者重新浮现，激起怪怖。

虽然弗洛伊德写明，自己接下来将转攻"怪怖的另一些情况"，但这篇文本实际上却以一种微妙而秘密的方式，继续揭示穿越压抑、引发怪怖的究竟是何种情形。首当其冲的是对死亡及其象征的直面，因为我们的无意识拒斥死亡的必然性："与之前一样，我们当下的无意识并没有多少余地留给对我们自己死亡的象征。"对死亡的恐惧支配着一种模棱两可的态度：我们自以为已经幸免于难（因为诸宗教都有对不死的承诺），可是死亡依旧是幸存者的敌人，而且伴随他进入新生。鬼魂与幽灵便代表这种暧昧，并且使我们对死亡形象的直面充盈着怪怖。

对活埋的幻想（phantasme）也激发着怪怖，随之而来的是"尚在母亲腹中便经历生命之幻想的某种肉欲"[1]。我们现在便面临怪怖的第二种来源："时常有患神经症的男子，声称女性的性器在他们看来有些怪怖。然而，这个怪怖的入口却通往婴儿旧时的家园（Heimat）、通往每个人一开始都曾暂住过的地方。""'爱情不过是乡愁'（Heimweh），

---

[1] S. 弗洛伊德，《〈怪怖论〉与其他论文》，第250页。

有一个笑话这么说。"[1]

在死亡与女性之外——在吞并我们、建构我们、重现时让我们不安的终点与起源之外——还有这样一种"人[……]，我们认为他怀有恶意，[而这些恶意]借助某些特殊的力量得以实现"[2]。在这些邪恶的力量中，或许交织着象征的与有机的：或许它们正是欲力本身，在精神与生理的交点，越过身体稳态（homéostasie）所要求的制动。它们以一种扰乱人心的方式展现在癫痫与疯癫之中，更何况我们暗中预感到它们就在我们身上，若是我们的邻人将它们表现出来，我们便会更加不安。

怪怖的符号学

死亡、女性与欲力，它们是否一直是怪怖的诱因？弗洛伊德先是扩大了怪怖的中介，从而让人在怪怖之中一窥无意识的运作，而这种运作本身也依赖着压抑。而后，他强调怪怖显现的符号学的某些特点，从而划定怪怖的条件。魔法与泛灵论（animisme），或是用更平常的语言来说，"理

---

[1] S. 弗洛伊德,《〈怪怖论〉与其他论文》, 第252页。（译按：请注意 Heimat 和 Heimweh 与 heimlich 和 unheimlich 的联系。）

[2] S. 弗洛伊德,《〈怪怖论〉与其他论文》, 第249页。

智的不确定"与"迷乱的"的逻辑（晏池[1]语）都可能带来怪怖。然而，将这些总体而言各不相同的象征程序汇聚起来的，却是对这些符号自身价值和自身逻辑的削弱。符号不再是符号，而是"被象征者的一切效力与一切意涵"[2]。换言之，符号不再被体验为任意的，而是具备了一种实在的重要性。因此，符号通常指示的物质现实忽然瓦解，被想象取代，而这种想象不过是"与物质现实相比，对心理现实的过分强调"[3]。我们现在面临的是"思想的全能"，为了构成这种全能，需要取消符号的任意性与现实的自主性，而将它们放置于幻想的统领之下。这些幻想表达的或是欲望，或是孩童时期的恐惧。

强迫性神经症，以及不同精神病（psychose），均有"物化"（réifier）符号的特点：略过"言说"的界域，而进入"行为"的界域。这种特点同时证实了压抑的脆弱，它并不直白揭示这一点，却使这种脆弱引起被压抑者的回归，表现为对怪怖的感受（affect）。在符号的另一种配置之下，我们或许可以认为，被压抑者的回归会表现为身体征状或

---

[1] 恩斯特·晏池（Ernst Jentsch），德国心理学家，对弗洛伊德有影响。——译者注
[2] S. 弗洛伊德，《〈怪怖论〉与其他论文》，第251页。
[3] S. 弗洛伊德，《〈怪怖论〉与其他论文》，第251页。

是"诉诸行动";然而在这里,由于任意的能指业已衰弱,倾向于将自己物化为取代物质现实的心理所指,主体所经验的便是怪怖。[1] 相反,我们瞬息即逝的却多少带有威胁的对怪怖的经历,亦能表示出我们潜在的精神病,以及我们的压抑的脆弱——它同时表明,语言,作为最终建构被压抑者的象征之屏障,实则并不坚实。

确实奇异呵,我们与他者的相遇——我们通过视觉、听觉与嗅觉感知着它,却从未通过意识"框定"它。他者让我们彼此分离、支离破碎,更有甚者,它能让我们感到自己和自己的感觉失去了联系,自己拒绝着这些感觉,或者相反,感到自己不愿对这些感觉下判断——感到"错愕"、感到"受欺骗"。

同样奇异的,是我与让我震慑的他者之间的深渊——我甚至感觉不到他者,他或许因为我否认了他,转而将我消灭。我拒绝外人,却同时认同于他,面对这样的外人,我失去了限度,再也没有什么能够容纳我(contenant),我想起自己被人忘却的经历,种种回忆将我淹没,我无法自持(perdre contenance)。我感觉自己"迷失"了、"茫然"了、

---

[1] 诉诸行动(passage à l'acte)指使心理表征闯入行为中的激烈冲动,往往具备攻击性(表现为谋杀、自杀、强奸等)。——译者注

"模糊"了。怪怖有许多种变体：它们都能反复地提醒我，面对他者，我很难认清自己的位置；它们都能重新描摹出我"认同－投射"的轨迹，这是我获得自主性的基础。

行文至此，我们也明白，弗洛伊德的意图在于区分由审美经验所引起的怪怖与在现实经验中感受的怪怖：在他着重强调的作品中，正是因为话语塑造的整个世界都是虚构的，奇异性便失去了效果。童话便是如此，被普遍化的艺术手法让我们完全无法在符号、想象与物质现实中做出比较。因此，这种手法便中和了怪怖，而将被压抑者的回归变得逼真、令人接受、使人愉悦。就像是说，绝对的童话——绝对的升华——以及与此相反的绝对的理智——绝对的压抑——是我们对抗怪怖唯一的堡垒。[1]除非它们在为我们免去奇异性的风险与乐趣的同时，也为此带来终结（liquidateur）。[2]

臣民、艺术家与……国王

正如上文所述，怪怖与焦虑有关，可它并不与此相混

---

[1] 升华（sublimation），参见本书第47页注释1。——译者注
[2] 终结（liquidation），或译"清算"，指一种快速且具决定性的方式结束某物（如公司破产前的财务清算），在心理学词汇中亦沿用此意。——译者注

同。它首先是打击、讶异、惊愕，即使焦虑加入其中，怪怖也依旧保有这种不安，让自我越过焦虑、走向人格解体（dépersonnalisation）。"怪怖感与人格解体属于同一类范畴，"弗洛伊德写道；许多分析师也强调，对怪怖的感受（affect）通常出现在恐惧症（phobie）中，尤其是当自我的界限因为受到某种"太好"或者"太坏"的事物的冲击而被超越的时候。总之，如果说焦虑与某个对象有关，那么怪怖便是一种对自我解构的破坏，要么能够作为一种心理征状而延续下去，要么作为对新事物的开放，进而试着适应这个不合时宜的事物。怪怖是熟悉的被压抑者的回归，诚然如此，可它却也同样需要再次遇见某种出乎意料的外部之物的冲动（impulsion）：怪怖唤起死亡、自动人偶、分身或是女性性器的形象（这个列表大概并不完整，毕竟弗洛伊德的文本让人感觉像是因为洋溢着热情，从而有了些距离的储备库），在"想象与现实的界限"被抹去的时候，便应运而生。这种见解巩固了对怪怖的另一种观念——这种观念已经脱离于弗洛伊德的文本。怪怖被视为在自我面对他者而经受冲突之后，有意识的防御的崩溃；而自我与他者——"奇异"——将保持一种冲突性的关系，既是"对认同的需求[，又是]对认同的畏惧"（布维[1]语）。因此，或好或坏的他者，闯入了不确定的自我的脆弱边界，这种他者带来的打击，自我对这种他者的认同，便处于一种怪怖的源头，这种怪怖过度的一面体现在文学中，却无法掩盖自己始终存在于"正常的"心理动力这一事实。

一个孩子向自己的分析师倾诉到，自己生命中最美的一天是出生那一天，"因为那一天，我出来了——我喜欢做我，我不喜欢做别人"。可是，当他分数差的时候——当他表现差，无法达到（étranger à）家长与老师的渴望的时候——他便感觉自己是别人。同样，不自然的"陌生"语言，如写作和数学，也会在孩子身上引发怪怖感。[2]

我们就此离开了文学怪怖的不同寻常，转而以经历他者性之名，发现其在心理中（必要也因而是平凡的）的内在性。我们可以接受伊冯·布莱的观点，认为弗洛伊德借助美学作品来阐述怪怖的概念，实则是在承认怪怖不可能用精神分析加以治疗。[3]于是，人面临着一种"先天存在"（a priori existentiel），这正是弗洛伊德的反思与海德格尔

---

[1] 莫里斯·布维（Maurice Bouvet），20世纪法国精神分析师。——译者注
[2] 参见保罗·德尼，《孩童处的怪怖》，载于《精神分析期刊》（Paul Denis, « L'inquiétante étrangeté chez l'enfant », in *Revue de psychoanalyse*, n 3, PUF, 1981, p. 503）。
[3] 伊冯·布莱（Yvon Brès），当代法国哲学家。——译者注

的现象学的交汇处。[1] 我们无须深究此联系,而仅需注意,弗洛伊德在《幻象之未来》(*Die Zukunft einer Illusion*)中重新使用了"怪怖"一词:文明通过赋予自然以与我们相像的存在,而使自然人性化——正是这个泛灵的过程,让"人们呼吸于怪怖之中、安身于怪怖之中,[让]人们得以在心理中产生[此前无]意义的焦虑"[2]。就此,怪怖不再是艺术的产物,也不再是疾病症状,而是一种心理定律,让人们直面未知者,让它产生于"文化工作"(Kulturarbeit)中——文明的作品中。弗洛伊德承认,自己就怪怖而言"并无感觉"[3],因此打开了面对怪异者的两种角度——焦虑正是由这种怪异者而孕育的。一方面,怪异感通过惊愕,产生出使人人格解体的影响,从而促使人们认同于他者。另

---

[1] 参见伊冯·布莱,《哲人的谦逊,精神分析师的谦逊》,载于《大学精神分析》(Yvon Brès, « Modestie des philosophes : modestie des psychanalystes », in *Psychanalyse à l'Université*, t. XI, n°14, octobre 1986, pp. 584-586)。即使"怪怖"的主题常见于德语学界,为弗洛伊德与海德格尔的相遇减了几分兴味,作者却在这两位哲人对"怪怖"的使用中,观察到一些交汇之处。在海德格尔那里,在在世中的"畏"(angoisse, Angst;于弗洛伊德处意为"焦虑")是一种怪怖("在畏中人觉得'茫然失其所在'[*Unheimlich*]",参见《存在与时间》,第 40 节):"可是这种不安、这种骇异,在此同时指'不在家'。"之后,在《什么是形而上学?》(*Was ist Metaphysik?*, 1929)中进一步阐明,存在之畏源于一切限定的不可能,而这种不可能性又被描述为"茫然"(Unheimlichkeit,参见法译本第 52 页)。(译按:《存在与时间》的译文引自陈嘉映、王庆节本,有所调整。)

[2] S. 弗洛伊德,《全集》(S. Freud, *Gesammelte Werke*, t. XIV, p. 338; trad. fr. Y. Brès)。

[3] S. 弗洛伊德,《〈怪怖论〉与其他论文》,第 214 页。

一方面，分析法能够阐明这种情感（affect），即使它再奋力也远不能对此加以消除，它应该诉诸美学（一些人说哲学也同样可以），充斥怪怖在幻想中的演变，确保怪怖的回归永远能净化人心（cathartique），比如读令人不安的故事时的心理感受。

这些普遍化的推论，或许都源于弗洛伊德对怪怖暴发的反思，而有时与外人粗暴的、灾难一般的相遇，也应该被纳入这些推论之中。对我们惊愕的考验，人格解体的根源——我们无法除去外人引发的症状，只能重返于它、将它阐明、带它回归源头（回归我们本质上的人格解体）因而只能使它平息。

然而，怪怖也能够被清空："不，这才不会打乱我：我要么一笑了之，要么有所行动——我走、我闭上眼睛、我打、我发号施令……"这样一种对奇异的终结，或许会导致心理活动的终结，以精神的贫乏为代价，为诉诸行动铺下自由的道路，直通偏执或谋杀。[1] 另外，对形象光辉、权力被承认的人而言，不存在怪怖。在他看来，怪怖被转化成管理与组织：奇异性属于"臣民"，而君王深知自己能找人管理这种奇异性，因而将其忽略。圣西蒙笔下的一

---

1 诉诸行动（passage à l'acte），参见本书第290页注释1。——译者注

则逸事,便很好地体现了这种境况。[1]太阳王(奇怪的是,法国的精神分析师对自己国家历史中的重大政治人物与艺术人物避而不谈,即使这段历史充满了言语和心理上的谜团)将怪怖与自己的恐惧一并擦去,从而只在法律和富丽堂皇的凡尔赛宫中展开自己的整个存在。内心不安是朝臣的命运。圣西蒙这位天才般的回忆录作者为我们留下了这片充盈着微妙心理的土壤,在诸多杰出的段落中,可以说

---

[1] "五六日前,我去国王那里吃晚餐[……]。上甜食之前,我瞥见一只黑黢黢的庞然大物,腾在桌子上空。我还没来得及看清楚,也还没能向别人指出来,它就忽然落在了桌子的那端[……]。它的重量,还有它掉落时发出的巨响,都让人以为它会把桌子压塌。盘子的确为之一震,却一个都没被掀翻[……]。国王听到声响,半转过头,完全不为所动,说:'我觉得这些是我的流苏。'确实有一大团,比主教的帽子都大……是从我身后抛过去的[……]有一条脱落的小流苏掉在国王的假发顶上。坐在他左边的李维力(Livry)见状,赶紧把它拂去,然后走到桌子的末端,的确看到绞成一团的流苏[……]。李维力想把这团流苏拿走,却发现里面藏着一张便条;他捡了起来,把流苏放在一边[……]。里面的字迹明显是伪造的,瘦长得像是女人的手笔,写着这几个字:'把你的流苏拿回去吧,邦当;留着麻烦比乐子多。向国王请安。'便条是卷起来的,合得不紧。国王还想者把它从达赣手里拿来,达赣却往后一躲,又是摸着便条,又是擦着,把它翻来覆去,之后才敢呈递给国王看,却不让他碰。国王让他大声读出来,即使他自己已经同时读了一遍。'真是奇怪呵!'国王说道,用的却是历史一般的平稳语调。他随即下令,让人把这团流苏拿走[……]。之后,国王对此避而不谈,也没人敢再提这事儿,至少在台面上不提;晚餐就此继续,仿佛什么事都没发生。"(圣西蒙,《回忆录》[Saint-Simon, *Mémoires*, La Pléiade, t. I, pp. 632-633])克里斯蒂安·达维对此段落有精妙的评注:参见克里斯蒂安·达维,《无法消除的奇异》,载于《精神分析期刊》(Christian David, « Irréductible étrangeté », in *Revue de psychanalyse*, n°3, PUF, 1981, pp. 463-471)。(译按:圣西蒙,法国政治思想家。此处国王指路易十四,亚历山大·邦当[Alexandre Bontemps]为其首席侍从,主理法国宫廷,安东尼·达赣[Antoine d'Aquin]为其首席医师。流苏[franges]为国王居室与家具的饰品,偷窃国王的饰物大概堪比对他的亵渎。)

是走在了弗洛伊德理论的前面。

最后,一些人或许可以将怪异转变为讽刺。圣西蒙浮现在我们眼前,嘴角一抹精明的微笑,既脱身皇室的审查,又远离朝臣的忧虑:这位幽默作家穿透了怪怖——他的镇定自若,或是源于他的自我,或是因为他属于一个无法触及的世界,即使是自己人与他人的战争、鬼魅或是分身都不能威胁到他——他在怪怖中看到的……不过是过眼云烟,是想象的构建,是符号。不安还是微笑,这是我们被奇异围攻时所面临的选择,它取决于我们是否熟悉属于我们自己的鬼魅。

我们内在的奇异

怪怖因此便是一条康庄御道("御道"是就宫廷道路宽阔而论的,而非专指国王的道路)[1],让弗洛伊德在自满而不透明的"我们自身"中引入对他者的着了迷的拒斥。自弗洛伊德以后,这种"自身"便不复存在,而是显现为一片奇异的土地,边境与他者性不停被搭建,也不停被拆除。奇怪的是,怪怖完全不关乎外国人。

---

[1] 此处为法语,或暗指弗洛伊德常用的拉丁习语"御道"(via regia)。"御道"原指中世纪神圣罗马帝国修建的大道,横跨东西;在《梦的解析》中,弗洛伊德即将梦的解析比作认识无意识的"御道"。——译者注

确实，死亡、女性性器或者"恶意"而放纵的欲力所引起的令人怖惧的焦虑，很少会被外人引发。可是，即使在无意识中，排外的"政治"情感也完全不包含这种因害怕而狂喜的忧虑，这种我们称作 unheimlich、英国人称作 uncanny、希腊人直接称作……xenos——"外国的"——的不安，这难道也是如此确定的事实吗？[1] 在外人于我们身上引发的着了迷的拒斥之中，有一部分正是就人格解体而言的怪怖——弗洛伊德在怪怖中发现了这种解体，而它维系着我们的欲望和对他者的孩童般的畏惧——我们畏惧死亡之他者、女性之他者、无法控制的欲力之他者。外人就在我们身上。当我们逃离外人或对抗外人的时候，我们便与自己的无意识展开斗争——属于我们"自己"的（propre）这个不可能的"不合适"（impropre）的东西。弗洛伊德敏锐而善分析，避而不谈外人：他实则教会我们在自己身上发现奇异性。这或许是不在外界搜捕奇异的唯一办法。在斯多亚派的普世主义之后，在宗教的普遍融合之后，弗洛伊德终敢说出：我们已经四分五裂，因而不能要求外人融合于此，更不能追缠他们，而是将他们迎入怪怖之中，因为这种怪怖既属于他们，又属于我们。

---

[1] Uncanny，英文意为"怪异的""令人害怕的"，为"怪怖"的英文译法。——译者注

实际上，弗洛伊德对"外人问题"所写的漫谈，或者说是他对这个问题所下的判断——在弗洛伊德的文本中，这个问题仅仅是时有出现，也可以说成是作为征状出现，因为他用了希腊词 xenoi[1]——或许能被解读为一声（乌托邦式的还是非常现代的？）邀请。它邀请我们不将外人物化，不将他们确定为此，不将我们确定为此，而是要通过分析我们来分析他们。要发现我们自己令人不安的他者性，因为面对外人时突然闯入的正是它——它所面对的这个"恶魔"、这种威胁、这种不安，来自他者，投射着出现在我们固执地维持的这个专属而坚实的"我们"之中。要承认我们的怪怖，我们对它的忍耐与享受，都不在外部。怪异就在自我身上，因此我们都是外人。如果我是外人，那么也就不存在外人。弗洛伊德也因此缄默。精神分析的伦理暗含一种政治：一种新的普世主义，横跨政府、经济与市场，它所面向的人类，因为意识到自身的无意识而团结起来——渴望着的、毁灭着的、害怕着的、空虚的、不可能的无意识。我们在此远不想呼吁某种兄弟之爱（fraternité），毕竟我们已经不无讽刺地注意到父权与神权对它的影响——"如

---

[1] S.弗洛伊德，《〈怪怖论〉与其他论文》，第216页。（译按：弗洛伊德在调查各语言中的"怪怖"一词里，列出了希腊文 xenos[为作者所写 xenoi 的单数]，即"宾客""外国的""奇异的"。）

欲有兄弟,则需有父亲",付瑶[1]曾如此驳斥人文主义者。可是,在充满情欲又带来死亡的无意识之后,怪怖——死亡欲力的投射,同时也是死亡欲力的产生(élaboration)——宣告着写下《超越快乐原则》(*Jenseits des Lustprinzips*)的"第二个"弗洛伊德的作品,进而以最使人慌乱的形式将差异安置在我们身上,并且宣告,这种差异正是我们与他人共处的最终条件。

---

[1] 路易·付瑶(Louis Veuillot),19世纪法国记者、文人。——译者注

实践上……

人们是否应该自动获得国籍，还是相反，国籍应该由我们以某种负责、审慎的行为加以选择？属地权是否足以免去属人权（就出生于法国的移民子女而言），还是说此外应该由利益相关者声明其意愿？外国人能够获得政治权利吗？在参与工会与行业联盟的权利之后，外国人是否应该拥有对地方行政区域的选举权，或是对国家政府的选举权？

这类问题不停地累积着，审议《国籍法》的委员会也提出了合理的议案。他们指出"不管是相对而言还是绝对而论，法国目前拥有的外籍人口是其现代历史之最"，而且"没有国家会愿意，在非常重要的外籍少数群体于其领土上繁茂发展的同时，却因要求他们不同，而对他们加以差别对待，或是通过将他们排除在国家和社会生活之外，而对他们加以污名化"；而后，由马尔索·隆先生主持的国籍委员会主张"向在法长久定居的外国人授予法国国籍"，并且改善"需要自觉选择的获得国籍的方式，以促进个体的融合"[1]。委员会认为"融合是必

---

[1] 马尔索·隆（Marceau Long），当代法国法学家、公职人员。此书出版时，他正担任法国最高行政法院（Conseil d'État）副主席，为公务人员的最高职位。——译者注

要的"[1]。在这些主张被采纳之前,显然经过磋议与质疑——至少部分如此——而它们必然是进步的。

在法国所成为的万花筒中——首先是地中海地区的万花筒,现今逐渐转变为第三世界的万花筒——本地人与移民之间的差异从未如此明显。法国文明不断容纳、统一不同的影响与民族,其同质化的能力在历史中留下种种范例。然而,法国正在接纳的来客却并不放弃他们的特点。这种处境与美利坚合众国成立时的处境截然不同——美国提出了一种新的宗教信仰和经济体制,让背井离乡的人们归于同一面旌旗下。在当下的法国,在20世纪的尾声,每个人注定要既作同一,又是他者:并不忘记故土的文化,却将其相对化,以至于使其与其他文化相毗邻、相交替。因此,不太可能再会有新的同质性,或许这种同质性本身也不为人所指望。经济、媒体、历史,如此种种因素呼吁我们共住在同一个国家——法国,而它本身也正处在欧洲融合的道路上。共同生活在欧洲这个新的多民族国家(也堪称超越民族的国家)已经是如此困难——虽然这也带来了如此多的好处——况且在几世纪以来,构成欧洲的各个国家已

---

[1] 参见《今日与明日的法国公民》(Être français aujourd'hui et demain, t. II, 10/18, 1988, pp. 235-236)。

经在文化上相互靠近，在宗教上彼此类似，在经济上互相依赖！那么，要让族裔不同、宗教不同、经济不同的人民，弥补其与侨居国传统的隔膜，克服其与侨居国民当今思维方式的差别，从而共同生活在一起，此般困难不可斗量。我们或许会成为一面由诸多特性构成的"国家拼图"，就整体而言暂时尚可被称为"法兰西"——而这又会持续到什么时候？

因此，我们亟须一场思维方式上的进化，从而在这种多价值并存的局面中，促进最好的和谐。总之，这场进化或许就在于将对我们自身陌生性的尊重，以及简言之对"隐私"的尊重，拓展至"外国人"的概念中，毕竟这种尊重保障了民主政体的自由。外国人对政治权利的获取也同样会在这场进化中实现，而这也必然会需要恰当的司法保障：比方说，我们能设想某种"双国籍"的身份，让有意愿的"外国人"获得某些国人专属的政治权利以及政治义务，并添加一则互惠条款，让这些国民在外国人的原住国获得相对应的权利与义务。这则规定很容易便能适用于欧洲经济共同体，也可以根据其他国家进行调整、修订。[1]

---

[1] 欧洲经济共同体（Communauté Économique Européenne，CEE），1958年成立，后更名为"欧洲共同体"，为欧盟的前身。——译者注

然而，即使在各国多变的经济需求的制约下，法学家与政治家们正调整着这些和解策略，但扼制这些策略的根本问题属于心理的界域，乃至形而上的界域。救世的宗教将流民与异类融合至一个全体认可的信念之中，与"让所有人都拥有更多的财产"一类的信念作别——这种维系群体的纽带已不再有效。在新的纽带出现之前，在我们与异己者共同生活之时，我们所凭借的是个人的道德准则，而无须让位于容纳我们特点的任何整体，这在历史中是前所未有的。一个矛盾的集体正酝酿而生，由外人们构成的集体。他们被他人所接纳，正是因为他们认识到自己是外人。这样的多民族社会固然是极端个体主义的结果，却能意识到自身的局促与限制，而将其成员全部视为无法化约的个体——这些个体，时刻准备着彼此扶持，以面对自身的弱点。这种弱点又名我们身上彻底的陌生性。

图书在版编目（CIP）数据

我们自身的外人 /（法）朱丽娅·克里斯蒂娃著；
陆观宇译. -- 上海：上海文艺出版社，2022（2023.12重印）
（拜德雅·人文丛书）
ISBN 978-7-5321-8469-9

Ⅰ. ①我… Ⅱ. ①朱…②陆… Ⅲ. ①随笔—作品集—法国—现代
Ⅳ. ①I565.65

中国版本图书馆CIP数据核字（2022）第161691号

发 行 人：毕 胜
责任编辑：肖海鸥 李若兰
特约编辑：邹 荣
书籍设计：左 旋
内文制作：重庆樾诚文化传媒有限公司

书 名：我们自身的外人
作 者：〔法〕朱丽娅·克里斯蒂娃
译 者：陆观宇
出 版：上海世纪出版集团 上海文艺出版社
地 址：上海市闵行区号景路159弄A座2楼201101
发 行：上海文艺出版社发行中心
 上海市闵行区号景路159弄A座2楼206室 201101 www.ewen.co
印 刷：上海盛通时代印刷有限公司
开 本：787×1092 1/32
印 张：10.875
字 数：174千字
印 次：2022年11月第1版 2023年12月第2次印刷
I S B N：978-7-5321-8469-9/B.087
定 价：62.00元
告 读 者：如发现本书有质量问题请与印刷厂质量科联系 T：021-37910000

Étrangers à nous-mêmes, by Julia Kristeva, ISBN: 9782070326181

Copyright © Librairie Arthème Fayard, 1988
Current Chinese translation rights arranged through Divas International, Paris
巴黎迪法国际版权代理（www.divas-books.com）

Simplified Chinese translation copyright © 2022 by Chongqing Yuanyang Culture & Press Ltd.
All rights reserved.

版贸核渝字（2015）第 244 号

拜德雅 Paideia 人文丛书

（已出书目）

语言的圣礼：誓言考古学（"神圣人"系列二之三）	[意]吉奥乔·阿甘本 著
宁芙	[意]吉奥乔·阿甘本 著
奇遇	[意]吉奥乔·阿甘本 著
普尔奇内拉或献给孩童的嬉游曲	[意]吉奥乔·阿甘本 著
品味	[意]吉奥乔·阿甘本 著
什么是哲学？	[意]吉奥乔·阿甘本 著
什么是真实？物理天才马约拉纳的失踪	[意]吉奥乔·阿甘本 著
业：简论行动、过错和姿势	[意]吉奥乔·阿甘本 著
海德格尔：纳粹主义、女人和哲学	[法]阿兰·巴迪欧 & [法]芭芭拉·卡桑 著
苏格拉底的第二次审判	[法]阿兰·巴迪欧 著
追寻消失的真实	[法]阿兰·巴迪欧 著
不可言明的共通体	[法]莫里斯·布朗肖 著
什么是批判？自我的文化：福柯的两次演讲及问答录	[法]米歇尔·福柯 著
自我解释学的起源：福柯1980年在达特茅斯学院的演讲	[法]米歇尔·福柯 著
自我坦白：福柯1982年在多伦多大学维多利亚学院的演讲	[法]米歇尔·福柯 著
铃与哨：更思辨的实在论	[美]格拉汉姆·哈曼 著
迈向思辨实在论：论文与讲座	[美]格拉汉姆·哈曼 著
福柯的最后一课：关于新自由主义，理论和政治	[法]乔弗鲁瓦·德·拉加斯纳里 著
非人：漫谈时间	[法]让-弗朗索瓦·利奥塔 著
异识	[法]让-弗朗索瓦·利奥塔 著
从康吉莱姆到福柯：规范的力量	[法]皮埃尔·马舍雷 著
艺术与诸众：论艺术的九封信	[意]安东尼奥·奈格里 著

批评的功能	[英]特里·伊格尔顿 著
走出黑暗：写给《索尔之子》	[法]乔治·迪迪-于贝尔曼 著
时间与他者	[法]伊曼努尔·列维纳斯 著
声音中的另一种语言	[法]伊夫·博纳富瓦 著
风险社会学	[德]尼克拉斯·卢曼 著
动物与人二讲	[法]吉尔伯特·西蒙东 著
非政治的范畴	[意]罗伯托·埃斯波西托 著
临界：鲍德里亚访谈录	[法]让·鲍德里亚 & [法]菲利普·帕蒂 著
"绝对"的制图学：图绘资本主义	[英]阿尔伯特·托斯卡诺 & [美]杰夫·金科 著
社会学的问题	[法]皮埃尔·布迪厄 著
读我的欲望！拉康与历史主义者的对抗	[美]琼·柯普洁 著
虚无的解缚：启蒙与灭尽	[英]雷·布拉西耶 著
我们从未现代过：对称性人类学论集	[法]布鲁诺·拉图尔 著
我们自身的外人	[法]朱丽娅·克里斯蒂娃 著
文艺复兴时期的自我塑造：从莫尔到莎士比亚	[美]斯蒂芬·格林布拉特 著